発 刊 に 寄 せ て

　令和３年度文部科学省委託事業を受けた全国特別支援教育推進連盟は、『特別支援学校に在籍する児童生徒の居住地とのつながりに関する調査研究（報告書）』を令和４年３月に取りまとめ文部科学省に提出した。この調査研究は、「特別支援教育に関する実践研究充実事業～その他政策上の課題の改善のための調査研究～」との位置付けに基づく事業である。今後の文教政策上からも意義のある調査研究であることから、是非とも市販本化して、教育委員会、小・中学校、特別支援学校等の教育関係者のみならず保護者の方々にも一読していただきたいとの多数の声を頂戴した。本書『特別支援教育における交流及び共同学習の推進』は、こうした経緯から出版の運びとなったものである。

　本書は、第１部として「特別支援学校・通常の学校の交流及び共同学習」を加筆し、第２部に、『特別支援学校に在籍する児童生徒の居住地とのつながりに関する調査研究』（報告書）を位置付けた構成となっている。

　第１部第１章は、特別支援教育における交流及び共同学習の推進を学校経営の視点から考えるとの趣旨から、交流及び共同学習の意義・形態、学校経営上の課題、保護者の意向から今後の在り方を検討している。第２章では、居住地とのつながりに関する関する調査研究に際して、居住地校交流の実践事例を提供いただいた学校長の方々から、自校の実践を踏まえ、これからの望ましい交流及び共同学習の在り方についての提言をいただき掲載している。報告書第２部第３章の実践事例と併せてお読みいただければ幸いである。

　第２部として位置付けた「報告書」は、都道府県・指定都市・特別支援学校を設置している教育委員会を対象としてアンケート調査を実施し、副次的な籍等の特別支援学校と居住する地域の学校と交流及び共同学習を継続的に実施するための方策や現状を把握するとともに、先進的な取組をしている都道府県を抽出し、特別支援学校と居住する地域の学校を結びつける制度や施策、交流及び共同学習の推進に向けた理解啓発の実際を調査している。また、当該都道府県の特別支援学校を抽出し、居住する地域の学校との交流及び共同学習の実践事例を掲載している。ここ２年余、コロナ禍での交流及び共同学習は困難を極めている現状にあったことから、ICT機器等を活用した多様な活動等に焦点を当てた実践事例の集約に心がけた。さらには、交流及び共同学習に子供を参加させている保護者の意識・意向をアンケート調査として実施している。

　本書が、全国各地での交流及び共同学習の推進・充実に向けた取組の一助となれば誠に幸いである。

全国特別支援教育推進連盟

理事長　宮﨑　英憲

特別支援教育における交流及び共同学習の推進
～学校経営の視点から～

発刊に寄せて

第1部　特別支援学校・通常の学校の交流及び共同学習

第2部　特別支援学校に在籍する児童生徒の居住地とのつながりに関する調査研究　報告書

はじめに
目次

第1部

特別支援学校・通常の学校の
交流及び共同学習

第1章

特別支援教育における交流及び共同学習

全国特別支援学校長会会長　**市川　裕二**
（東京都立あきる野学園校長）

1 特別支援学校における交流及び共同学習の意義

（1）交流及び共同学習の歴史

　交流及び共同学習という言葉は、平成 16 年の障害者基本法の一部改正において使われ始めた。改正された障害者基本法では、第 16 条（教育）第 3 項に「国及び地方公共団体は、障害者である児童及び生徒と障害者でない児童及び生徒との交流及び共同学習を積極的に進めることによって、その相互理解を促進しなければならない。」と示された。

　教育の世界では、交流及び共同学習という言葉が使われる前にも、当時の盲学校・聾学校・養護学校小学部・中学部学習指導要領において盲学校・聾学校・養護学校の児童生徒と小学校、中学校の児童生徒との交流の機会を設けることが望ましいとされ、それは交流教育と呼ばれていた。平成 11 年 3 月告示、15 年 12 月一部改訂された盲学校、聾学校及び養護学校小学部・中学部学習指導要領の第 1 章 総則　第 2 節 教育課程の編成　第 7 指導計画の作成等に当たって配慮するべき事項には、「(6) 開かれた学校づくりを進めるため、地域や学校の実態等に応じ、家庭や地域の人々の協力を得るなど家庭や地域社会との連携を深めること。また、学校相互の連携や交流を図ることにも努めること。特に、児童又は生徒の経験を広めて積極的な態度を養い、社会性や豊かな人間性をはぐくむために、学校の教育活動全体を通じて、小学校の児童又は中学校の生徒及び地域の人々などと活動を共にする機会を積極的に設けるようにすること。」と記載されている。

　平成 18 年の「特別支援教育の推進のための学校教育法等の一部改正について（通知）」により、「特殊教育」から「特別支援教育」へ転換し、盲・聾・養護学校も特別支援学校に名称変更された。

　その後、平成 21 年に「特別支援学校幼稚部教育要領」「特別支援学校小学部・中学部学習指導要領」「特別支援学校高等部学習指導要領」が告示された。この学習指導要領の特別支援学校学習指導要領解説総則等編では、改訂の方針として「2 社会の変化や幼児児童生徒の障害の重度・重複化、多様化などに対応し、障害のある子ども一人一人の教育的ニーズに応じた適切な教育や必要な支援を充実する。」とし、「エ 交流及び共同学習の推進　幼稚園、小学校、中学校及び高等学校等の幼児児童生徒と交流及び共同学習を計画的、組織的に行うことを規定した。」と示されている。同特別支援学校小学部・中学部学習指導要領の第 1 章 総則　第 2 節 教育課程の編成　第 4 指導計画の作成等に当たって配慮するべき事項の 1 に「(6) 学校がその目的を達成するため、地域や学校の実態等に応じ、家庭や地域の人々の協力を得るなど家庭や地域社会との連携を深めること。また、学校相互の連携や交流を図ることにも努めること。特に、児童又は生徒の経験を広めて積極的な態度を養い、社会性や豊かな人間性をはぐくむために、学校の教育活動全体を通じて、小学校の児童又は中学校の生徒などと交流及び共同学習を計画的、組織的に行うとともに、地域の人々などと活動を共にする機会を積極的に設けること。」と記載されている。また、第 6 章 特別活動において、「2 児童又は生徒の経験を広めて積極的な態度を養い、社会性や豊かな人間性をはぐくむために、集団活動を通して小学校の児童又は中学校の生徒な

どと交流及び共同学習を行ったり、地域の人々などと活動を共にしたりする機会を積極的に設ける必要があること。その際、児童又は生徒の障害の状態や特性等を考慮して、活動の種類や時期、実施方法等を適切に定めること。」と示されている。

　平成24年に、文部科学省は「共生社会の形成に向けたインクルーシブ教育システム構築のための特別支援教育の推進（報告）」を取りまとめた。この報告は、平成18年12月、障害者の権利に関する条約が第61回国連総会において採択され（平成20年5月発効）、平成19年9月に我が国は同条約に署名し、批准に向けた検討を進めているときに、共生社会の形成に向けたインクルーシブ教育システム構築のための特別支援教育が着実に推進されることで、障害のある子供にも、障害があることが周囲から認識されていないものの学習上又は生活上の困難のある子供にも、更にはすべての子供にとっても、良い効果をもたらすことを強く期待し、まとめられたものである。

　この報告では、まず、平成21年告示の「特別支援学校幼稚部教育要領」「特別支援学校小学部・中学部学習指導要領」「特別支援学校高等部学習指導要領」を受け、特別支援学校において、「新学習指導要領に位置付けられている交流及び共同学習の推進による「心のバリアフリー化」の推進、特別支援学校の児童生徒が地域とのつながりを深める機会となる自らの居住地の小・中学校と交流及び共同学習を行うこと（居住地校交流）について、保護者や教職員の理解啓発を図ること」が示されている。

　さらに、4．多様な学びの場の整備と学校間連携等の推進の項の（3）に交流及び共同学習の推進が明確に位置付けられ、課題として、「改正障害者基本法の理念に基づき、障害のある子どもと障害のない子どもが可能な限り共に学ぶことができるように配慮する観点から、交流及び共同学習を一層推進していくことが重要である。また、一部の自治体で実施している居住地校に副次的な籍を置くことについては、居住地域との結び付きを強め、居住地校との交流及び共同学習を推進する上で意義がある。居住地校交流を進めるに当たっては、幼児児童生徒の付添いや時間割の調整等が課題であり、それらについて検討していく必要がある。また、特別支援学級と通常の学級との交流及び共同学習も一層進めていく必要がある。」と示されている。

　そして、交流及び共同学習の今後の在り方として、次のような視点が示された。

・特別支援学校と幼・小・中・高等学校等との間、また、特別支援学級と通常の学級との間でそれぞれ行われる交流及び共同学習は、特別支援学校や特別支援学級に在籍する障害のある児童生徒等にとっても、障害のない児童生徒等にとっても、共生社会の形成に向けて、経験を広め、社会性を養い、豊かな人間性を育てる上で、大きな意義を有するとともに、多様性を尊重する心を育むことができる。

・特別支援学校と幼・小・中・高等学校等との間で行われる交流及び共同学習については、双方の学校における教育課程に位置付けたり、年間指導計画を作成したりするなど交流及び共同学習の更なる計画的・組織的な推進が必要である。その際、関係する都道府県教育委員会、市町村教育委員会等との連携が重要である。また、特別支援学級と通常の学級との間で行われる交流及び共同学習についても、各学校において、ねらいを明確にし、教育課程に位置付けたり、年間指導計画を作成したりするなど計画

的・組織的な推進が必要である。
・インクルーシブ教育システム構築のためには、特に、小・中学校における教育内容・方法を改善していく必要がある。教育内容の改善としては、障害者理解を進めるための交流及び共同学習の充実を図っていくことや通常の学級で学ぶ障害のある児童生徒一人一人に応じた指導・評価の在り方について検討する必要がある。また、教育方法の改善としては、障害のある児童生徒も障害のない児童生徒も、さらには、障害があることが周囲から認識されていないものの学習上又は生活上の困難のある児童生徒にも、効果的な指導の在り方を検討していく必要がある。

　平成29年に「特別支援学校幼稚部教育要領　小学部・中学部学習指導要領」が告示された。この改訂のポイントの一つが「自立と社会参加に向けた教育の充実」であり、その柱の一つが「障害のない子供との交流及び共同学習を充実（心のバリアフリーのための交流及び共同学習）」することである。この特別支援学校小学部・中学部学習指導要領では、総則に「他の特別支援学校や、幼稚園、認定こども園、保育所、小学校、中学校、高等学校などとの間の連携や交流を図るとともに、障害のない幼児児童生徒との交流及び共同学習の機会を設け、共に尊重し合いながら協働して生活していく態度を育むようにすること。特に、小学部の児童又は中学部の生徒の経験を広げて積極的な態度を養い、社会性や豊かな人間性を育むために、学校の教育活動全体を通じて、小学校の児童又は中学校の生徒などと交流及び共同学習を計画的、組織的に行うとともに、地域の人々などと活動を共にする機会を積極的に設けること。」と記載され、障害のある児童生徒と障害のない児童生徒が、交流及び共同学習をすることで「共に尊重し合いながら協働して生活していく態度を育む」という共生社会の実現に向けた姿勢を示すこととなった。

（２）交流及び共同学習の意義

　特別支援学校の児童生徒が、小中学校の障害のない児童生徒と、触れ合い、共に活動する交流及び共同学習は、特別支援学校の児童生徒にとって、日頃の学習では得られない経験を深め、社会性を養える貴重な機会になる。もちろんそれは、小中学校の障害のない児童生徒にとっても同様に貴重な機会となる。こうした障害のある子供と障害のない子供が共に活動する交流及び共同学習は、どちらの児童生徒にとっても、お互いを尊重し合う大切さを学ぶこと、豊かな人間性を育むことができるなど、非常に大きな意義を持っている。
　また、交流及び共同学習は、我が国の目指す、障害の有無にかかわらず、誰もが相互に人格と個性を尊重し合える共生社会の実現のためにも重要である。小学校・中学校時代の交流及び共同学習において、障害のある子供に自然に言葉をかけたり、自然に手助けをしたりする経験を積むことによって、子供たちは、社会には多様な人々が生活していること、そうした人々と当たり前に支え合って生活していくという意識を自然に持つことになる。その意識が、将来、自らも共生社会を支える一員であるという意識に自然につながると考えられる。例えば、大人になったとき、障害のある人が困っているときに自然に手助けできたり、同じ職場で一緒に働く障害のある人を認め、協力しながら仕事をすすめたりする

ことなどが普通にできるようになることが期待される。

　また、特別支援学校に在籍する児童生徒にとっては、子供のときに障害のない小中学校の子供たちとの関わりを通して、様々な人々と共に助け合って生きていく力を育むことができ、それは、大人になったときの積極的に社会参加をしていく気持ちにつながっていく。例えば、大人になったとき、支援が必要だったとしても、積極的に公共交通機関を利用して移動したり、地域の趣味サークルに積極的に参加したり、職場で障害のない同僚と協力して仕事をしたりすることができるようになると期待される。

　こうしたことから、交流及び共同学習は、これからの我が国の共生社会を担っていく大人を育てていくという観点からも大きな意義がある。

　文部科学省の「交流及び共同学習ガイド」（平成31年3月）には、「交流及び共同学習は、相互の触れ合いを通じて豊かな人間性を育むことを目的とする交流の側面と、教科等のねらいの達成を目的とする共同学習の側面があり、この二つの側面を分かちがたいものとして捉え、推進していく必要があります。」と記載されている。このことから、「交流及び共同学習」は一つの言葉としてとらえ、障害のある児童生徒と障害のない児童生徒が、触れ合い、共に活動することが充実するために、あらゆる機会で、多様な工夫された様々な取組を行っていくことが大切である。

2 | 特別支援学校における交流及び共同学習の形態

　特別支援学校の児童生徒と小中学校の児童生徒との交流及び共同学習には、「学校間交流」と「居住地校交流」の2つの形態がある。

（1）学校間交流

　学校間交流は特別支援学校が所在する市区町村の教育委員会と連携を図り、特別支援学校の近くの小学校や中学校を交流指定校として定め、交流及び共同学習を実施する形態である。

　具体的には、特別支援学校と交流校で、交流及び共同学習をする学年を予め決め、その学年の児童生徒が、交流及び共同学習を行う。学校によって、すべての学年で同学年同士が交流及び共同学習を実施する場合や、毎年2年生と5年生は実施するなどの場合がある。特別支援学校小学部と小学校の交流及び共同学習の活動の例は、以下のとおりである。

○学校案内	○自己紹介	○ゲーム（玉入れ、パラバルーン）
○車いす体験	○歌	○クイズ大会　○手話で歌おう

　基本的には、練習等を実施しなくても、一緒に活動ができ、お互いが仲良くなれる活動が実施される。

【特別支援学校中学部と中学校の交流及び共同学習の実施計画の例】

1　日時　○年○月○日
2　場所　○○特別支援学校
3　実施計画

	中学校の生徒の活動	特別支援学校中学部の生徒の活動
集　合	・特別支援学校の玄関で、上履き履き替え ・体育館へ移動 ・グループ1、グループ2、グループ3に分かれて整列	・玄関で、中学校の生徒をお迎え ・体育館へ移動 ・グループ1、グループ2、グループ3に分かれて整列
挨　拶	・中学校教頭先生の話	・はじめの挨拶（代表生徒） ・活動の説明（中学部教員）
ゲーム	グループごとに、中学部生徒と中学校生徒がペアを組み、バスケットボールを運ぶリレーゲーム 1　グループごとに分かれる 2　グループごとに自己紹介 3　教員によるゲーム説明・見本 4　ゲーム開始（3試合） 5　結果発表	
ダンス	合同ダンス（特別支援学校の独自ダンス）	
プレゼント交換	・中学校から特別支援学校へプレゼント	・特別支援学校中学部から中学校へプレゼント
感　想	・中学校代表生徒から感想	・特別支援学校代表者から感想
挨　拶	・特別支援学校教頭よりまとめの言葉 ・全員で挨拶	
送　り	全員で、玄関まで移動した、中学校の生徒を送り出す。	

　実施する場所は、特別支援学校、小中学校のどちらでもあり、学校によっては、1学期が特別支援学校、2学期が小中学校と予め決めている場合もある。

（2）居住地校交流

　居住地校交流は、特別支援学校の児童生徒が居住する地域の小中学校との交流及び共同学習をするものである。学校教育法第80条では「都道府県は、その区域内にある学齢児童及び学齢生徒のうち、視覚障害者、聴覚障害者、知的障害者、肢体不自由者又は病弱者で、その障害が第75条の政令で定める程度のものを就学させるに必要な特別支援学校を設置しなければならない。」と規定されているため、特別支援学校のほとんどは、都道府県立である。都道府県立の特別支援学校は、複数の市区町村を通学区域に定めているところが多い。このため、児童生徒によっては、居住している地域と離れて特別支援学校に通学することになり、居住している地域との関係が希薄になる部分もある。これを補い、居住す

る地域の障害のない児童生徒と交流及び共同学習を実施する活動が居住地校交流である。

　学校間交流は、学年集団などの集団で交流及び共同学習を行うが、居住地校交流の場合は、交流及び共同学習をする特別支援学校の児童生徒一人が、居住地の小中学校の学級などに参加することになる。このため、居住地校交流の交流及び共同学習は、特別支援学校の児童生徒の障害の程度等の実態や交流及び共同学習をする内容の希望、受け入れる居住地の小中学校の設備の状況や教育課程、学校行事、授業内容など様々な状況を踏まえ、実施回数や内容を調整・相談し進めていくことになる。こうした調整・相談を円滑に進めるため、特別支援学校・小中学校の特別支援教育コーディネーターが重要な役割を果たすことになる。

　小中学校における居住地校交流の内容の例は、以下のとおりである。

【小中学校における居住地校交流の例】

＜小学部＞
・行事：学習発表会や運動会、音楽会等の見学、集会等への参加
・教科：生活、総合的な学習の時間（わが街探検等）、音楽（歌・合奏等）
　　　　図工（写生等）、算数（図形等）、理科（実験等）、国語（読み聞かせ）等
・その他：給食、休み時間、朝の会、帰りの会等

＜中学部＞
・行事：体育祭や音楽祭見学、調理会等
・教科：音楽（歌・鑑賞）、体育等
・その他：給食、休み時間等

　居住地校交流は、特別支援学校の児童生徒一人一人によって、交流及び共同学習の内容が異なってくる。このため、次のような居住地校交流実施計画を作成することが多い。

【交流及び共同学習の実施計画】（例）

ふりがな 氏　名			性別		小学部〇年〇組
学校名	**交流校**			**在籍校**	
	〇〇〇立〇〇小学校			〇〇特別支援学校	

交流及び共同学習実施計画		
実施期間	〇年　〇月　〇日から　１ヶ月に２日	
主な内容	・４時間目（〇年生）に参加 ・給食、清掃、昼休みを通常の学級に参加 ・５時間目（特別支援学級）で交流	
計画	1学期	火曜日：４時間目は、図画工作の授業に参加
	2学期	火曜日：４時間目は、図画工作の授業に参加 金曜日：４時間目は、音楽の授業に参加
	3学期	火曜日：４時間目は、図画工作の授業交流 金曜日：５時間目は、音楽の授業に参加

ふりがな 氏　名			性別		中学部〇年〇組
学校名	**交流校**			**在籍校**	
	〇〇〇立〇〇中学校			〇〇特別支援学校	

交流及び共同学習実施計画		
実施期間	〇年　〇月　〇日から	
主な内容	・主に行事への参加	
計画	1学期	月　　日（　）体育祭への参加
	2学期	月　　日（　）美術作品展示会への参加
	3学期	月　　日（　）音楽鑑賞会への参加

　こうした実施計画を、特別支援学校、保護者、小中学校がお互いに確認し、持ち合うことで、計画的に交流及び共同学習を進めることができる。

　居住地校交流の大きな課題の一つに、特別支援学校の児童生徒を居住地校に行くために、誰かが付添をしなければならないことがある。特別支援学校は教員が付添をすることもあるが、特別支援学校の教育活動も平常に行わなければならないため、多くの教員が付添をすることは困難である。このため、大半は保護者が付添をしていると考えられる。もちろん、小中学校への通学支援だけでなく、交流及び共同学習の場面でも保護者の付添が必要なことは多く、保護者の負担が大きいことは大きな課題である。

（3）副次的な籍

　居住地校交流を円滑に進めるため、都道府県によっては、副次的な籍の制度を活用している。副次的な籍は、特別支援学校に学籍を置き、居住地校交流を行う小中学校に副次的な籍を置く制度である。これは、学籍を特別支援学校と小中学校に両方に置くことができないという規則があるための制度である（二重籍は認められない）。副次的な籍の利点は、都道府県教育委員会と市区町村教育委員会が、組織的に連携を図って交流及び共同学習を進めることができることと、居住地の小中学校が特別支援学校の児童生徒を自らの学校に所属する児童生徒としてしっかりと認識できることである。

　東京都教育委員会は、副籍制度として副次的な籍をすべての市区町村と進めている。副籍制度では、特別支援学校に就学する児童生徒は、原則すべて居住地の小中学校に副籍を置くこととして、どの小中学校に副籍を置くかは、就学相談の段階で市区町村教育委員会も交えて決定することにしている。東京都教育委員会の「副籍ガイドブック」（平成26年3月）では、新入生が副籍制度を利用する場合の手続きを次のように示している。

【副籍制度の利用に関する手続（新入生の場合）（東京都）】

【1　就学相談】
　（1）区市町村教育委員会は、保護者に対し、就学相談の全体説明会等で、副籍制度についての説明を行う。

【2　地域指定校の決定】
　（1）区市町村教育委員会は、都立特別支援学校への就学意志を確認した後に、副籍制度に関する意向や交流内容の関する希望を聞き取る。
　（2）区市町村教育委員会は、保護者の希望を踏まえて地域指定校を決定する。
　　　・特別な事情がない限り、原則として自宅に最も近い小学校、中学校を地域指定校とする。（通学区域を定めている場合は、通学区域内の小学校、中学校とする。）

【3　都教育委員会への通知】
　（1）区市町村教育委員会は「副籍制度における地域指定校の決定について」（副籍様式1）及び「副籍交流希望書」（副籍様式2）を作成し、その写しを「就学支援ファイル」と一緒に、東京都教育委員会（東京都特別支援教育推進室）に送付する。
　（2）東京都特別支援教育推進室は、区市町村教育委員会から送付を受けた書類の写しを保管し、原本を入学予定校（都立特別支援学校）に「就学支援ファイル」と一緒に送付する。

【4　地域指定校への通知】
　（1）区市町村教育委員会は、「副籍制度における地域指定校の決定について」（副籍様式1）及び「副籍交流希望書」（副籍様式2）の写しを、地域指定校に送付する。

【5　都立特別支援学校と地域指定校との打ち合わせ】
　（1）都立特別支援学校は、上記3（2）の通知に基づいて、地域指定校への連絡を行い、対象児童・生徒の氏名等を上記4（1）の通知と照合するとともに、早期からの交流開始に向けて、可能な範囲で事前の打ち合わせを行う。

出典：東京都教育委員会「副籍ガイドブック」（平成26年3月）

　上記のように、教育委員会が定めた手続きに基づくため、特別支援学校、小中学校にとっても、しっかりと受け止めて居住地校交流を始めなければならないことになる。また、その通知等には、保護者の希望も含まれていることから、特別支援学校に入学する前から、保護者の希望を各学校に伝えることができるようになる。

　通知等を受け取った特別支援学校は、交流内容等に関する保護者の希望を確認した後、

地域指定校と交流に関する具体的な打ち合わせを行う。その打ち合わせに基づいて「副籍制度に基づく交流及び共同学習実施計画書」を作成し、保護者に説明する。最終的に決定した「副籍制度に基づく交流及び共同学習実施計画書」は、市区町村教育委員会と地域指定校、保護者に送られることになる。

こうした手続を経て、副籍制度に基づく交流及び共同学習が速やかに実施されることになる。

また、東京都教育委員会は、このガイドブックで「共生地域」という言葉を使っている。ガイドブックでは「共生地域とは、「障害のある人と障害のない人が交流を通じて相互理解を図り、互いに支え合いながら共に暮す地域社会」のことです。これは、我が国が目指す共生社会の理念を更に具体化した概念であり、都教育委員会が独自に用いる用語です。都教育委員会では、これらの副籍制度が、真に障害のある子供と障害のない子供をつなぎ、真に支え合って生きる地域社会の形成に向けた方策の一つとして更に充実・発展することを願い、副籍制度の目指すものを「共生地域の実現」とします。」と記載されている。そして、この共生地域を実現するためには、その担い手となる人材育成が重要であり、そうした将来の共生地域を担う人材こそ、地域の小学校や中学校に、特別支援学校で学ぶ子供たちであるとしている。

このように、東京都教育委員会の考える居住地校交流の意義は、子供たちの暮らしている地域における触れ合いの充実であり、そうした触れ合いは、子供たちが大人になったときに、その地域におけるお互いに支え共に生活していくという意識を醸成することができるということである。

一方、埼玉県教育委員会は、支援籍という制度を設けている。埼玉県教育委員会は、令和4年11月の支援籍学習実施要領において、支援籍の定義を「支援籍とは、インクルーシブ教育システムの構築に向け、発達障害を含む障害のある児童生徒（以下「障害のある児童生徒」とする）と障害のない児童生徒が一緒に学ぶ機会の拡大を図るとともに、障害のある児童生徒に対する、より適切な教育的支援を行うため、「個別の教育支援計画」及び「個別の指導計画」に基づき必要な支援を在籍する学校又は学級以外で行うための仕組みである。」としている。また、支援籍学習の目的として「インクルーシブ教育システムの構築に向け、児童生徒に、障害者に対する差別や偏見といった心の障壁を取り除く「心のバリアフリー」を育むとともに、障害のある児童生徒に「社会で自立できる自信と力」を育むことを目的とするものである。支援籍学習によって、障害のない児童生徒にとっては、同じ地域に住む障害のある児童生徒と学級の一員として一緒に学ぶことにより、「心のバリアフリー」を育むことができる。また、障害のある児童生徒にとっては、地域との関係を深めるとともに、在籍校（学級）以外の学校（学級）において学ぶことにより、「社会で自立できる自信と力」を育むことができる。」としている。

また、東京都の副籍は、特別支援学校に在籍する児童生徒が、副次的な籍を居住地の小中学校に置くだけであるのに対して、埼玉県の支援籍は、それに加えて小中学校の通常の学級に在籍する児童生徒が、特別支援学級や特別支援学校に副次的な籍を置くことができることが特徴である。埼玉県教育委員会は、次のように支援籍の3つの種類を説明している。

【支援籍の種類（埼玉県）】

> （1）通常学級支援籍
> 　県立特別支援学校に在籍する児童生徒が、地域とのつながりを図るという観点から、居住地を学区とする公立小中学校（以下「居住地の学校」とする）において学習する機会を設けるために通常の学級に置く支援籍である。
> （2）特別支援学校支援籍
> 　公立小中学校の通常の学級及び特別支援学級に在籍している障害のある児童生徒が、教育的ニーズに応じたきめ細かな支援や、より専門的な学習を受ける機会を確保するため、必要に応じて、県立特別支援学校に置く支援籍である。形態的に特別支援学校の教育相談に類似する仕組みとして実施が可能となる。
> （3）特別支援学級支援籍
> 　公立小中学校の通常の学級に在籍している障害のある児童生徒が、教育的ニーズに応じたきめ細かな支援や、より専門的な学習を受ける機会を確保するため、必要に応じて、特別支援学級に置く支援籍である。形態的に学校教育法施行規則第140条及び第141条による通級指導に類似する仕組みとして実施が可能となる。
> 　なお、県立特別支援学校に在籍する児童生徒が、通常学級支援籍の前段階として特別支援学級での支援籍を有する場合がある。

出典：埼玉県教育委員会「支援籍学習実施要領」（令和4年11月）

　こうした分類を見ると、居住地の小中学校との交流及び共同学習を実施するための支援籍は、「通常学級支援籍」であるが、その他の支援籍も、学籍にこだわらず、小中学校の児童生徒と特別支援学校の児童生徒の行き来がフレキシブルである点では、同じ意味合いをもっているとも言える。

　平成25年に文部科学省から通知された「障害のある児童生徒等に対する早期からの一貫した支援について（通知）」では、「障害のある児童生徒等の就学先の決定に当たっての基本的な考え方」として、「障害のある児童生徒等の就学先の決定に当たっては、障害のある児童生徒等が、その年齢及び能力に応じ、かつ、その特性を踏まえた十分な教育が受けられるようにするため、可能な限り障害のある児童生徒等が障害のない児童生徒等と共に教育を受けられるよう配慮しつつ、必要な施策を講じること。」と示されている。

　上述のように、都道府県によっては、特別支援学校に在籍する児童生徒が居住する地域の小中学校に副次的な籍を置くことで、居住する地域の小中学校の児童生徒との共同及び交流学習を継続的に行う取組をしているが、東京都教育委員会のように就学相談を通して、居住地校交流に関する保護者の希望を聞き取ることは、特別支援学校に就学するかどうかを保護者が判断する一つの要素になりうる。というのは、特別支援学校への就学を希望する保護者の心配の一つが、幼稚園・保育園での友達との関係がなくなるなど、近くに住んでいる子供たちとの関係が希薄になるのではないかということがあるからである。

（4）全国特別支援学校長会の調査から

　全国特別支援学校長会では、会員である約1,060名の全国の特別支援学校長に対して、全国調査として、毎年アンケートによる現在の状況等を調べている。その全国調査の中の

交流及び共同学習に関する結果を整理する。なお、割合はすべて回答数に対する比である。

① 学校間交流

　表 1 は、特別支援学校所在地域の学校と交流を実施している特別支援学校の割合である。回答は「学校間交流を実施しているか」「実施していないか」の 2 択で、令和 2 年度～ 4 年度の推移を学部ごとに示した。表 2 は、令和 4 年度の障害種別等の割合である。

表 1　所在地域の学校と直接交流を実施している特別支援学校の割合（学部別、令和 2 年度～ 4 年度）

	幼稚部	小学部	中学部	高等部
令和 2 年度	4.1%	36.9%	31.6%	27.3%
令和 3 年度	4.3%	36.9%	31.7%	27.1%
令和 4 年度	4.3%	36.2%	32.7%	26.8%

出典：全国特別支援学校長会全国調査

表 2　所在地域の学校と直接交流を実施している特別支援学校の割合（学部別・障害種別等、令和 4 年度）

	幼稚部	小学部	中学部	高等部
視覚障害	15.5%	35.3%	30.2%	19.0%
聴覚障害	27.9%	32.3%	25.7%	14.2%
肢体不自由	0.9%	36.4%	36.2%	26.4%
知的障害	0.5%	38.8%	32.8%	29.9%
病弱・身体虚弱	0.9%	37.5%	33.9%	27.7%

出典：全国特別支援学校長会全国調査

　結果を見てみると、小学部から高等部まで、約 3 割の学校で学校間交流を実施していることがわかる。小学部が最も多く、30％ 台後半の学校で学校間交流を実施しているが、高等部は 3 割に満たないことがわかる。障害種別等の状況を比べてみると、視覚障害と聴覚障害では幼稚部が学校間交流を実施しているが、他の障害種別等では幼稚部の学校間交流をしている学校が極端に少ない。これは、幼稚部を設置している学校が少ないことと、障害種別等の特性によるものである。同様に、視覚障害と聴覚障害は、高等部で学校間交流をしている学校は他の障害種別等に比べると少ない。

② 居住地校交流

　表 3 は、居住地校交流をしている学校の割合の推移である。この回答も「居住地校交流を実施しているか」「実施していないか」の 2 択であるため、居住地校交流をしている児童生徒が 1 名でも在籍する学校は「実施している」となる。また、表 4 は、令和 4 年度の各障害種別等の状況である。

　表 5 は、居住地校交流をしている児童生徒が、在籍児童生徒の何割程度になるかを調べたもので、2 割未満の児童生徒のみが居住地校交流をしていると答えた学校の割合である。また、令和 4 年度の障害種別等の傾向も整理した（表 6）。

表3　居住地の学校と直接交流を実施している特別支援学校の割合（学部別、令和2年度〜4年度）

	幼稚部	小学部	中学部	高等部
令和2年度	4.5%	52.7%	38.3%	4.5%
令和3年度	5.1%	53.6%	37.6%	3.6%
令和4年度	4.9%	53.0%	37.9%	4.2%

出典：全国特別支援学校長会全国調査

表4　居住地の学校と直接交流を実施している特別支援学校の割合（学部別・障害種別等、令和4年度）

	幼稚部	小学部	中学部	高等部
視覚障害	11.3%	57.7%	28.8%	4.2%
聴覚障害	33.3%	44.4%	20.8%	1.4%
肢体不自由	0.4%	56.7%	39.4%	3.5%
知的障害	0.4%	53.7%	41.2%	4.7%
病弱・身体虚弱	0.0%	57.8%	40.5%	1.6%

出典：全国特別支援学校長会全国調査

表5　在籍する児童生徒のうち、居住地の学校と直接交流を実施している**児童生徒が2割未満**の特別支援学校（回答数の中の割合、学部別、令和2年度〜4年度）

	幼稚部	小学部	中学部	高等部
令和2年度	42.9%	36.6%	67.1%	82.4%
令和3年度	49.5%	47.0%	73.4%	86.0%
令和4年度	47.9%	51.9%	75.2%	53.7%

出典：全国特別支援学校長会全国調査

表6　在籍する児童生徒のうち、居住地の学校と直接交流を実施している**児童生徒が2割未満**の特別支援学校（回答数の中の割合、学部別・障害種別等、令和4年度）

	幼稚部	小学部	中学部	高等部
視覚障害	69.2%	32.7%	57.1%	95.7%
聴覚障害	36.1%	26.3%	61.8%	88.0%
肢体不自由	83.3%	62.1%	80.4%	89.5%
知的障害	75.0%	53.0%	76.8%	88.0%
病弱・身体虚弱	66.7%	73.6%	87.5%	79.6%

出典：全国特別支援学校長会全国調査

　結果を整理すると、学校間交流と異なり居住地校交流は、小学部は5割を超える学校で居住地校交流を実施し、中学部になると3割から4割に減り、高等部はほとんど行われていない状況であることがわかる（幼稚部を除く）。この傾向は、経年経過を見てもほとんど変わらない。各障害種別等の状況を見ると、聴覚障害と視覚障害は、中学部で2割台に減少する。聴覚障害については、幼稚部が3割を超えている。

　最も大きな課題は、小学部で居住地校交流をしている学校は5割を超えていても、実際に居住地校交流をしている児童生徒は2割未満と回答した学校が増えていることである。

令和4年度は、小学部で実際に居住地校交流をしている児童は2割未満と答えた学校は5割である。この課題は中学部でも同様で、実際に居住地校交流をしている生徒は2割未満と答えた学校は7割前後に上る。

　各障害種別等での傾向を見てみると、肢体不自由・知的障害の多くの学校が、交流をしている児童生徒は2割未満であると答えている。病弱・身体虚弱については、病院に入院しているなど、居住地の学校に向かうことが難しい部分もあると考える。

　この調査の全体を俯瞰すると、学校間交流及び居住地校交流共に、特別支援学校の児童生徒と障害のない小中学校等の児童生徒の交流及び共同学習の実施は、不十分な状況であり、今後一層の推進が必要であることがわかる。

3 特別支援学校における交流及び共同学習を推進するための学校経営

（1）学校経営計画への位置づけと組織的な推進

　校長が作成する学校経営計画に交流及び共同学習の推進を明確に位置づけることが重要である。学校経営計画は、その学校が進むべき道標であり、学校に在籍する児童生徒にどのような教育を提供していくかを示した抜本的な計画である。この学校経営計画に基づき、教育課程の編成が行われ、また、学校組織を運営する校務分掌の仕事も決まってくる。さらには、予算執行計画の基本になるのも学校経営計画である。特別支援学校の学校経営計画に、交流及び共同学習の推進を明確に記載することで、交流及び共同学習をどのように実施し、どのように充実させていくかを念頭において、年間行事計画や各授業等の年間指導計画の作成が進められることになる。

　具体的には、各教師は、特別活動や総合的な学習の時間の年間指導計画作成において、学校間交流の実施を組み込んでいく。また、学校間交流は、学校組織として相手方の小中学校と調整を図る必要があるため、校務分掌において、交流及び共同学習を推進する職務を分担しておく必要がある。例えば、交流教育部などの分掌部を設置することも有効である。

　居住地校交流の場合は、児童生徒ごとの調整になり、交流及び共同学習をする居住地の小中学校は多数になる。このような多岐に渡る調整を特別支援教育コーディネーターだけで行うことは難しいため、特別支援教育コーディネーターを中心とする交流教育部が居住地の小中学校との調整、市区町村教育委員会との調整や書類提出等の実務、担任と連携した保護者との連絡・調整を担っていくことが効率的である。

　こうした学校組織として交流及び共同学習を推進するためには、学校経営計画に明確に位置づけ、校長のリーダーシップのもと実施していくことが期待される。

（2）学校運営協議会等の活用と交流校との連携

　特別支援学校においても、都道府県教育委員会の方針のもと、学校運営協議会や同様の機能を持つ組織を設置している学校は多い。学校運営協議会は、有識者や地域の代表者、

関係機関の代表者、保護者等などを委員として、学校運営について協議をする場である。この学校運営協議会に、特別支援学校の所在地の小中学校の校長を委員として加えることで、特別支援学校の学校経営計画や教育課程等を理解してもらいながら学校間交流の充実を図ることができる。学校運営協議会には、保護者も委員として参加しているので、保護者の意見や願いを交流及び共同学習に反映することもできる。また、学校運営連絡協議会の委員に、特別支援学校の児童生徒と小中学校の児童生徒の交流及び共同学習の場面を見学してもらうことも重要である。それによって、交流及び共同学習の意義の「共生社会の実現」（共生地域の実現）を学校運営連絡会の委員に再確認してもらうことが期待できる。

（3）市区町村教育委員会との連携

　特別支援学校が小中学校との交流及び共同学習に進めていくためには、小中学校を所管する市区町村教育委員会との連携を図ることは重要である。特段、居住地校交流の場合は、特別支援学校の通学区域にある複数の市区町村立小中学校との交流及び共同学習を進めるため、その学校を所管する市区町村教育委員会の後押しが重要になってくる。副次的な籍は、特別支援学校が市区町村教育委員会との連携を深めることに有効な制度である。都道府県立特別支援学校は、市区町村教育委員会の実施する就学相談において、特別支援学校に就学する児童生徒について、市区町村教育委員会とやり取りを行うが、いざ当該児童生徒が特別支援学校に就学した後は、その児童生徒について市区町村教育委員会とやり取りすることが少なくなってしまう。特別支援学校に在籍した児童生徒も、居住している市区町村との関係は、特別支援学校卒業後の児童生徒の将来の生活を踏まえても大切にしたいところである。居住地校交流の推進だけではなく、こうした児童生徒の将来の生活を視野に入れながら、特別支援学校は積極的に市区町村教育委員会との連携を深めていくことが必要である。

（4）居住地校との連携の充実と間接交流

　居住地校における交流及び共同学習を充実させるためには、児童生徒の居住地の小中学校の理解と協力が不可欠である。そのためには、日頃より居住地校との連携を図っていく必要がある。小中学校との交流活動には、特別支援学校の児童生徒が直接、小中学校の授業や行事に参加する直接交流だけでなく、間接交流という方法もある。間接交流とは、例えば、学校だよりの交換、ビデオレターのやり取りなど、児童生徒同士が顔を直接合わせない交流である。学校だよりの交換などは、学校間が約束をするだけで比較的簡単に始められる。例えば、特別支援学校は校内の掲示板に小中学校の学校だよりを、小中学校は特別支援学校の学校だよりを掲示するだけで、両校が連携を図っていることがわかる。また、居住地校の学校だよりが、その地区に住む特別支援学校の児童生徒の保護者に届くことで、地域の小中学校の授業の様子や行事の予定などを知ることができる。その情報をもとに、子供と一緒に小中学校の行事等の見学に行くなどの関わりを広げることにつながる期待が持てる。なお、小中学校の学校だよりを、小中学校の児童生徒が特別支援学校の児童生徒の自宅まで届けるといった取り組みをしているところもあり、その場合は、間接交流であっ

ても、児童生徒同士が顔を合わせる交流ができることもある。

（5）PTA の連携

　居住地の小中学校の授業等に特別支援学校の児童生徒が参加する交流及び共同学習の推進のためには、小中学校の理解と協力が不可欠であり、その一つの側面に小中学校の保護者の理解がある。小中学校の保護者の理解と協力を促す一つの方策として両校の PTA の連携も考えられる。小中学校の保護者の中には、特別支援学校のことを知らない保護者もいる。連携を深めるためには、まず、お互いが知り合うことが大切であり、そのためには子供を育てる保護者同士が知り合うことも重要である。例えば、特別支援学校の PTA が通学区域の市区町村の小学校 PTA の代表者会議に参加し、特別支援学校のことや特別支援学校の PTA 活動について説明するなどの取り組みがある。そうした保護者同士が知り合うことが、子供同士が知り合うことにつながり、その地域での共生社会の実現の一助になることも期待できる。

4 ｜ 特別支援学校の保護者が望む交流及び共同学習

　平成 25 年 3 月に東京都教育委員会は「東京都における副籍制度の充実に向けて〜検討委員会中間まとめ〜」を取りまとめた。この中間まとめでは、東京都の副籍制度を活用して児童生徒の居住地の小中学校と直接交流をすることに関して、保護者へのアンケート調査を行っている。その調査における保護者の主な意見は、下記のようなものが記載されている。

【保護者からの意見】

> ○保護者として、交流先の学校の先生や児童・生徒たちが障害者と関わること、交流は低学年かのうちからはじめ、続けていくことが大事だと思い、実践してきた。それなりに地域とのつながりができたと思っている。
> ○児童・生徒の社会性を広げる一つの大きな経験となっていると、2 年目・3 年目を経験して実感した。
> ○地域指定校の PTA 会長さんや、同じマンションの PTA 役員をされている保護者の方が、「行事にいつも来てくれてありがとう」と言ってくれる。
> ○校舎内での車いすの上げ下ろしの手伝いを率先してやってくれる生徒がいた。車いすを押してくれたり、給食を運んでくれたり、自ら積極的に手伝ってくれた。
> ○障害児のためだけの制度ではなく、地域全体のための制度で、障害児が社会貢献をしているという認識が定着するといいなと思う。
> ○地域指定校の児童・生徒が特別支援学校に来ることもできるのではないか。

出典：東京都教育委員会「東京都における副籍制度の充実に向けて〜検討委員会中間まとめ〜」（平成　　25 年 3 月）

　交流及び共同学習に対する保護者の願いはそれぞれであるが、こうした調査の結果を見ると、保護者は子供の社会性が育つなどの成長に期待し、障害のない子供たちとの関わり

が継続すること、地域の中で子供が育っていくにあたり、周囲の子供たちや大人との関係が継続することなどを期待している。また、交流及び共同学習は、障害のない子供たちの対応に感謝しながらも、障害のある子供たちのためだけでなく、障害のない子供たちのための良い学びにという視点を大切にしている。いずれにしても、障害のある子供たちが、障害のない子供たちとの交流及び共同学習を継続していくためには、保護者の協力と支援が必要であることを忘れてはならないと考える。

5 ｜これからの特別支援教育における交流及び共同学習の在り方

（1）平成29年・平成30年・平成31年告示学習指導要領

　平成29年・平成30年・平成31年に告示された小学校・中学校・高等学校及び特別支援学校小学部・中学部・高等部の学習指導要領には、次のような同様の前文が記載されている。

　「教育は、教育基本法第1条に定めるとおり、人格の完成を目指し、平和で民主的な国家及び社会の形成者として必要な資質を備えた心身ともに健康な国民の育成を期すという目的のもと、同法第2条に掲げる次の目標を達成するよう行われなければならない。

1　幅広い知識と教養を身に付け、真理を求める態度を養い、豊かな情操と道徳心を培うとともに、健やかな身体を養うこと。

2　個人の価値を尊重して、その能力を伸ばし、創造性を培い、自主及び自律の精神を養うとともに、職業及び生活との関連を重視し、勤労を重んずる態度を養うこと。

3　正義と責任、男女の平等、自他の敬愛と協力を重んずるとともに、公共の精神に基づき、主体的に社会の形成に参画し、その発展に寄与する態度を養うこと。

4　生命を尊び、自然を大切にし、環境の保全に寄与する態度を養うこと。

5　伝統と文化を尊重し、それらをはぐくんできた我が国と郷土を愛するとともに、他国を尊重し、国際社会の平和と発展に寄与する態度を養うこと。

　　これからの学校には、こうした教育の目的及び目標の達成を目指しつつ、一人一人の生徒が、自分のよさや可能性を認識するとともに、あらゆる他者を価値のある存在として尊重し、多様な人々と協働しながら様々な社会的変化を乗り越え、豊かな人生を切り拓き、持続可能な社会の創り手となることができるようにすることが求められる。（以下略）」

　この前文がすべての学校の学習指導要領に記載されたことは、極めて意義深い。その前文の内容を整理すると、下記のような今後の学校教育の重要な視点が浮かび上がる。

　　　○自分のよさや可能性を認識できるような教育

　　　○あらゆる他者の価値を認め尊重することが学べるような教育

　　　○多様な人々と協働していくことを学べるような教育

　　　○これからの社会の創り手を育成するという視点のある教育

　すべての学校において、こうした教育を行うにあたり、障害のある児童生徒と障害のな

い児童生徒が関わり合う交流及び共同学習は、極めて重要な学習活動になってくると考える。交流及び共同学習は、障害のある児童生徒のためだけでなく、障害のない児童生徒を含む、すべての児童生徒にとって、自分の良さや可能性を認識し、他者の価値を認め尊重すること、多様な人々と協働していくことを学ぶための貴重な機会であり、具体的な活動を通した生きた学習活動になりうると考える。そして、そうした学習を積み重ねることが、これからの我が国のあるべき姿である共生社会の実現につながっていくと言える。

（２）新しい時代の特別支援教育の在り方に関する有識者会議報告

　令和３年１月に、文部科学省は、今後の特別支援教育の在り方を示す「新しい時代の特別支援教育の在り方に関する有識者会議報告」を取りまとめた。この報告の中では、交流及び共同学習について、次のように示されている。

　まず、「Ⅰ．特別支援教育を巡る状況と基本的な考え方」の項に、これからの特別支援教育の方向性として「障害のある子供と障害のない子供が、年間を通じて計画的・継続的に共に学ぶ活動の更なる拡充」が示され、方向性のまとめとして、「障害の有無に関わらず誰もがその能力を発揮し、共生社会の一員として共に認め合い、支え合い、誇りを持って生きられる社会の構築を目指す」ことが明確に示されている。

　特別支援学校については、Ⅱの「３．特別支援学校における教育環境の整備」の項に、以下のように示されている。

・特別支援学校に在籍する児童生徒は、居住する地域から離れた特別支援学校に通学していることにより、居住する地域とのつながりをもちにくい場合がある。一部の地域で取り組まれている特別支援学校に在籍する児童生徒が居住する地域の学校に副次的な籍を置く取組については、居住する地域との結び付きを強めたり、居住する地域の学校との交流及び共同学習を継続的に推進したりするうえでも有意義であり、一層その普及を図っていくことが重要である。

・副次的な籍等を活用した居住する地域の学校との交流及び共同学習が継続的に行われるためには、特別支援教育コーディネーターを中心とした学校間や家庭等との連携強化や特別支援教育支援員の活用が求められる。また、居住する地域の学校までの距離がある場合などは、各学校に整備されたICT機器を活用した交流及び共同学習の取組を実施するなど、各学校や児童生徒の状況に応じて段階的、継続的に取組を進めていくことが期待される。なお、特別支援教育コーディネーターや学級担任による連絡・調整等の負担を軽減したり、社会教育関係者や地域の民生委員・児童委員など学校外の人材と連携・協働したりするためにもICTの積極的な活用が期待される。

　この報告を読むと、これからの特別支援学校の交流及び共同学習の在り方として、いくつかの視点が浮かび上がる。

①居住地校交流の充実

　障害のある児童生徒と障害のない児童生徒が触れ合い、共に活動することは、学校間交流による交流及び共同学習でも充実させることはできるが、子供たちの居住する地域でのつながりを考えると居住地校交流によって得られるものは、極めて大きいと言える。それ

は、交流及び共同学習の重要な意義である「共生社会の実現に向けた取組」という視点があるからである。子供たちは、居住する地域で育ち、大人になっていく。中には大人になってもその地域で住み続ける人もいる。そうした大人たちが、その地域の共生社会の担い手になっていくことを考えれば、子供時代の交流及び共同学習の経験は、その地域にとって重要な資産となりうると言える。

　また、学校間交流は、特別支援学校の近くにある小中学校が交流及び共同学習を行う交流校として指定されることが多い。極端に言えば、特定の小中学校に在籍している児童生徒のみが特別支援学校の児童生徒との交流及び共同学習を行うことになる。一方、居住地校交流は、特別支援学校の児童生徒が居住している広い地域の小中学校が指定校になるため、多くの学校で特別支援学校の児童生徒との交流及び共同学習が実施され、当然、特別支援学校の児童生徒と触れ合い、共に活動した経験のある児童生徒も多くなる。こうした点は、共生社会の実現に向けた取り組みとして有効である。

　報告でも記載されているが、こうした居住地校交流を進めるためには、副次的な籍の一層の普及が必要である。現在、副次的な籍を活用している都道府県は、少しずつ増えているが、すべての都道府県で実施しているわけではない。今後は、特別支援学校に就学するすべての児童生徒が、居住地の小中学校に副次的な籍を持つという制度化も一つの考えである。学籍の上とはいえ、児童生徒が居住地の小中学校に学籍や副次的な籍を置くことは、我が国が目指す、障害のある者と障害のない者が可能な限り共に学ぶ仕組みであるインクルーシブ教育システムの構築の推進にもつながってくると考えられる。

② ICT の活用

　現在、GIGA スクール構想に基づく一人一台端末の配付など、どの学校でおいても ICT の活用の充実が大きな課題になっている。ICT の活用の一つに WEB 会議等の活用がある。WEB 会議を活用することで、場所が離れたところでも、同じ授業に参加したり、学級の様子を見たりすることができるようになった。新型コロナウイルス感染症の感染拡大に伴う休校中などにも、自宅から授業に参加することができた。交流及び共同学習においても、例えば、学校間交流において、新型コロナウイルス感染症の感染防止の観点から WEB 会議を用いた交流及び共同学習を実施する事例も多くなっている。

　交流及び共同学習は、子供同士が直接触れ合い、共に活動することが望ましいのは確かである。WEB 会議の活用による交流は、こうした直接的な交流という面からは課題も多い。しかしながら、一方、WEB 会議の利点もある。例えば、学校間を移動する時間や手間がかからないことは大きな利点である。学校間交流にしても、居住地校交流にしても、児童生徒が在籍している学校から、別の学校に行かなければならない。このことが頻繁な交流活動の妨げになっているのも確かである。居住地校交流については、特別支援学校の保護者が居住地の小中学校に付き添わないといけない場合もある。WEB 会議による交流は、こうしたコストを必要としないため、比較的手軽に交流及び共同学習を実施することができる。その利点を生かして、例えば、特別支援学校の児童生徒が、居住地の小学校の朝の会や帰りの会に定期的に参加するなど、交流及び共同学習を特別な活動から、日常的な活動に組み込むことができる可能性もある。今後は、児童生徒が直接触れ合う交流に加

え、ICT を活用した交流を実施し、幅広い、多様な交流及び共同学習の取組の拡大が期待される。

③地域住民や外部ボランティア等の参加

　報告には ICT の活用に関わり記載されているが「特別支援教育コーディネーターや学級担任による連絡・調整等の負担を軽減したり、社会教育関係者や地域の民生委員・児童委員など学校外の人材と連携・協働したりする」という考えは、これからの特別支援学校における交流及び共同学習の在り方を検討するにあたり重要な観点である。学校間交流においても、居住地校交流においても、各校の連絡調整には多くの労力を要する。特段、居住地校交流については、対象となる小中学校の数が多く、地域も広い。特別支援学校の特別支援教育コーディネーターだけでは対応しきれず、担任や校務分掌などの活用が必要であるなどの負担もある。また、居住地校交流については、保護者が交流及び共同学習に付き添わないといけないなど、負担も多い。こうした負担を軽減するため、学校外の社会教育関係者や地域の民生委員・児童委員などの多様な人材が関わってくれれば、一層、交流及び共同学習の推進につながると考える。障害のある児童生徒と障害のない児童生徒が触れ合い、共に活動する交流及び共同学習の意義がその地域の共生社会の形成であるならば、その活動に地域住民や学校外部の関係機関やボランティア等が関係することは、より、その地域の意識の醸成につながると考える。残念ながら、筆者は具体的な事例等をまだ知らないが、今後の在り方の一つとして大きく期待している。

最後に

　特別支援学校の児童生徒が、小中学校の児童生徒と交流及び共同学習を実施することは、特別支援学校の児童生徒のためだけではなく、小中学校の児童生徒にとっても有意義な学習である。それは、交流及び共同学習が、自分の可能性や良さを再認識し、他者を認め、尊重し、多様な人たちが協力することの大切さを学ぶことができるからである。そして、そうした学習の積み重ねは、我が国に共生社会の実現を推進するための大きな力になっていく。そうした意義を再確認し、今後も特別支援学校における交流及び共同学習のさらなる充実が図られることを期待する。

【参考】
・文部科学省「交流及び共同学習ガイド」(2019 年 3 月改訂)
・東京都教育委員会「副籍ガイドブック」(平成 26 年 3 月)
・埼玉県教育委員会「支援籍学習実施要領」(令和 4 年 11 月)

第2章

校長からの提言

地域の特色を生かした
交流及び共同学習の推進に向けた学校経営

青森県立弘前第一養護学校　校長　佐藤　忠全

　青森県特別支援教育推進ビジョンでは、基本方針の柱として「特別支援学校と地域等との連携推進」を掲げ、その中で、地域や学校等に対して理解・啓発を図るとともに、市町村教育委員会等との連携を強化し、交流及び共同学習の更なる充実を図っていくことが示されている。また、令和4年度からは、全市町村において「青森県交流籍制度」がスタートし、「共生社会」の実現に向けて特別支援学校の小・中学部に通っている児童生徒が、住んでいる地域の市町村立の小・中学校に副次的な学籍を置いて、居住地校交流を行うことを推進している。

　本校は、このような県の方針を踏まえ、青森県の中南津軽地区を中心とした広域から児童生徒が通学してくる知的障害特別支援学校として、近隣の小・中学校や高等学校、それぞれの居住地域の学校における交流を積極的に進めている。津軽の「りんご」や「岩木山」をテーマにした様々な交流は本校の特色であり、コロナ禍により交流校同士で集うことができない状況が続いていたが、十分な対策を講じて直接的な交流を再開している。特にりんごをテーマにした交流では、摘果等、共に作業する経験を通して、コミュニケーションの拡大につながり、お互いの良さを知る機会になっている。また、交流籍制度を活用した居住地校交流は、希望する児童生徒が大幅に増え、市町村教育委員会との連携・協力体制の下、小・中学校側との交流に向けた計画等における情報共有が円滑になるなど、より一層、地域におけるインクルーシブな教育環境の充実が期待される状況である。

　私は、本校校長となった今、これまでの特別支援学校の教員人生を振り返ると、所属した全ての学校において交流及び共同学習が行われていたが、自然な形で小学生の早い段階から障害のある子供へ関わる経験は、その後の障害児・者に対する接し方や態度の形成に多かれ少なかれ影響を与えると感じている。本校の児童生徒にとっても、交流による様々な体験を通して、互いの存在を知り、認め合い、自分の良さや価値に気付く経験は、積極的に地域で生活していこうとする意欲につながっているものと捉えている。特別支援学校の教員の役割としては、通常の学校の児童生徒に対して、本校の児童生徒にどのように関わればよいかを伝え、交流及び共同学習を通して実際に子供同士がお互いを思いやり、経験を共有できる教育活動を提供していくことが大切であり、そのことにより、インクルーシブ教育を推進していく教員としての資質・能力が高まると考えている。コロナ禍で交流が閉ざされるような事態になりかけたが、対面での交流を何とか実現させてやりたいという、本校と交流校の教員等の熱意により、現在も児童生徒のアイデアあふれるオンライン交流が継続して行われている。今後も、地域において、児童生徒が共生社会の一員として輝けるよう、地域の特色を生かした交流及び共同学習を展開していきたい。

「共に学び、共に育つ」教育の実現を目指して

岩手県立宮古恵風支援学校　校長　黒川　圭司

　本県における交流及び共同学習については、平成 21 年度に策定した「いわて特別支援教育推進プラン」において特別支援学校に学ぶ児童生徒の居住地校との交流学習を実施していくことが示され、「居住地校交流」として居住地の児童生徒との相互理解や地域との結びつきを強くする取り組みをしてきたが、平成 24 年度に「交流籍を活用した交流及び共同学習」と名称を変更し、「共に学び、共に育つ教育」の実現を目指す具体的な取り組みとして現在に至っている。従来の「居住地校交流」は支援学校側からの直接的な交流依頼を基本に実施されてきた経緯があるが、「交流籍を活用した交流及び共同学習」においては進めていく過程の中で、県と各市町村の教育行政の連携を基本に、子供たちの居住する圏域の教育委員会がニーズを把握し、管轄する小中学校との調整を行いながら取り組んでいることの意義は大変大きい。

　単発で終わる学習形態ではなく、年平均２〜３回の学習を計画し、事前や事後学習を含めて継続的に取り組んでいくことで、「昨年の活動はこうだったから、次はこうしたい、こうしてみよう」や「○○学校に行くのが楽しみ」「○○くん（さん）に会いたい…」など、子供たちの中に互いを意識し尊重し合う姿や相手を気遣う姿が年々大きく育っていることを感じる場面も多い。加えて、本校では長年、地域の小学校、中学校との交流学習に取り組んでいる。

　当初は行事交流を中心に行っていたが、年月を重ね互いの学校間の行き来をするようになり、継続的な交流が続いている。

　小学校から中学校に進学した生徒は成長や生活経験の拡大に伴い、一人一人の多様性を受容する障害者観が大きく育っていると感じる。継続的な交流を通じて自身の将来の進路決定に影響を与えることもあり、高校進学後の進路選択を経て、特別支援教育の分野や社会福祉の分野に進んだエピソードを耳にすることもある。本校の子供たちにとっても、多様な学習集団の経験やコミュニケーションの経験拡大、学習環境の広がりによる新たな発見や心の安定感の拡大にもつながっている。交流及び共同学習の経験を通して互いの存在を認め合い個々の社会性を高めていくことは、弱い立場の人のことを考えられる視点の育成や共に生活するための方法を考える視野の拡大にもつながり、社会に出たときの自身の生き方や働き方にもつながっていくと考える。障害のある子供たちにとっても多様な感覚を通した刺激を味わい、人とかかわることの経験は将来の社会生活で心豊かに明るく生きていくことの原動力になっていくと考える。

　IT 化が大きく進み、社会全体の在り様が変化している昨今ではあるが、どんなに便利な世の中になっても人が人を支える社会の大切さは普遍的なものでありたいと願う。その土台のひとつとして交流及び共同学習を進めていく意義は大きいと考える。

特別支援学校長として考える交流学習

宮城県立石巻支援学校　校長　田中　晃

　校長室前の廊下には、写真や新聞記事等で本校の沿革を紹介している。その中でも特に大きく取り上げられているのは、開校当初から実施してきた地域の小・中・高等学校との交流の様子である。また、１階の廊下壁面には、交流先の小・中学校との居住地校学習の様子が掲示されている。どちらも本校の児童生徒や相手校の児童生徒の笑顔、それを支える教師を含めた周りの大人の温かい眼差しに、本校における交流学習の歴史と意義を感じることができる。

　本校は学校経営方針を、「開かれた学校－地域の中で成長する学校」とし、努力目標の一つに、「地域と連携・協力した教育活動の推進」を揚げ、交流及び共同学習に重きを置いた教育活動を行っている。令和４年度もコロナ禍ではあるが、４校と学校間交流を行った。また、居住地校学習としては、31校の学校と本校小・中学部の児童生徒で78％の希望があり、相手校と連携しながら進めてきた。どちらの交流も、ここ３年間、直接交流は難しく、手紙や作品のやり取り、ビデオレターやオンラインなどICTを活用しての交流がメインとなった。相手校の管理職はじめ担当者や保護者の理解と協力のもと、若干の変更や修正を加えながらも確実に実施することができた。相手校の児童生徒や担当者からの成果を感じる感想から、相手校の児童生徒にとっても意義ある活動になっていることを実感している。オンライン交流の場面では、相手校の児童から「○○さん、久しぶり〜」と温かな声を掛けられている場面があった。これも、これまで工夫しながら継続してきた成果であろう。

　本校にとっての交流学習の良さは、その児童生徒をよく理解している教師がそばで見守りながら実施することによって、安心して地域に出る経験を積むことができることである。また、小学部の低学年から交流の機会を丁寧に積み重ねていくことで、抵抗なく地域で生活をする準備ができることである。「近所の同級生から声を掛けられるようになった」「災害時には、地元の避難所に迷いなく避難できるようになった」等の保護者の声から、確実に成果が出ていることを実感する。今後も継続し、さらに充実したものにしたいと思っている。そのためにも、双方の学校の担当者が代わっても交流が継続できるように引継ぎをしっかり行っていくことや、学校の実態や児童生徒の実態に応じた無理のない交流を行っていくこと等を大切にしていく必要があると思う。そして、双方の児童生徒にとって、よりメリットが実感できるような交流学習となるよう、地域の支援学校としての役割を果たしていきたいと考えている。

望ましい協働関係の構築を

仙台市立鶴谷特別支援学校　校長　癸生川　義浩

　本校が校名を変更する前の「鶴谷養護学校」時代、おそらく平成７年頃に作られた「交流教育要覧『手をつなごう』」が手元にある。これは、本校が開校当初より、学校間交流や地域交流など「交流教育」に力を入れて取り組んできた様子をまとめたものである。平成16年からは、児童生徒が居住する学区の小中学校との交流（以下、居住地校交流）が加わり、さらに充実した交流教育を行うようになった。

　居住地校交流を行うにあたっては、事前に相手先の小学校・中学校と担任同士で綿密な打ち合わせを行っている。多くの学校で、本校の児童生徒の好きなことや興味を持ちそうなことなどをよく考え、いろいろな工夫をして交流を行ってくださっており、本当にありがたいと感謝している。現在は感染症対策のため間接的な交流が中心であるが、このような工夫のおかげで、児童生徒が交流を楽しむことができている。例えば、小学部児童の交流学級では、宇宙について関心を持っていることを知った相手校の児童たちが「宇宙クイズ」を作ってDVDを送付してくれた。本校児童が喜んでクイズに取り組んでいる様子を動画に撮り、交流学級に送付して観ていただいて、さらに交流を深めることができた。

　居住地校交流を充実したものにするためには、相手校との良好な関係づくりが重要である。特に、担任間でお互いの理解が深まれば児童生徒たちに良い影響を与え、より良質な交流学習を行うことが期待できる。これは、校長においても同様で、学校のリーダーたる校長の特別支援教育に対する理解が深まれば、小学校・中学校ともに学校運営全体に良い効果があると思われる。支援学校の校長は、小学校・中学校の校長と常に連携して良い関係を築いておくことが大切である。本校は、近隣の２小学校・１中学校と「鶴谷中学校区校長会」を作り、年４回話し合いを行っている。お互いの学校種が違うので広く情報交換を行うことができ、お互いの協働関係を築くことができている。他の市立学校とも、本校のセンター的役割を発揮して特別支援教育の充実に尽力していきたいと考える。

　一方、支援学校の教育について、小学校や中学校の教員にはあまり知られていないという話を聞くことがあった。この居住地校交流をきっかけとして、特別支援教育について教員の啓発も図ることができるのではないかと考えている。

　現在はコロナ禍であり、なかなか終息する見通しは持ちにくい。これから懸念されることは、この状況で交流ができず、数年間のブランクができていることである。これまでたゆみなく続けて積み上げてきた交流が中断し、児童生徒のかかわりや理解が薄くなっているのではないかと危惧している。かかわる人についても同様で、町内会の方々は代替わりをし、教員も人事異動で入れ替わり、以前の交流を知る教職員が少なくなっている。一方で、新たな機会と捉えることもできる。ICT教育の発達で離れた場所でもやりとりできることは、環境の変化にかかわらず実施でき、交流の機会を増やすこともできる。この３年間、本校では直接的な交流ができなくとも、間接的な交流を通して「絆」を絶やさないようにしようと試みてきた。全て以前のように回復するのは難しいかもしれないが、「新しい生活様式」に則って今後どのような交流が可能か、検討していきたい。

小学校長として
これからの交流及び共同学習に期待すること

宮城県名取市立不二が丘小学校　前校長　庄子　信広

　障害のある児童とない児童との交流及び共同学習は、双方の児童にとって経験を広げ、社会性を養い、豊かな人間性を育み、互いを尊重し合う大切さを学ぶ重要な機会である。それを推進していくうえで小学校長の立場から２つの点について述べたい。

　１つ目は「小学校教員の特別支援教育に関する専門性を高める」ことである。本校では、令和２年度から職員研修として、名取支援学校名取が丘校と合同でインクルーシブ教育研修会を開催した。令和３年度は「不二小米を作ろう」の実践事例を基に双方の立場から児童の変容を発表し、それが交流の目指すべき姿や評価について、支援学校の児童や保護者の願いを知るなど質の高い交流及び共同学習を実施していく参考になった。また、インクルーシブ教育の視点から両校の交流について大学教授から「共に学び、育つために求められるもの」の演題で多くのご示唆をいただき、専門性の向上を図った。

　交流校である特別支援学校の教員と合同で研修を行うことは、小学校教員の特別支援教育や障害に関する「知識」を高め、共に学ぶ意義・目的を「意識」し、相手校と同じ目線で「組織」として交流及び共同学習を実施することにつながる。このような取組が小学校児童の障害理解や思いやりの心を育み、共に支え合い生きるための行動力の育成などの成長につながることを期待したい。

　２つ目は「ICTを活用して交流の機会を増やし、継続的な交流及び共同学習を行う」ことである。全国ほぼすべての学校でミーティングアプリを活用して、リアルタイムで外部と接点を持つ環境が整った。小学校段階では相手の顔が見えることが、相手校児童への親近感や行事への意欲を高めるうえで有効と考える。この環境を生かして交流行事の事前学習への活用と継続的な交流への活用につなげていきたい。例えば、居住地校学習の事前学習では事前学習としてビデオを用いて学級や個人の紹介、活動内容の説明といった一度だけの準備で当日を迎えることが多かったが、可能であれば短時間でもICTを活用したリアルタイムの事前学習を２〜３回実施して交流の土台を作ってから実施したい。そうすることで特別支援学校の児童にとっては相手校の教室環境の把握につながり、教室や集団への適応が早くなると思われる。また、小学校の児童も特別支援学校の児童の反応に応えることで親近感が湧き、当日の活動への期待感も高まると考える。終了後も定期的に双方の学級の様子の紹介や様子をリアルタイムでやりとりして交流を継続することが、相互理解や相手を思いやる気持ちの醸成につながり交流及び共同学習の目標に迫れると思う。

　子供たちが人間の多様性を理解し、共生社会の形成に資する人間として成長するためにも、小学校の教員もこれまで以上に特別支援教育の専門性を高め、ICTを積極的に活用して持続可能な交流及び共同学習の機会を増やしていくことを期待したい。

交流及び共同学習の充実のための学校経営

福島県立会津支援学校　校長　加藤　香洋

　本校は「ふるさと会津を愛し、自分らしく生きる児童生徒の育成を目指す」ことを学校経営・運営ビジョンに掲げている。

　高等部を卒業した生徒のほとんどは、地域を生活や就労の場にしている。そのため、地域の小・中学校、高等学校との交流及び共同学習を推進し、子どもたち一人一人が地域とつながり、個性や持ち味を活かして地域の一員として社会参加する基盤整備に努めている。これらの目的を果たすために、学校経営の視点から工夫している点は以下のとおりである。

　まずは中核となる教員を育て、その教育実践を学校全体で共有するよう工夫している。本校においては、市内小学校との交流がややスポット的になりがちで、いかに真に教科等のねらいを達成できるような共同学習へと発展させるかがここ数年来の課題であった。これらを踏まえ、校内の核となる人材として市内小学校との人事交流を経験した教員を学年主任に位置づけることで、交流及び共同学習の充実を図った。相手校の教員との円滑な連絡調整はもちろん、市内小学校の年間行事計画及び教育課程に精通しているという強みを最大限活かすことができた。本県では計画的に人事交流が行われているが、地域における特別支援教育の理解と充実を図る上で、人事交流の推進は大きな効果があることは間違いない。

　次に、校務分掌に位置づけられた地域連携担当教職員に、交流及び共同学習におけるコーディネーターとしての役割を与えた。「社会に開かれた教育課程」の実現に向け、教職員にはこれまで以上に地域との連携・協働の力量が求められている。本校ではミドルリーダーの人材育成の面から、その職務を有機的に活用し、交流及び共同学習の窓口やとりまとめだけでなく、地域と学校が連携・協働するためのハブ（結節点）と位置づけている。さらに、それらの成果と課題を教育課程や学校評価に反映させる総括的役割を与えている。

　本校は、引き続きこのような取組を重ねることにより、一人一人の子どもが自分のよさや可能性に気づき、あらゆる他者を価値ある存在として尊重する共生社会の実現を目指していきたい。

交流及び共同学習に期待すること
〜「地域で共に学び、共に生きる教育」をすすめるために〜

福島県立相馬支援学校　校長　和知　学

　本校では、相馬地区における「地域で共に学び、共に生きる教育」の推進を目指して、各学部で学校間交流や居住地校交流等の交流及び共同学習を行っている。しかし、令和元年度に小学部で行われた保護者説明会で「居住地校交流」について知っているかと尋ねると、「言葉は聞いたことがあるけれど、何をするのか分からない。」「いつも学校で行っている交流とどこが違うのか。」という質問を受けた。そこで、本校では居住地校交流のイメージをもちやすくするために、保護者に対して交流の目的や意義、活動の流れ等を具体的に説明したり、質問に答えたりする機会を毎年設定している。居住地校交流の希望者は令和２年度は４名、令和３年度は７名、令和４年度は10名と増加傾向にあり、保護者や本人からのニーズが高まっている。

　また、居住地校交流を行う上で欠かせないことは、相手校との連絡・調整を密に行うことだと考える。そのために、本校では、実施に向けた打ち合わせを行う中で個別の教育支援計画を持参し、合理的配慮について共通理解を図ったり、事前学習で児童の実態や関わる時のポイント等を受け入れ学級の児童に伝える機会を設けたりしながら一人一人の児童に合わせた交流及び共同学習を実現するための話し合いを大切にしている。特に、報告書で紹介した令和３年度の事例２については、高学年の体育で交流を行ったが、マット運動で相手校の児童が前転と後転等を組み合わせながら練習する中、本児は本校の体育で練習してきた前転をゆっくりと練習する時間にしたところ、みんなが一生懸命練習する姿に刺激を受けて、初めて一人で自信をもって前転する姿を引き出すことができた。こうした交流の面だけでなく、共同学習としてお互いの学びのねらいが達成できるような事例が増えていくことに期待したい。

　さらに、居住地校交流を実施する中で、相手校の教師から「交流を通して、学級の児童が自分から本児に関わろうとする姿がたくさん見られて、新しい発見だった。」「こうした交流を継続していくことで、受け入れる側も気持ちを育てることができる。」という感想をいただいた。また、小学校と特別支援学校の教師がお互いの授業を見合う機会を設定したり、特別支援教育について研修を行ったりする等、教師同士の交流を重ねていきたいという要望も挙がっている。今後も障がいのある児童生徒が「地域で共に学び、共に生きる教育」を進めていくためには、上記のような意見を大切にしながら地域で特別支援教育の理解啓発を図っていく必要があり、そのためにも交流及び共同学習は大きな意義をもつと考える。現在は新型コロナウイルス感染症の影響も大きく、実施方法等に課題があるが、検討を重ねながら今後も継続的に交流及び共同学習を行っていきたい。

学校経営における交流及び共同学習の意義

埼玉県立越谷特別支援学校　校長　小池　八重子

1　はじめに

　交流及び共同学習は、障害のある児童生徒が障害のない児童生徒の成長、人間形成の一翼を担う取組であると考えている。全ての児童生徒が、予測のできない未来に、生き生きと自信を持って歩むために、交流及び共同学習が価値あるものであることを伝えたい。

2　近隣の小中高等学校との交流及び共同学習

　本校ではそれぞれの学部で近隣の小中高等学校と交流及び共同学習を実施している。本校に通う児童生徒のほとんどが、スクールバスや自家用車、通学のサービスを利用して登校してくる。下校に関しても同様で自宅や放課後等デイサービスなど限られた空間の中での人との関わりになっている。そういった環境の中で、交流及び共同学習は、本校で学ぶ全ての児童生徒が同世代の子供たちと関わり、人間関係を拡げることのできる貴重な取組だと考えている。交流校の児童生徒の息遣い、声、動きなどを様々な感覚を用いて感じ取り、一人一人の学びにしてほしいと願っている。また、交流校の児童生徒にとっても障害がある同性代の子供たちと関わることによって、どのような障害があっても諦めず、ひたむきに努力している姿から明日への生きる力にしてほしいと考えている。

3　居住地校交流（支援籍学習）

　支援籍学習はその目的や内容によって、①通常学級支援籍、②特別支援学校支援籍、③特別支援学級支援籍の３つの種類がある。この取組はインクルーシブ教育システムの実現に向けた重要な取組のひとつであると考えている。居住地での活動が少ない本校の児童生徒たちにとって、地域の小中学校において限られた時間や活動ではあるが、同じ学年の子供たちと同様に地域の子供として迎えられ、同じ場で学ぶ。そのことにより、地域にも仲間ができ、社会の中で生きる力になると考えている。また、本校の児童生徒が支援籍を実施することにより、障害のない子供たちの心の成長の一翼を担うことができる取組だとも考えている。

4　おわりに

　交流及び共同学習（居住地校交流も含む）は、自分自身の人生を決める、または変えるなど経験した一人一人に何らかが宿る出会いとなる。中学生の時に本校との交流及び共同学習を経験し、特別支援学校の教員になろうと決意し、その願いを叶えるために学びを続け、教職に就いたものが現在、本校で教鞭をとっている。まさに糸賀一雄氏の名言である「この子らを世の光に」が現実になったのである。障害が重度であっても光り輝く価値ある存在であることが実感できる機会となるよう、今後も交流及び共同学習を推進していきたい。

「交流及び共同学習」の先へ

埼玉県立大宮北特別支援学校　校長　山口　伸一郎

　国連「障害者の権利に関する条約」に基づき、インクルーシブ教育システムの構築・充実と共生社会の実現を目指すにあたり、「交流及び共同学習」の重要性は明らかである。しかし、私自身は、以前から「交流及び共同学習」の語にもの足りなさを感じている。そして、この語ゆえの限界があるのではないかと考えている。

　「交流」という時、「いつもは別々にある」との暗黙の了解がある。「障害のある児童生徒と障害のない児童生徒は、いつもは別々に暮らし、別々に学んでいる」が大前提となっている。これは「連続性のある多様な学びの場」を想定しているインクルーシブ教育システムの考え方とは合わないところがあるのではないか。「いつもは別々の場」が前提となっている「交流」の語ではなく、よりインクルーシブ教育システムの考え方に合った語がないものだろうかと考えている。

　本県（埼玉県）は、平成16年度から全県（指定都市のさいたま市を除く）で「支援籍学習」に取り組んでいる。その実践は、多くの場合、「交流及び共同学習」のカテゴリーの中で紹介される。しかし、「支援籍学習」の考え方は「ふだん、別々の学校で学んでいる児童生徒に交流の機会を作る」ということにとどまらない。「支援籍学習」について、私は下記のように考えている。

・すべての児童生徒は、本来、居住している市町村、居住している地域の学校で学ぶのが基本である。

・ただし、障害がある児童生徒は、個別の教育的ニーズに応じて、特別支援学校で学んでいる場合がある。

・そのため、特別支援学校の児童生徒には、本来、学んでいるべき、居住地域の小中学校で学ぶ機会を保障する必要がある。本県の「支援籍学習」は、そのための仕組みである。

　もちろん、「支援籍学習」の現状には様々な課題もあり、現時点では当初の理念が十分実現されているとは言えないかもしれない。しかし、単なる「交流」の機会の確保ではないことは確かである。

　「交流及び共同学習」の計画が立案される時、また、その実践が報告される時、どうしても「交流」に関わる内容がその大部分を占める、そんな印象がある。「交流及び共同学習」と言いながら、実際には「交流」の域に留まっている実践がまだまだ多いのではないか。

　一方、本調査研究報告書においては、各地の先進的な取組や挑戦が紹介されている。本調査研究をきっかけに、「交流及び共同学習」のうち、特に「共同学習」に焦点を当てた議論や実践が各地で巻き起こってくることを期待している。これからは、意義ある「共同学習」の実践こそが「交流及び共同学習」の核心である、ということを教育界の共通認識にしたい。

特別支援学校長として
副次的な籍である支援籍に期待すること

埼玉県立深谷はばたき特別支援学校　校長　**楠奥　佳二**

　埼玉県では、障害のある児童生徒と障害のない児童生徒が一緒に学ぶ機会の拡大と、在籍する学校や学級にかかわらず障害のある児童生徒のより適切な教育支援を行うための仕組みとして、副次的な籍である支援籍の取組が制度化されている。支援籍による取組が果たす役割として、次のことを特別支援学校の校長として期待している。

1　教育資源の組合せを推進する役割

　在籍する学校または学級以外で必要な支援を行う支援籍は、障害のある児童生徒の個々の教育的ニーズに応じて教育資源を組み合わせる具体的な取組である。支援籍は、特別支援学校の児童生徒のみならず、通常の学級に在籍する児童生徒たちも特別支援学校で学ぶことができる双方向的な取組である。特別支援学校に在籍する児童生徒にとっては、居住地の地域性を加えた教育計画を可能にし、通常の学級に在籍する障害のある児童生徒にとっては、特別支援学校において障害の特性に応じた指導を受けることを可能にするものである。これにより、支援籍が域内の教育資源を結びつける役割を果たすことが期待される。

2　共生社会の形成を推進する役割

　支援籍による学習活動を行うことは、心のバリアフリーの推進や地域での関係づくり、小中学校の教員の理解啓発を進めることにつながる。これは、障害の有無にかかわらず、誰もがその能力を発揮し、共に認め合い、支え合い、誇りを持って生きられる共生社会の構築に寄与するものであり、共生社会の形成を推進する役割を果たすことが期待される。

3　学校間の教員連携を推進する役割

　支援籍による取組は、特別支援学校と小中学校の教員の協働による交流も行われる。このことは、小中学校の教員への相談支援など特別支援学校のセンター的機能の拡充にもつながる。特別支援学校と小中学校の教員間の連携を推進する役割が期待される。

4　居住する地域との連携を継続する役割

　支援籍により特別支援学校に在籍する児童生徒が地域との結びつきを強めることができ、特別支援学校に就学することで地域との関係が少なくなることを補う役割が期待される。また、障害のある児童生徒の学びの場は固定したものではなく、就学後も柔軟に見直しを図ることが望まれる。そのためには、市町村教育委員会が引き続きその児童生徒の教育に関わりを持つ必要があり、支援籍はその役割を果たすことが期待される。

　以上、支援籍が果たす役割として期待するものである。特別支援学校の校長は、実施上の課題を整理し、副次的な籍である支援籍を推進する学校経営を行うことが求められる。

交流及び共同学習の意義を考える
～互いに実りある居住地校交流・学校間交流を目指して～

千葉県立八千代特別支援学校　校長　**香取　聖子**

　本校がこれまで行ってきた近隣地域の小学校、中学校、高等学校との居住地校交流や学校間交流は、コロナ禍にあって縮小はしたものの、交流校の校長先生をはじめとした担任や担当者の理解と協力のおかげで、リモート交流等を通してお互いの関係をつないできた。

　特別支援学校の児童生徒にとって居住地校交流は、「地域の友達と共に」という本人、保護者の願いから始まっている。

　居住地の学校で学ぶということは、障害のある子どもたちが仲間とのかかわりや経験をひろげるにとどまるものではなく、交流学級、交流校すべての児童生徒や職員にとって、多様性を学び、学んだことからの気づきを自己の人生や社会にどのように活かしていくかを考える大切な心の基盤となるものである。

　小学校・中学校の特別支援学級・通常学級での交流学習はもとより、高等学校と高等部生徒の生活年齢に沿った交流及び共同学習にも積極的に取り組んでいくことが今後必要になると考える。また、交流及び共同学習を意味あるものとするためには、交流校職員の理解、協力を得るために、障害理解や指導・支援の方法をはじめとした職員への事前研修についても併せて行っていく必要がある。

　コロナ禍による3年間のブランクを超えて、本校の課題である新たな地域連携の在り方を踏まえた交流及び共同学習に向けて、令和4年度はその足掛かりとなる実践に取り組んできた。それは、本校のマスコットキャラクター製作のため、近隣小学校（1校）と高等学校（1校）にデザイン画の募集や投票の協力をお願いしたことである。

　各校の児童会・生徒会が中心となって活動した。近隣高等学校とはこれまで読み聞かせ等の交流を行ってきたが、今回は、本校生徒会（中学部・高等部）が高等学校に出向き、あいさつ、自己紹介、募集依頼などを自分たちで行った。同年代の生徒とのやり取りで見られた生徒たちの誇らしげな表情から、改めて同世代間交流の大切さを感じた。

　今回報告させていただいた実践の課題をもとに、交流及び共同学習、居住地校交流の取組を地域や時代の変化に合わせて進化させつつ、子どもたちの学びと気づき、そして互いの個性を認め合う豊かな社会につなげていけるように歩みを進めていきたい。

特別支援学校長として考える
交流及び共同学習の意義

東京都立調布特別支援学校　校長　原田　勝

　本校は、「『地域』に生き、ともに伸びる学校」をテーマに、社会に開かれた教育課程を編成し、共生社会の実現に向けた教育を進めている。交流及び共同学習は、共生社会の基盤を形成するものであり、本校においても、学区域の3市（三鷹市、調布市、狛江市）と連携して、学校間交流や副籍の充実に努めている。交流及び共同学習は、障害のある子供、障害のない子供相互の触れ合いを通じて、豊かな人間性を育むことを目的とする交流の側面と、教科等のねらいの達成を目的とする共同学習の側面があり、この二つの側面を分かちがたいものとして捉え、推進していく必要があるとされているが、これまでの本校における交流及び共同学習は、どちらかといえば交流の側面を中心に進められてきた。そして、交流を通して生まれる障害のある子供と障害のない子供との間の触れ合いや人間性が、児童・生徒、保護者、教職員、学校関係者に実感されることにより、その意義を果たしてきた。しかし、大切なのは、そうした交流の成果を実感する対象が、児童・生徒、保護者、教職員、学校関係者にとどまらず、より多くの地域の方々に広がっていくことである。その点、共同学習は、交流及び共同学習の地域への理解啓発という意味において、大きな成果が期待できる。よって、今後、校長としては、共生社会の実現を図るために、共同学習を、学校経営上一層重視しながら、意図的・計画的に推進することが重要であると考える。

　一例として、地域の商業施設における図画工作や美術の共同作品の展示活動を挙げたい。本校は、市街地に立地しており、付近に複数の大型商業施設がある。令和3年度から、そうした施設の一部で、本校の児童・生徒の作品展を行っている。これは、コロナ禍により行事等で児童・生徒の作品を保護者や関係機関の方々に観覧していただく機会が減ったことから企画されたものだが、展示期間中は、児童・生徒、保護者、教職員、学校関係者だけでなく、買い物等に訪れたたくさんの地域の方々に広く、本校の児童・生徒の作品を見ていただき好評であった。今後は、この展示活動を交流する小学校や中学校と合同で行い、両校の児童・生徒の図画工作や美術における共同作品の展示ができるようにしていきたい。両校の児童・生徒に、相手校の児童・生徒のことを思いながら、作品づくりを進めさせ、当日の展示作品の見学や事後の振り返りを行うことにより、地域における共生について理解を深めさせることができる。また、展示作品の公開を恒例イベントとして行い続けていくことにより、共同学習の定着を図り、地域の方々に、交流及び共同学習の意義をしっかりと理解していただくことが期待できる。

　以上、交流及び共同学習を共生社会の実現の基盤としていくためにも、今後、交流及び共同学習についての発信を積極的に展開し、社会における理解を深めていくことが、校長としての重要な役割であると考える。

これからの社会のため共生意識を育てる
「共に学び　共に伸びる　交流」を目指す

東京都立城東特別支援学校　校長　佐藤　亜紀子

　約2年間、新型コロナウイルス感染症拡大防止のため、交流を進めることが難しく、停滞してしまった感がある。しかし、本校は隣接する区立小学校との間に「友情の門」を設けているように、子供たちの教育活動において交流が果たす役割は大きいと捉えている。学校経営目標にも「学校間交流・社会貢献活動・地域との協働活動等において社会や地域とかかわること」「各区教育委員会や保護者と連携して副籍交流を進めること」を掲げている。

1　保護者のねがい

　地域の小学校や中学校に通っている子供たちと我が子とが触れ合う機会をもたせたいと考え、学校間交流や副籍交流に期待している保護者は多い。しかし、最近は夫婦共に働いている家庭が増えたこともあり、副籍の直接交流として、我が子を地域の小・中学校に引率することが難しい場合もある。保護者に代わる人が、子供と地域指定校に行ってくれるのであれば、ぜひ直接交流させたいと考えている保護者は少なくないのではないだろうか。悩ましい課題として捉えている。

2　地域指定校

　地域指定校では、新型コロナウイルス感染等の学校状況により交流の進み具合が変わってくる。各区における特別支援教育コーディネーター研修や本校コーディネーターによる出前授業を活用する等、交流教育が互いの子供たちにもたらす良い影響について啓蒙することを根気よく続け、今後さらに交流が広がることを期待している。

3　オンライン交流

　コロナ禍においては、デジタルを活用したオンライン交流という新しい交流方法が生まれた。東京都が副籍交流モデル事業を行った平成16・17年度当時の、ビデオレター交流等を行ってきた身としては、離れていてもオンタイムで互いに意思疎通できる交流ができる現在に、時代の流れを感じる。私は、地域の小・中学校の児童・生徒と本校の児童・生徒とが直接やり取りするリアル交流が、共に活動して互いを理解するには望ましいと考えるが、このオンライン交流は、感染症の防止ということ以外にも、子供たちの地域指定校や本校までの移動にかかる授業時間を削らずに、対面して副籍交流や学校間交流ができるということでも評価できる。現在は、オンライン交流とリアル交流、間接交流と多様な交流を展開しており、今後の交流数の増加や深まりに期待している。

4　共に生きる社会

　本校は、「近所の団地内にあるカフェ」「アートパラ深川」「消防署が実施する『はたらく消防の写生会』」等に児童・生徒の作品を展示するなどの地域交流も行っている。今後も、共生意識を育てていくために『無理せずに、でも息長く』交流を進めていきたい。

交流及び共同学習の推進に期待するもの
～秦野養護学校末広校舎と秦野市立末広小学校との実践を中心に～

神奈川県立秦野養護学校　校長　杉﨑　郁夫

　平成 28 年度に秦野市立末広小学校敷地内に開設された秦野養護学校末広校舎は、知的障害教育部門小学部・中学部に在籍する児童・生徒が学んでおり、秦野養護学校では「Ｆ末広」という名称で呼ばれている（設立の順にＡからＧまでの名称がある。詳細は第 2 部「令和 3 年度　文部科学省委託事業　特別支援教育に関する実践研究充実事業　報告書内　秦野養護学校　1 学校概要」参照）。

　前任の佐藤校長からは「秦野養護学校は多岐にわたる部門を持つ総合的な特別支援学校であること」「Ｆ末広と末広小学校との交流及び共同学習をさらに推進してほしいこと」を伝えられ、そのことを念頭に様々な取組を行い現在に至っている。コロナ禍により日常の学習の継続が課題となる中で、どうすれば交流及び共同学習を進めていけるかということを、Ｆ末広の教職員と末広小学校の校長先生はじめ先生方、そして秦野市教育委員会、神奈川県教育委員会、各関係機関が真摯に受け止め、検討を積み重ねてきた。そうした対応に感謝しつつ、ここに校長として今後に期待するものを記す。

　交流及び共同学習の目的は何か。様々なとらえがあるとは思うが、Ｆ末広と末広小学校においては「両校の児童が経験を深め、社会性を養い、豊かな人間性を育むとともに、お互いを尊重し合いながら共同して生活していく態度を養うこと」さらに「全ての子どもが地域で生きることを目指し、地域資源の活用と地域住民の理解促進を図ること」。このことを実現するための方法や手立てを考え、実践を積み上げてきた。

　同じ敷地内に同世代の児童が学習している環境でありながら、コロナ禍により交流及び共同学習の機会が大きく制限され、双方の意識醸成は十分な状況でなく、まずお互いが知り合うことから始めていった。最初こそ戸惑いは見られたものの、意識するようになってからは様々なアイデアが生まれるようになり、前向きな検討が積み上げられている。交流及び共同学習の頻度の高まりは当然として、施設の使用方法の簡便化、PTA 活動への参加、教職員の研究授業参観等、プラスの影響の波及先は多岐にわたるものとなっている。

　多様な人との関わりが生み出すもの、学びに結びつくもの、視野の広がりは児童への成果ばかりでなく、教職員にも言えることであり、保護者をはじめ地域の方々の理解啓発にもつながることと期待している。もちろん時間がかかることであり、今後も粘り強い対応が求められることもあろう。しかし、前に向かって動き出したことは大きな一歩である。

　どうすれば解決できるのか、どうすればより良い方向に向いていくのか、ということを中長期的なスパンで検証して行くことはお互いの教育力の向上にもつながることととらえている。Ｆ末広と末広小学校との関係性のみならず他部門の交流及び共同学習においても、課題意識をもって解決につなげ、子供たちの「豊かな人間性を育む」ことを期待しており、そのためにも我々教職員それぞれの教育力の充実に今後も努めていきたい。

特別支援学校長として
これからの交流及び共同学習に期待すること

長野県飯田養護学校　校長　**浦野　憲一郎**

　長野県では、特別支援学校の児童生徒が居住する市町村の多くが副学籍制度を導入している。私が、在籍してきた特別支援学校でも、ほとんどの市町村が副学籍制度を導入しており、子どもたちは地域の小中学校との交流を様々な様態で実施していた。現任校においても、本書第2部の実践事例に紹介したように個々のニーズに合わせて交流を行っているが、特別支援学校からすると「交流をお願いしている」という形になっている。地域の小中学校にとっては、通常の教育活動に加えて、特設的に交流を実施していることが多く、ある意味ではお客様を受け入れるような形になっている場合もある。しかし、交流を行う中で、子どもたち同士は様々なことを学んでいる。これは、地域の小中学校の児童生徒だけでなく、特別支援学校の児童生徒にとっても大切な学びの場になっている。実践事例でも紹介しているが、子どもたちは一緒に活動する中で、障がいの有無にかかわらず、その子にあった接し方、関わり方を自然と学んでいる。交流活動が、構えたものでなく、登校前に朝の会へ参加するなどの日常の中で行えるものになっていけば、この子どもたちが大きくなった頃にはインクルーシブが当たり前の社会になっているのではないかと期待している。

　交流活動は盛んに行われるようになった一方、一緒に授業を行う共同学習については、実際に行われている事例はあまり多くなかったが、コロナ禍でオンライン授業等が行われる中で、共同学習ができる状況が整いつつあるように感じている。準ずる教育課程の特別支援学校では、少人数で学習をすることが多く、友だち同士の学び合いの機会はあまり多くないが、オンライン授業を行う中で小中学校とのオンライン授業を取り入れる学校も出てきている。特別支援学校と地域の小中学校との共同学習によって、互いに多様な考え方を知る機会にもなり、学びが深まることも期待できる。また、スポーツの分野ではアダプテッドスポーツといって、ルールや用具等を工夫することで誰もが一緒にプレーできるスポーツも考えられている。こういったスポーツが体育の授業などでも行われるようになれば、特別支援学校の児童生徒も参加しやすくなり、共同学習の場がさらに広がっていくことが期待できる。

　交流及び共同学習は、今までは実施されることが重要視されていた感もあるが、今後は中身が充実し、交流及び共同学習の場を通して、小中学校の児童生徒も特別支援学校の児童生徒も、互いを知ることで多様性を尊重する態度と互いの良さを生かして協働する力を育んでいく機会となることを期待している。

小学校と共にある市立特別支援学校の よさを活かした交流及び共同学習

長野県須坂市立須坂支援学校　校長　竹村　信之

　本校は、長野県で唯一の市立の特別支援学校であり、須坂小学校と同じ校舎内に併設され、校長は２校を兼務している。支援学校が併設されて12年目となった本年度（令和４年度）は、須坂小学校の学校教育目標を一新、「自ら学び続け、共生社会を主体的に生きる児童の育成」として、「支援学校と共にある学校」という最大の特色を活かした学校づくりを進めている。

　本書第２部の実践事例で紹介しているように、プレイルーム交流や、前庭・中庭等の遊びの場の共有、お便りの交換といった日常的な関わり合いや、運動会や音楽会等の両校で共に作り上げる行事の場面で、当たり前に交流及び共同学習が行われている。こうした好環境の中で、双方の子どもたちにとって、より意義のある交流及び共同学習となるために、次のことを大切に取り組んでいる（これは、居住地校との交流及び共同学習を進める上で、どの学校でも大切に位置づけたいことでもある）。

○両校のグランドデザインの重点に交流及び共同学習を位置づけ、職員の意識を高める。

○両校の職員が、ねらいを明確にして取り組み、子どもたちの育ちをタイムリーに評価・発信する。その際、子どもたちの自己評価・相互評価も大切に位置づける。

○学びの場の見直しを考える子ども・保護者が、見通しをもち安心して学びの場の移行ができるように、連続した学びの場での交流及び共同学習を継続的に進める。

　また、本校は市立の特別支援学校であるため、地域とより強くつながっているというよさがある。居住地の小中学校に副次的な学籍を置く「副学籍制度」は、市教育委員会が定めた要綱に沿って、どの小中学校でも一定の基準のもとに交流及び共同学習を進められ、校長会や教頭会の横のつながりも太いため情報共有もしやすい。以前は特別支援学校から依頼して実施されていた居住地校との交流及び共同学習が、小中学校からの提案で実施されることが増えている。また、本校には、小学生と一緒に放課後の児童センターを利用し共に過ごしている児童もいる。これも市立の学校だからこそ可能な対応と言える。

　「小学校と共にある学校」「市立の特別支援学校」のよさは、両校の児童だけでなく、その保護者や地域の方々が、須坂支援学校の子どもを「地域の学校の子ども」として受け入れ、理解し、共に成長を見守る姿としても表れている。本校は、共生の理念を「学校」から「地域」へ広げていく大切な存在でもある。通学範囲が広域な特別支援学校が多いが、市町村立の特別支援学校や、県立特別支援学校の分教室のような、より身近な地域の学校で地域の子どもたちと共に学ぶ環境のある「地域に根ざした特別支援学校」がさらに増えていくことを期待したい。

自立と社会参加をイメージした
交流及び共同学習の推進

京都府立舞鶴支援学校　校長　**山本　直之**

　特別支援学校の教育に携わる中で、常に意識し大切にしてきたのは、全ての活動を通して“子どもたちの自立と社会参加”を目指すことである。学力はもちろんのこと、人とつながり、時には力を借りながらも共に暮らす力を育てることは私たちの使命である。そのうえで、子どもたちがそれぞれの可能性を最大限発揮しながらよりよく生きていくことを願い、そこに関わる理解者・支援者・協力者を育て、増やし、子どもたちを取り巻く環境の成長・熟成を目指すことが欠かせない。いわば、子どもたちを育て、取り巻く環境・社会を育てる、というくらいの意識が必要である。

　府下の特別支援学校には、小学校、中学校、高等学校それぞれ同年代の学校間交流が数十年続き、子ども同士が交流を重ねるだけでなく、親や祖父母世代が同じ交流に参加経験を持つ環境が子どもたちの関係づくりを支えている例もある。時間をかけて育った地域の姿である。互いの教育計画や移動手段などに関わる物理的な課題等から、回を重ねての取組はなかなか実現しにくいが、仮に単発のイベント的交流でも、交わった余韻として何を残し、どんな花を咲かせようとするのかをしっかりと描くこと、そこにある願いを丁寧に引き継いでいくことが、子どもたちの自立と社会参加を支える基盤づくりにつながることを心に留めておきたい。関連して、報告書で触れていない取組を以下に御紹介する。

　京都府立の特別支援学校では、部活動等の成果交流として30年に渡り取り組んできた「スポーツ交流会」を、生徒自身が生涯を通してスポーツに親しむ意識を醸成し、より主体的に生活し社会参加しようとする態度を育てることをねらいに再構築した。ただ、その一方で、現状彼らを受け止め、願いをかなえてくれるスポーツ活動の場はまだ十分には用意されていない。そこで、場の創出や既存の活動との接点を広げることをもう一つのねらいとして、次世代の地域社会の担い手である大学生を招き入れ、共同で交流会を運営することにした。幸いにも、府下にあるいくつかの大学の御賛同を得て、令和4年10月に府内の3つの会場校（大学の立地しない地域を含む）でそれぞれに多くの意欲的な学生を迎えて開催することができた。ほとんどが初対面の中での活動だったが、様々な言葉や笑顔が交わされ、確かに共生社会の1ページが展開したことを実感できる一日となった。コロナ禍の様々な制限の中で一歩踏み出したばかりだが、参加した学生の事後の感想を見ても、実際に触れあって初めて得た気づきや今後の取組への積極的な提案等、大いに心が動いた様子が見て取れたのはうれしい限りである。今後さらに、地域の社会福祉協議会やスポーツ推進委員等とも連携を深め、子どもたちの主体的な社会参加の間口を広げる、より充実した環境づくりにつなげていきたいと考えている。

本校における交流及び共同学習の意義

京都府立八幡支援学校　校長　尾崎　伸次

　依頼を受けて書かせていただいた本書第２部の報告書の事例は、基本的には小学部で行っている居住地校交流を主とした内容であり、本校が日常的に行っている交流及び共同学習の一部を御紹介させていただいたものである。

　本校では、公立高等学校が同一敷地内に設置されているという立地条件を生かし、両校ともに交流及び共同学習を教育課程に位置づけ、障害のある児童生徒と高等学校の生徒が日常的な交流をとおして、自立し社会参加する力や豊かな福祉マインドを育成するため、日々交流及び共同学習を進めている。そして、それを中心としながら、地域の小・中学校との交流及び共同学習や地域社会と連携した取組を積極的に行い、日々つけてきた力を発揮する場、教育効果を高める活動として展開している。

　交流及び共同学習の意義については、文部科学省の「交流及び共同学習ガイド」に「障害のある子供にとっても、障害のない子供にとっても、経験を深め、社会性を養い、豊かな人間性を育むとともに、お互いを尊重し合う大切さを学ぶ機会となる」と書かれているが、私たちが常に考えていることは、「交流だけで終わっていないか」「共同学習としてお互いに意識できているか」ということである。

　児童生徒たちが交流している様子は、本当に普段以上にいきいきとした表情で、笑顔いっぱいの姿を見せてくれている。お互いにふれあいをとおして、豊かな人間性を育む「交流」としての目標は、子どもたちの様子からも達成されていることは明らかである。しかし、教科としてのねらいを設定して行う「共同学習」の目標は、やはり意識しなければ、なかなか達成されないものだと考える。そこで一例をあげると、本校には職業学科として福祉総合科、同一敷地内の公立高等学校には介護福祉科があり、"介護を専門的に学ぶ者同士、ともに学びを深めたい"という思いから、「福祉共同学習」という単元を設定し、令和３年度からスタートさせた。学習の中では、一緒に授業の課題に取り組むことで相互理解が深まり、生徒たちは、普段の授業でつけてきた力、積み上げてきた力を発揮し、達成感を得る機会となっている。そして、生徒一人一人がこれまで学習してきたことに自信をもって、同世代が積極的に関わる姿を多く見ることができている。まさしく、「共同学習」として、お互いの教科の目標の達成も視野に入れながら、将来、地域社会の一員としてこれから社会で活躍する高校生・高等部の生徒にとって大切な力をつけることのできる貴重な学びの一つとなっている。

　開校より取り組み、コロナ禍の中でも工夫をしながら継続している交流及び共同学習の成果を十分に活かし、共生社会の実現を目指し、これからの時代に対応しながら、さらなる交流及び共同学習の在り方を考える姿勢を大切にしたいと考える。

「共に学び、共に生きる地域の実現」を
目指す特別支援学校として

岡山県立岡山南支援学校　校長　木村　泰清

今年度（令和4年度）、居住地校交流を実施したAさんが交流校の生徒たちからプレゼントされたフォトアルバムをうれしそうにめくっている姿を見かけた。フォトアルバムには、交流校の生徒たちからのメッセージや、楽しそうな交流の様子が収められていた。メッセージには「久しぶりに会えてうれしかったよ。また、みんなで仲良く楽しくあそぼうね！」と書かれてあった。交流後のAさんからは「楽しかったよ」と、保護者からは「一緒に勉強したり、ドッジボールをしたりするなど、事前にしっかりとした準備をしてくださっていたから、本人にとって本当によい交流ができました」との感想を聞いている。まさに、岡山県が目指す「生涯を通じて共に地域で生きること」の実現につながる居住地校交流となっていたのではないだろうか。

本県教育委員会は、令和3年度に続き、今年度も「居住地校交流充実事業」を展開し、県立特別支援学校に在籍する児童生徒が居住地の小・中学校に、副次的な籍である「交流籍」を設け、その「交流籍」を活用した居住地校での交流の実施を推進している。今年度から全県本格実施となり、県下の特別支援学校では、先に紹介したAさんの事例のような成果があがっている。

本校では、交流及び共同学習の推進を学校経営目標の一つである「地域とつながる開かれた学校づくり」の中に位置づけ、地域の仲間とつながり、お互いを尊重し合いながら、共に地域で生きていこうとする意識や態度を育成することを目指している。平成28年度から居住地校交流を実施し、「交流籍」を活用した交流は、本校が研究指定を受けた令和3年度に続き2年目の実施となる。本校小学部における今年度の実施希望者は在籍児童の41.3％、中学部1年においては47.6％である。小学部の昨年度の居住地校交流実施実績は35.8％であったため、実施希望者の増加は概ね予想通りであったが、これまでほとんど実績がなかった中学部1年については、予想を大きく上回ることとなった。小学部6年次に実施した居住地校交流での学びの成果を、本人・保護者が実感していることがその背景にあると推察される。

より良い居住地校交流を行うためには、特別支援学校の管理職・交流担当者及び担任が、居住地校へ交流の意義を丁寧に説明し、日程調整や事前打ち合わせ等の業務を適切に分担し、計画的に進めていくことが重要である。事前打ち合わせでは、交流のねらいを押さえ、子どもの実態を共有し、居住地校の学習環境等を把握した上、合理的配慮のもと、当日の学習活動をどのように進めていくかを協議している。居住地校では、交流する子どもの障害や配慮事項について理解を深めるための事前学習を行い、地域の中で互いに支え合っていくという意識の育成を図ることで、意義ある居住地校交流の実施につなげている。

今後も、地域の子どもたちの笑顔のため、多様な経験からお互いの個性を理解し合い、「共に学び、共に生きる地域の実現」を目指し、居住地校交流を積極的に実施していきたい。

第2部

特別支援学校に在籍する児童生徒の居住地とのつながりに関する調査研究報告書

令和3年度
文部科学省委託事業

特別支援教育に関する実践研究充実事業
〜その他政策上の課題の改善のための調査研究〜

『特別支援学校に在籍する児童生徒の居住地とのつながりに関する調査研究』

報　告　書

令和4年3月

全国特別支援教育推進連盟

は じ め に

　交流及び共同学習は、障害のある幼児児童生徒の社会性や豊かな人間性を育む上で重要であり、また障害のない幼児児童生徒が、障害のある幼児児童生徒とその教育に対する正しい理解と認識を深めるための機会としても重要とされている。また、交流及び共同学習は、これからの共生社会の実現及びインクルーシブ教育システムの構築にとって重要な取組である。平成 16 年 6 月の改正障害者基本法では、「障害者である児童生徒と障害者でない児童生徒の交流及び共同学習を積極的に進めることによって、その相互理解を促進しなければならない」（第 16 条）と明記し、その積極的な実施が促された。

　令和 3 年 1 月『新しい時代の特別支援教育の在り方に関する有識者会議（報告）』の「特別支援学校における教育環境の整備」の項では、特別支援学校に在籍する児童生徒が居住する地域との結び付きを強めたり、居住する地域の学校との交流及び共同学習を継続的に推進したりするうえで、副次的な籍等の活用の有用性及び一層その普及を図っていくことの重要性が改めて指摘された。また、居住する地域の学校との交流及び共同学習が継続的に行われるためには、特別支援教育コーディネーターを中心とした学校間や家庭等との連携強化や特別支援教育支援員の活用、ICT 機器を活用など、取組の推進への期待も示された。文部科学省においては、平成 30 年度に「学校における交流及び共同学習を通じた障害者理解（心のバリアフリー）の推進事業」を全国 20 地域で展開、平成 31 年 3 月には、「交流及び共同学習ガイド」を作成し、改めて、交流及び共同学習の意義・目的を示すと共に、取組事例を紹介し、全国での推進に努めてきている。しかしながら、依然として地域によってこの取組に差異が見られることが示唆されていた。

　本研究では、都道府県・政令指定都市・特別支援学校を設置している教育委員会を対象としてアンケート調査を実施し、副次的籍等の特別支援学校と居住する地域の学校と交流及び共同学習を継続的に実施するための方策や現状を把握するとともに、先進的な取組を行っている都道府県を抽出し、特別支援学校と居住する地域の学校を結び付ける制度や施策、交流及び共同学習の推進に向けた理解啓発の実際を調査することとした。また、当該都道府県の特別支援学校を抽出し、居住する地域の学校との交流及び共同学習を保障するための交流校の決定方法や交流内容の状況等を実践事例として現地調査を実施した。とりわけ、ここ 2 年余コロナ禍での交流及び共同学習は困難を極めている現状にあることから、ICT 機器等を活用した多様な活動等に焦点を当てた実践事例の集約に心がけた。

　更には、交流及び共同学習に子供を参加させている保護者の意識をアンケート調査として実施している。こうした具体的な実践事例等の把握により、市区町村を巻き込んだ特別支援学校と居住する地域の学校との交流及び共同学習を継続的に実施するための方策等について考察している。本研究が、今後、全国各地での交流及び共同学習の推進に向けた一助となればと願っている。

全国特別支援教育推進連盟
理事長　　宮﨑　英憲

contents

第１章

交流及び共同学習の意義

1 | 交流及び共同学習の目的

1 交流及び共同学習の変遷

　交流及び共同学習のこれまでの変遷を見ると、昭和54（1979）年養護学校義務化に際して、好ましい人間関係をはぐくむことや障害者への正しい理解を目的とした「交流教育」と位置付けられている。平成元（1989）年、平成10（1998）年の学習指導要領においては、学校相互の連携や交流を図ること、児童生徒の経験を広めて積極的な態度を養い、社会性や豊かな人間性をはぐくみ、正しい理解と認識を深める機会として取り組むことが目標とされた。また、通常の学校においても交流教育を実施することが位置付けられた。

　平成16（2004）年には、障害者基本法が改正され、交流及び共同学習として次のように示された。

> 第16条　3　国及び地方公共団体は、障害者である児童及び生徒と障害者でない児童及び生徒との交流及び共同学習を積極的に進めることによって、その相互理解を促進しなければならない。

　平成20（2008）年の学習指導要領においては、「交流及び共同学習」と用語を変更、障害のある子どもと障害のない子どもとの交流及び共同学習を計画的・組織的に行うことが規定された。障害者基本法の改正や学習指導要領の改訂を受け、埼玉県（支援籍）、東京都（副籍）、横浜市（副学籍）による副次的な籍を設けて交流及び共同学習を推進する取組がなされている。さらに、平成24（2012）年には、「共生社会の形成に向けたインクルーシブ教育システム構築のための特別支援教育の推進」中央教育審議会初等中等教育分科会（報告）が出され、共生社会の実現における交流及び共同学習の推進の意義が述べられている。交流及び共同学習を推進するために副次的な籍を設ける制度についても言及されている。令和3年1月の「新しい時代の特別支援教育の在り方に関する有識者会議　報告」においては、共生社会の実現に向けて、多様な教育の場との関連において、特別支援学級と通常の学級の交流及び共同学習や副次的な籍などの制度、ICTを活用した交流及び共同学習、管理職のリーダーシップの重要性などが述べられている。

2 交流及び共同学習の意義・目的

　交流及び共同学習については、文部科学省から交流及び共同学習ハンドブックが示され、各自治体においてもガイドラインやハンドブック等の資料が作成されている。これらの内容を見ると、我が国が目指している障害の有無にかかわらず、誰もが相互に人格と個性を尊重し合える共生社会の実現を目標とし、その実現のために小・中学校等と特別支援学校等が行うこととしている。障害のある子供と障害のない子供、あるいは地域の障害のある人とが触れ合い、共に活動する交流及び共同学習は、障害のある子供にとっても、障害の

ない子供にとっても、経験を深め、社会性を養い、豊かな人間性を育むとともに、お互い
を尊重し合う大切さを学ぶ機会となるなど、大きな意義を有するとされている。

　また、このような交流及び共同学習は、学校卒業後においても、障害のある子供にとっ
ては、様々な人々と共に助け合って生きていく力となり、積極的な社会参加につながると
ともに、障害のない子供にとっては、障害のある人に自然に言葉をかけて手助けをしたり、
積極的に支援を行ったりする行動や、人々の多様な在り方を理解し、障害のある人と共に
支え合う意識の醸成につながる。小・中学校等や特別支援学校の学習指導要領等においては、
交流及び共同学習の機会を設け、共に尊重し合いながら協働して生活していく態度を育む
ようにすることとされている。交流及び共同学習は、相互の触れ合いを通じて豊かな人間
性を育むことを目的とする交流の側面と、教科等のねらいの達成を目的とする共同学習の
側面があり、この2つの側面を分かちがたいものとして捉え、推進していく必要がある。

　また、これらの取組がより効果を上げ、目的を達成するためには、実際の交流及び共同
学習の場面だけではなく、事前の準備等が重要である。担当の教員同士が十分な打ち合わ
せを行い、どのように交流及び共同学習を実施していくか、お互いがより円滑にかかわり
を持てるようにするための事前指導が大切である。障害や対象となる児童について事前に
理解を深め、相互の児童生徒にとっての目標を明確にしたうえでどのように活動を行うか
を決め、計画的に実施することが求められる。

3 交流及び共同学習の形態

　交流及び共同学習の形態としては、学校間交流と居住地校交流とに区別できる。本調査
研究においては、居住地校交流に重点を置いて調査をし、事例をまとめているが、必要に
応じて学校間交流の取組についても言及している。また、新型コロナウイルス感染症の影
響により直接的な交流及び共同学習が難しくなっている現状の中での工夫等についても調
査を行った。従来の間接交流といわれる取組として行われていたビデオレターや手紙、学
校だより等による交流及び共同学習をさらに進め、テレビ会議システムや遠隔で操作でき
るテレプレゼンスロボットの活用による交流及び共同学習も効果的に行われている事例が
見られた。障害の特性や地域の状況によっては、直接交流、間接交流という分類ではなく、
実情に応じた交流及び共同学習のより効果的な方法が検討され実施されることが望ましい
と考える。このことは、新型コロナウイルス感染症の収束後においても引き続き検討され
ていく課題である。

　また、これまでも効果的とされて報告等に紹介されてきた埼玉県、東京都、横浜市には
副次的な籍（支援籍、副籍、副学籍等）を設ける制度があり、このような交流及び共同学
習を促進する制度を設ける教育委員会が増えている。今回の調査においても都道府県教育
委員会の20%以上がこのような制度を設けていると回答している。また、このような制
度を設けている都道府県は、設けていない都道府県に比べ、交流及び共同学習の推進計画

やガイドライン等の資料を作成している教育委員会が多い。

　このように交流及び共同学習を推進することにより、障害についての理解、障害のある児童生徒が地域に居住し、共に学び、生活していることへの理解を深めることがインクルーシブ教育システムの構築や共生社会の実現に大きく貢献していくことと考える。

2 教育委員会における交流及び 共同学習の取組

　本事業において、交流及び共同学習の推進とその充実を図る上で必要となる基礎的資料を得るために教育委員会を対象としたアンケート調査を実施した。

　調査対象は、全国の都道府県教育委員会及び特別支援学校を設置している区市の教育委員会とし、合計 104 の教育委員会に郵送で回答を依頼した。回収状況は都道府県教育委員会で 47 件（100%）、その他の区市教育委員会は 38 件（66%）となり、全体としては 85 件（82%）の回答が寄せられた。

1 都道府県教育委員会と特別支援学校を設置している 区市教育委員会を軸とした分析

①基本計画等の策定状況

　インクルーシブ教育システム構築を推進するための基本計画等の策定状況について尋ねたところ、全体で 61 件（72%）が「策定しているまたは策定中である」と回答しており、特に都道府県教育委員会では 87% と割合が高くなっていた。区市教育委員会においても半数以上が策定しているか、または策定中の状況であった。

問 1 インクルーシブ教育システム構築を推進するための基本計画等（特別支援教育の推進に関する計画等）を策定していますか。

表 1　基本計画等の策定状況

	都道府県教育委員会	特別支援学校を設置する区市教育委員会	合計
(1) 策定しているまたは策定中である	41（87%）	20（53%）	61（72%）
(2) 策定していない	6（13%）	18（47%）	24（28%）

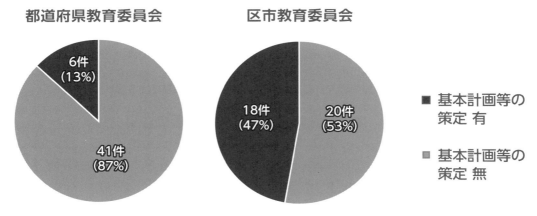

図 1　都道府県教育委員会と区市教育委員会の基本計画等の策定状況

②基本計画等への交流及び共同学習の位置付け

　問1で「策定しているまたは策定中である」と回答した教育委員会に対して、基本計画等の中に「交流及び共同学習」を位置付けているか尋ねたところ、全体では90％を超える割合で「交流及び共同学習」が位置付けられていた。区市教育委員会に比べて、都道府県教育委員会の方が10％程度高い割合を示していた。

 問2 1の設問で「(1) 策定しているまたは策定中である」と答えた方に伺います。策定された基本計画等の中に「交流及び共同学習」の推進が位置付けられていますか。

表2　基本計画等への交流及び共同学習の位置付けの状況

	都道府県教育委員会	特別支援学校を設置する区市教育委員会	合計
(1) 位置付けられている	39 （95％）	17 （85％）	56 （92％）
(2) 位置付けられていない	2 　（5％）	3 （15％）	5 　（8％）
(3) 基本計画等とは別に「交流及び共同学習」の推進が位置付けられている計画等を策定している	0 　（0％）	0 　（0％）	0 　（0％）

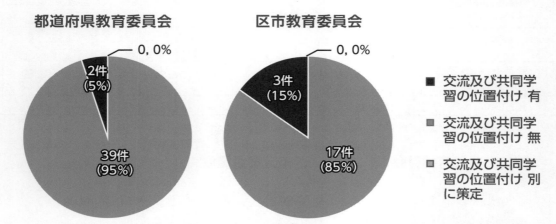

図2　都道府県教育委員会と区市教育委員会の交流及び共同学習の位置付けの状況

③基本計画等を策定していない場合の交流及び共同学習の位置付け

　問1で基本計画等を「策定していない」と回答した教育委員会に対して、「交流及び共同学習」の推進が位置付けられた計画を策定しているか尋ねたところ、全体では21％の割合で「交流及び共同学習」の推進が位置付けられた計画を策定していた。件数ではそれほど差がみられないものの、割合でみると区市教育委員会に比べて、都道府県教育委員会の方が高い割合を示していた。なお、問2の回答状況と合わせると都道府県教育委員会では全47教育委員会中、42教育委員会という高い割合（約89％）で「交流及び共同学習」の推進に関する計画が策定されている状況が明らかとなった。

1 の設問で「(2) 策定していない」と回答した方に伺います。「交流及び共同学習」の推進計画等を策定していますか。

表3　基本計画等を策定していない場合の交流及び共同学習の推進計画等の策定状況

	都道府県教育委員会	特別支援学校を設置する区市教育委員会	合計
(1)「交流及び共同学習」の推進が位置付けられた計画を策定している	3 （50%）	2 （11%）	5 （21%）
(2)「交流及び共同学習」の推進を位置付けられた計画は策定していない	3 （50%）	16 （89%）	19 （79%）

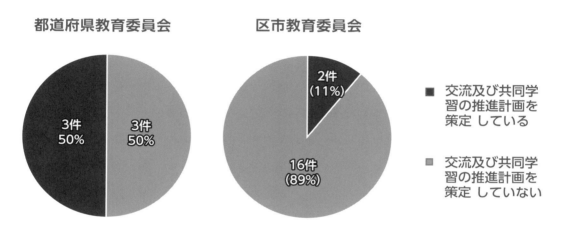

図3　都道府県教育委員会と区市教育委員会における基本計画等を策定していない場合の交流及び共同学習の推進計画等の策定状況

④「副次的な籍」を置く制度の設定状況

　全ての教育委員会に対して、居住地域の小中学校との交流及び共同学習を進めるために副学籍、支援籍、副籍等の「副次的な籍」を置く制度を設けているかについて尋ねたところ、全体では20%程度の教育委員会において制度を設けている状況が明らかとなった。

　都道府県教育委員会と区市教育委員会との比較においては、ほぼ同程度の設定状況であることがうかがえた。

居住地域の小中学校との「交流及び共同学習」を進めるため副学籍、支援籍、副籍などの「副次的な籍」を置く制度を設けていますか。

表4 「副次的な籍」を置く制度の設定状況

	都道府県教育委員会	特別支援学校を設置する区市教育委員会	合計
(1) 設けている	11（23%）	7（19%）	18（21%）
(2) 設けていない	36（77%）	29（76%）	65（76%）
無回答	0 （0%）	2 （5%）	2 （2%）

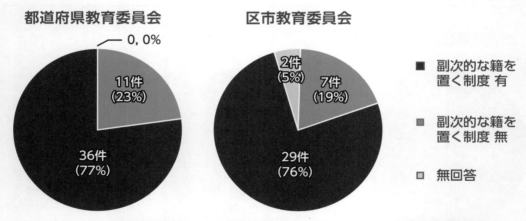

図4 都道府県教育委員会と区市教育委員会の「副次的な籍」を置く制度の有無

⑤ 「副次的な籍」を置く制度が設定されている場合の対象となる児童生徒について

　「副次的な籍」を置く制度が設定されている場合の対象となる児童生徒について尋ねたところ、全体の半数の教育委員会が「原則、すべての児童生徒が副次的な籍をもつことにしている」と回答した。また、3分の1の教育委員会は「保護者が希望する児童生徒が副次的な籍をもつことにしている」と回答していた。「その他」を選択した2件は、いずれも都道府県教育委員会による回答であったが、そのうち1件は市町村によってすべての児童生徒が副次的な籍をもつことにしている場合や保護者が希望する児童生徒のみが副次的な籍をもつようにしている場合など、対応がまちまちであるケースであった。また、もう一方は域内の推進地域において、保護者が希望する児童生徒が、副次的な籍をもつことにしているケースであった。

問5 4の設問で「(1) 設けている」と回答した方に伺います。どのような児童生徒が副次的な籍をもつことになっていますか。

表5　「副次的な籍」を置く制度が設定されている場合の対象となる児童生徒について

	都道府県教育委員会	特別支援学校を設置する区市教育委員会	合計
(1) 原則、すべての児童生徒が副次的な籍をもつことにしている	5（46%）	4（57%）	9（50%）
(2) 保護者が希望する児童生徒が副次的な籍をもつことにしている	4（36%）	2（29%）	6（33%）
(3) その他	2（18%）	0　（0%）	2（11%）
無回答	0　（0%）	1（14%）	1　（6%）

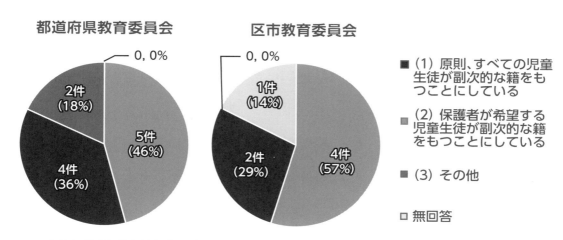

図5　「副次的な籍」を置く制度が設定されている場合の対象となる児童生徒について

⑥ 「交流及び共同学習」を実施するための手引きやガイドブック等の作成

　全ての教育委員会を対象に、特別支援学校の児童生徒が居住地域の小・中学校等との「交流及び共同学習」を実施するための手引きやガイドブック等を作成しているか尋ねた。回答は複数回答を可能とした。

　「特に作成していない」と回答する教育委員会が約半数を占めていたものの、特別支援学校を対象とした手引きを作成しているケースや小学校等を対象とした手引き等を作成しているケースが40%前後の教育委員会で認められた。また、区市教育委員会に比べて都道府県教育委員会の方がよりそれらの手引きやガイドブック等を作成していると回答する割合が高くなっていた。

2 教育委員会における交流及び共同学習の取組

問 6 特別支援学校の児童生徒が居住地域の小・中学校等との「交流及び共同学習」を実施するための手引きやガイドブック等を作成していますか（複数回答可）。

表6 「交流及び共同学習」を実施するための手引きやガイドブックの作成状況

	都道府県教育委員会	特別支援学校を設置する区市教育委員会	合計
(1) 特別支援学校を対象とした手引き等を作成している	27（57%）	8（21%）	35（41%）
(2) 小学校等を対象とした手引き等を作成している	23（49%）	10（26%）	33（39%）
(3) 保護者向けのパンフレット等を作成している	14（30%）	6（16%）	20（24%）
(4) 特に作成していない	16（34%）	26（68%）	42（49%）

※（ ）内の割合について、都道府県教育委員会＝47、特別支援学校を設置する区市教育委員会＝38、合計＝85を分母として算出している（「複数回答可」とした設問項目について、以下同様に算出した）。

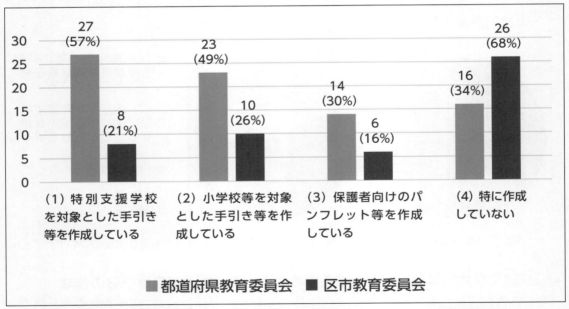

図6 「交流及び共同学習」を実施するための手引きやガイドブックの作成状況

⑦居住地域の交流校を決定する段階

　全ての教育委員会を対象に、居住地域の交流校の決定はどの段階で行うかについて尋ねた。全体では「教育委員会としては定めていないので各学校で決定している」ケースが最も多く全体の半分を占めていた。続いて割合が多かったのは「特別支援学校に入学、転入学または保護者の希望を受けて決定する」ケースで全体の40%となっていた。しかし、区市教育委員会ではこの順序が逆になっており、「特別支援学校に入学、転入学または保護者の希望を受けて決定する」ケースが最も多くなっていた。

問 **7** 居住地域の交流校の決定はどの段階で行いますか。

表7　居住地域の交流校を決定する段階

	都道府県教育委員会	特別支援学校を設置する区市教育委員会	合計
(1) 就学相談の段階（就学前）で決定する	5（11%）	4（11%）	9（10%）
(2) 特別支援学校に入学、転入学または保護者の希望を受けて決定する	16（33%）	18（47%）	34（40%）
(3) 交流及び共同学習を始める学年を決めて当該学年に達するまでに決定する	0　（0%）	0　（0%）	0　（0%）
(4) 教育委員会としては定めていないので各学校で決定している	27（56%）	16（42%）	43（50%）

※1つの都道府県教育委員会から（1）と（2）の複数回答が寄せられたため都道府県教育委員会の回答合計は48件、全体の合計は86件となっている。割合は48件、86件を母数として求めた。

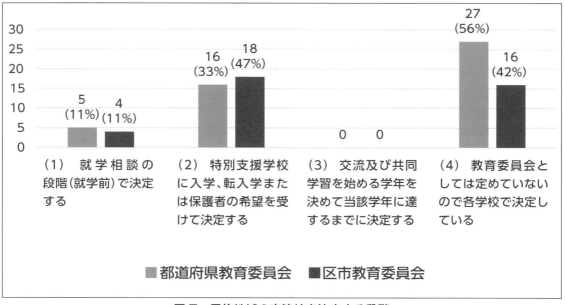

図7　居住地域の交流校を決定する段階

⑧居住地域の交流校との「交流及び共同学習」の開始時期

　全ての教育委員会を対象に、居住地域の交流校との「交流及び共同学習」の開始時期について尋ねた。全体では「教育委員会としては定めていないので各学校で決定している」ケースが最も多く、全体の約80%を占めていた。続いて割合が多かったのは「就学相談で周知し、就学、転入学後1年以内に実施」するケースで全体の20%となっていた。都道府県教育委員会と区市教育委員会の比較では、両者ともにほぼ同程度の割合となっていた。

問 8　居住地域の交流校との「交流及び共同学習」はいつから実施していますか。

表 8　居住地域の交流校との「交流及び共同学習」の開始時期

	都道府県教育委員会	特別支援学校を設置する区市教育委員会	合計
(1) 就学相談で周知し、就学、転入学後 1 年以内に実施	10 （21%）	7 （18%）	17 （20%）
(2) 入学、転入学後 1 年以上経過後、開始	1 （2%）	0 （0%）	1 （1%）
(3) 実施する学年を決めてあるのでその学年で実施する	0 （0%）	0 （0%）	0 （0%）
(4) 教育委員会としては定めていないので各学校で決定している	36 （77%）	31 （82%）	67 （79%）

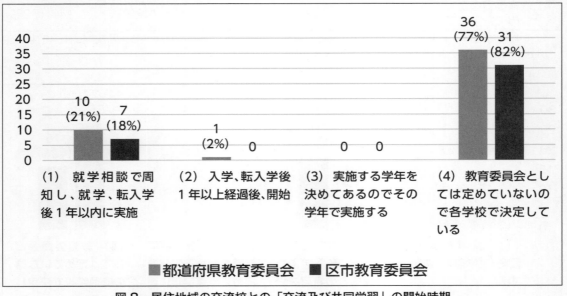

図 8　居住地域の交流校との「交流及び共同学習」の開始時期

⑨ 「交流及び共同学習」での移動時の付き添い

　全ての教育委員会を対象に、居住地域の交流校と「交流及び共同学習」を実施する際の移動時の付き添いについて尋ねた。回答は複数回答を可能とした。全体では「保護者あるいは保護者の依頼したヘルパー、ボランティア」が付き添うケースが最も多く全体の 66% を占めていた。続いて割合が多かったのは「特別支援学校の教員」が付き添いを行うケースで全体の 26% となっていた。都道府県教育委員会と区市教育委員会の比較では、都道府県教育委員会の「保護者あるいは保護者の依頼したヘルパー、ボランティア」が付き添うケースがやや多くなっていた。また、「その他」の回答としては「教育委員会としての定めはない」ことや「ケースに応じて対応している」こと等が回答として挙げられていた。

「交流及び共同学習」で交流校との移動時の付き添いはどのように定めていますか（複数回答可）。

表9　「交流及び共同学習」での移動時の付き添い

	都道府県教育委員会	特別支援学校を設置する区市教育委員会	合計
（1）保護者あるいは保護者の依頼したヘルパー、ボランティア	33（70%）	23（61%）	56（66%）
（2）特別支援学校の教員	10（21%）	12（32%）	22（26%）
（3）小学校等の教員	0　（0%）	3　（8%）	3　（4%）
（4）その他	8（17%）	8（21%）	16（19%）

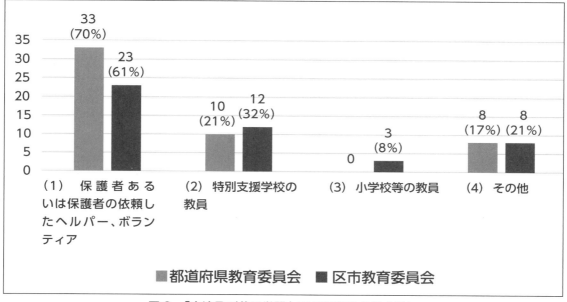

図9　「交流及び共同学習」での移動時の付き添い

⑩ ICT 機器等を活用して効果をあげている事例

　全ての教育委員会を対象に、ICT 機器等を活用して効果をあげている事例について尋ねた。回答は複数回答を可能とした。全体では「音声及び画像を双方向でやり取りできるテレビ会議システム等の活用している」と回答したケースが最も多く、全体の 69% を占めていた。続いて割合が多かったのは「特別支援学校及び交流校の生活や授業などの様子がわかる映像（ビデオレター等）を活用している」と回答したケースで全体の 60% となっていた。都道府県教育委員会と区市教育委員会の比較では、全体で 1、2 番目に割合の多いものはいずれも都道府県教育委員会でその割合が多くなっていた。また、区市教育委員会で「その他」と回答した割合がやや多くなっていたが、この回答の具体的な内容としては、手紙や作品等のアナログ素材をやり取りする交流を行うことや、現在、ICT を活用した交流について検討中であること、交流を見合わせていること等が挙げられていた。

2　教育委員会における交流及び共同学習の取組

問10 相互に訪問するなど直接顔を合わせての「交流及び共同学習」は効果的に行われ、成果をあげてきましたが、現在はコロナウイルス感染症の影響により訪問等による交流及び共同学習はなかなか難しい状況です。いろいろな工夫をされていること思いますが、ICT機器などを活用し効果をあげられている事例もあると思います。どのような取組をされていますか（複数回答可）。

表10　ICT機器等を活用して効果をあげている事例

	都道府県教育委員会	特別支援学校を設置する区市教育委員会	合計
（1）遠隔で操作できるテレプレゼンスロボット等を活用している	4　（9%）	1　（3%）	5　（6%）
（2）音声及び画像を双方向でやり取りできるテレビ会議システム等の活用している	40（85%）	19（50%）	59（69%）
（3）特別支援学校及び交流校の生活や授業などの様子がわかる映像（ビデオレター等）を活用している	37（79%）	14（37%）	51（60%）
（4）特定の関係者間で映像等を相互に交換できるSNS（LINE等）を使ってリアルタイムに映像等を共有する	2　（4%）	0　（0%）	2　（2%）
（5）その他	10（21%）	13（34%）	23（27%）

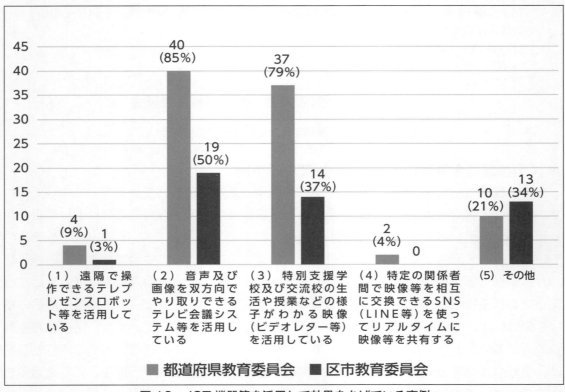

図10　ICT機器等を活用して効果をあげている事例

2 特別支援教育推進計画や交流及び共同学習推進計画の有無を軸とした分析

　交流及び共同学習の推進は、各学校の取組はもとよりインクルーシブ教育システムの充実を目指す教育委員会等の教育行政機関による取組も重要であると考えられる。この観点から教育委員会における特別支援教育推進計画の位置付けや交流及び共同学習推進計画の有無を軸とした分析を行った。

①特別支援教育推進計画の策定状況と交流及び共同学習推進の位置付けとの関連

　各教育委員会からの回答を基に「特別支援教育推進計画の策定状況」と「交流及び共同学習の推進の位置付け」との関連についてクロス集計した結果は表 11 の通りである。

表 11　特別支援教育推進計画の策定状況と交流及び共同学習推進の位置付けとの関連

	交流及び共同学習の推進の位置付け 有り	交流及び共同学習の推進の位置付け 無し	合計
特別支援教育推進計画を策定している・策定中	56　(91.8%)	5　(20.8%)	61　(71.8%)
特別支援教育推進計画を策定していない	5　(8.2%)	19　(79.2%)	24　(28.2%)
合計	61 (100.0%)	24 (100.0%)	85 (100.0%)

　回答した 85 の教育委員会のうち約 72% にあたる 61 件で特別支援教育推進計画を「策定しているまたは策定中」と回答していた。その多くは交流及び共同学習の推進を位置付けており（61 件中の 56 件）、カイ二乗検定及び残差分析の結果、有意に高い割合となっていた（$\chi^2(1) = 42.812$, $p < .001$）。

②交流及び共同学習推進の位置付けと副次的な籍の設定の関連

　各教育委員会の特別支援教育推進計画等における交流及び共同学習の推進の位置付けと副次的な籍との関連について、クロス集計した結果は表 12 の通りである。

表 12　交流及び共同学習推進の位置付けと副次的な籍の設定の関連

	副次的な籍を設定している	副次的な籍を設定していない	合計
交流及び共同学習の推進の位置付け　有り	17　(94.4%)	43　(66.2%)	60　(72.3%)
交流及び共同学習の推進の位置付け　無し	1　(5.6%)	22　(33.8%)	23　(27.7%)
合計	18 (100.0%)	65 (100.0%)	83 (100.0%)

※副次的な籍の設定の有無について無回答であった 2 件は除外して集計した。

　副次的な籍を位置付けている教育委員会は合計で 18 件あるが、そのうち 17 件が交流及び共同学習の推進について位置付け「有り」と回答していた。カイ二乗検定及び残差分析の結果、交流及び共同学習の推進の位置付けが有る教育委員会で有意に高く副次的な籍

の設定を行っていた（$\chi^2(1)=5.632$, $p<.05$）。

③交流及び共同学習推進の位置付けと手引きやガイドブックの作成との関連

　各教育委員会の交流及び共同学習推進の位置付けと手引きやガイドブックの作成との関連について、クロス集計した結果は表 13 の通りである。なお、手引きやガイドブックの作成については複数回答を可能としていた。

表 13　交流及び共同学習推進の位置付けと手引きやガイドブックの作成との関連

	特別支援学校を対象とした手引き等を作成している	小学校等を対象とした手引き等を作成している	保護者向けのパンフレット等を作成している	特に作成していない
交流及び共同学習の推進の位置付け　有り	30（49.2%）	29（47.5%）	18（29.5%）	25（41.0%）
交流及び共同学習の推進の位置付け　無し	5（20.8%）	4（16.7%）	2　（8.3%）	17（70.8%）
合計	35（41.2%）	33（38.8%）	20（23.5%）	42（49.4%）

※（　）内の割合について、「交流及び共同学習の推進の位置付け　有り」＝61、「交流及び共同学習の推進の位置付け　無し」＝24、「合計」＝85 を分母として算出ている。

　各種の手引きやガイドブックの作成状況については、「特に作成していない」と回答した教育委員会が 85 件中 42 件で 49.4% となっていた。それ以外の 43 件の教育委員会が様々な対象に向けて手引きやパンフレット等を作成している実態が明らかになったが、特に「特別支援学校を対象とした手引き等を作成している」と回答する割合が最も多くなっていた。交流及び共同学習の推進の位置付けの有無との関連では、いずれの対象に向けた手引きやパンフレットであっても位置付けのある教育委員会の方が高い割合で作成している状況がうかがえた。

3　総合考察

　今回のアンケート調査結果より、各教育委員会が取り組む交流及び共同学習の推進の状況が明らかとなった。都道府県教育委員会と特別支援学校を設置している区市教育委員会の取組等の状況においては、都道府県教育委員会の方で特別支援教育推進計画の策定や交流及び共同学習の推進に関する位置付けがやや進んでいる状況がうかがえた。また、各種の手引きやガイドブック等の作成状況についても同様の状況がうかがえた。

　交流及び共同学習推進の位置付けの有無による分析では、その位置付けの有る教育委員会ほど副次的な籍の設定の取組や各種の手引きやガイドブックの作成等がより高い割合で取り組まれている状況が明らかとなった。

　以上のことにより、共生社会の形成に向けた特別支援教育の推進計画の中に交流及び共同学習の推進に関する計画を位置付けたり、これとは別に交流及び共同学習の推進計画を策定したりすることによって、インクルーシブ教育システムのより一層の充実を目指し、

各学校現場の取組を段階的に支援する教育委員会の多様なアプローチが充実されつつある状況を示唆するものと捉えられた。

　障害のある児童生徒の連続性のある多様な学びの場の検討等に関わる教育委員会の支援の在り方としても、「副次的な籍を設けるなど、障害のある子供が居住地域とのつながりを維持できるような取組が期待される」（新しい時代の特別支援教育の在り方に関する有識者会議，2021）状況の中で、今後もさらに積極的な計画の策定とその実施が望まれるところであると言えよう。

第 2 章

交流及び共同学習における居住地校交流の実施における諸施策

1 | 副次的な籍を活用した居住地校交流への取組

1 「副次的な籍」に関する検討の経緯

　平成16（2004）年に障害者基本法の一部が改正され、その中に「交流及び共同学習」が位置付けられた。その後、我が国では障害者の権利に関する条約への批准の動きとも相俟って、共生社会の形成に向けたインクルーシブ教育システムの構築を図るために「交流及び共同学習」は大変重要な取組であるとの認識が共有されてきた。

　平成22（2010）年7月12日には、中央教育審議会初等中等教育分科会のもと「特別支援教育の在り方に関する特別委員会」が設置され、特別支援教育を推進するための諸施策や環境整備等に関する審議が行われることとなった。この中で第4回目の審議においては「副籍、支援籍、副学籍」といった交流及び共同学習を推進する仕組みに関する自治体へのヒアリングが実施されている。審議の途中経過は平成22（2010）年12月24日に「特別支援教育の在り方に関する特別委員会　論点整理」として取りまとめられたが、ここでは「特別支援学校に在籍する子どもについて、一部の自治体で実施している居住地校に副次的な学籍を置く取組については、居住地域との結び付きを強めるために意義がある。」と述べられている。また、これらの点について最終的には平成24（2012）年7月23日に出された「共生社会の形成に向けたインクルーシブ教育システム構築のための特別支援教育の推進（報告）」の中でも基礎的環境整備の観点と関わって「一部の自治体では、特別支援学校に在籍しつつ副次的な籍を居住地の学校に置く、又は、居住地の小学校等に在籍しつつ副次的な籍を特別支援学校に置くなどの弾力的な取組を行っている。」との現状認識が述べられ、副次的な籍を置くことが、「居住地域との結びつきを強め、居住地校との交流及び共同学習を推進する上で意義がある。」とまとめられている。

　以上、概観したように「副次的な籍」とは、障害のある幼児児童生徒と障害のない幼児児童生徒が居住地域でのつながりを大切にしながら「交流及び共同学習」を推進するための重要な仕組みであると同時に、インクルーシブ教育システムを充実させる観点からも基礎的環境整備の一層の深化や、就学相談・就学支援の充実、特別支援学校のセンター的機能の強化を図る上で重要な鍵となる取組である。

2 先行研究に見る「副次的な籍」の取組状況

　副次的な籍の取組に関する先行研究としては、全国特別支援学校長会が平成29（2017）年に実施した調査が挙げられる。特別支援学校における「副学籍等の制度の有無」及び「副学籍等を実施する児童生徒の有無」は以下の表1及び表2のとおりである。

表1　副学籍等の制度の有無

Q. あなたの県や市は，副学籍等の制度がありますか。			
	副学籍等の制度がある	副学籍等の制度がない	合計
回答合計（%）[※1]	212（19.8%）	857（80.2%）	1069（100%）
視覚障害（%）	13（16.0%）	68（84.0%）	81（100%）
聴覚障害（%）	20（18.2%）	90（81.8%）	110（100%）
肢体不自由（%）	62（20.2%）	245（79.8%）	307（100%）
知的障害（%）	142（19.4%）	590（80.6%）	732（100%）
病弱（%）	31（22.5%）	107（77.5%）	138（100%）
合計（%）[※2]	268（19.6%）	1100（80.4%）	1368（100%）

「平成29年度全国特別支援学校長会研究集録」より武富が表の構成を一部改編し集計した。
※1の「回答合計」は，各校が選択した項目数が集計されているが，※2の「合計」は各校が障害種別毎に選択した結果を集計しているため，総数は一致しない（表2も同様である）。

　回答した学校の総数は1,069校であるが、そのうち約20%の212校は「副学籍等の制度がある」と回答している。また、障害種別で見てみると病弱の割合が22.5%と最も高くなっている。この点については、病弱教育特有の課題である病気による長期欠席や短期間の入退院を繰り返したり、退院後も通学が困難であったりする病気療養児に対して、教育保障を行う観点から副次的な籍を積極的に活用している状況がうかがえる。

　また、副学籍等を実施する児童生徒の有無については、実施している児童生徒が「いる」と回答した割合が14.1%となっている。回答合計が表1と一致していないことから若干の割合の変動が想定されるものの、副学籍等の制度があって実際に実施している児童生徒は約3分の2程度（144/212）であり、残る3分の1の児童生徒は実施していない状況となっている。障害種別で見てみると肢体不自由で18.7%と最も割合が高くなっており、一方、視覚障害では副学籍等の制度の有無と同様にそれを実施している児童生徒の割合も最も低くなっている。

表2　副学籍等を実施する児童生徒の有無

Q. 副学籍等を実施している児童生徒がいますか。			
	いる	いない	合計
回答合計（%）[※1]	144（14.1%）	877（85.9%）	1021（100%）
視覚障害（%）	8（10.7%）	67（89.3%）	75（100%）
聴覚障害（%）	16（15.5%）	87（84.5%）	103（100%）
肢体不自由（%）	54（18.7%）	235（81.3%）	289（100%）
知的障害（%）	96（13.4%）	607（86.3%）	703（100%）
病弱（%）	19（14.1%）	116（85.9%）	135（100%）
合計（%）[※2]	193（14.8%）	1,112（85.2%）	1,305（100%）

　一方、寺島・吉井（2020）は、インターネットにより自治体の教育委員会等のホームページを閲覧することで「副次的な学籍」（同研究ではこの名称を使用している）に関する調査を行っている。平成30（2018）年10月15日から同年11月30日までの期間を対象に行われた同調査によると、副次的な学籍を置く取組は①岩手県（交流籍）、②埼玉県（支援籍）、③東京都（副籍）、④長野県（副学籍）、⑤岐阜県（交流籍）、⑥長崎県（支援籍）、⑦横浜市（副学籍）、⑧浜松市（交流籍）、⑨福岡市（ふくせき制度）の9つの自治体で取り組まれており、さらに同様の取組を研究又は検討中の自治体は、a. 群馬県、b. 静岡県、c. 滋賀県、d. 兵庫県、e. 高知県、f. 佐賀県、g. 宮崎県、h. 川崎市の8つの自治体であると報告している。その他に副次的な学籍に類似する取組として宮城県、奈良県、札幌市の取組等も挙げられている。

　これらの取組について、開始年度を見てみると2004年に開始されたのが埼玉県、宮城県、札幌市、2005年に開始されたのが横浜市、長野県（県下の市町村独自の取組として開始）、2007年が東京都との記載となっており、障害者基本法の一部改正（2004年）をはじめ、特殊教育体制から特別支援教育体制への転換をめぐる一連の動きの中で、これらの取組が開始されてきた経緯がうかがえる。なお、先述の「特別支援教育の在り方に関する特別委員会」の第4回目の審議（2010年10月5日開催）では東京都、埼玉県、横浜市の取組が参考資料として提示され審議されている。

　ところで、本調査はインターネットを使用した情報収集を行っている点で「ホームページ閲覧時の見落としがある可能性を否定できない。」と自ら研究上の課題として指摘しており、その点については「自治体への聞き取りやアンケート調査などにより、『副次的な学籍』の実施を検証していくことが望まれる。」と述べている。この指摘を踏まえても今回、都道府県教育委員会及び特別支援学校を設置する区市教育委員会にアンケート調査を実施した意義は深く、以下に同アンケート調査の回答に見られた「副次的な籍」に係る取組の状況についてまとめていく。

3　都道府県教育委員会及び特別支援学校を設置する区市教育委員会における「副次的な籍」に関する取組状況

　改めて、今回、都道府県教育委員会及び特別支援学校を設置する区市教育委員会に対して「居住地域の小・中学校との『交流及び共同学習』を進めるため副学籍、支援籍、副籍などの『副次的な籍』を置く制度を設けているか」について尋ねたところ、合計で18の自治体が「設けている」と回答した（表3：再掲）。

表3　「副次的な籍」を置く制度の設定状況【再掲】

	都道府県教育委員会	特別支援学校を設置する区市教育委員会	合計
（1）設けている	11（23%）	7（19%）	18（21%）
（2）設けていない	36（77%）	29（76%）	65（76%）
無回答	0（0%）	2（5%）	2（2%）

　これらの回答結果をもとに、先行研究の結果とも擦り合わせながら、副次的な籍を「設けている」と回答した自治体が公的に刊行している収集可能な資料等を収集・整理し、取組の特徴について以下にまとめた（表４）。

表４　「副次的な籍」の取組の主なねらいと対象・特徴

	自治体名 制度の名称等	主なねらい	対象	特徴
1	岩手県 「交流籍」 H21・22 年度：指定校間で実施 H24 年度：全県本格実施	子どもたち同士のふれあいを通して、よりよい人間関係を育み、いろいろな経験を重ねることで社会性を養う。また、地域での子どもたちの活動の場を広げて行くことを目的としている。	自治体内に居住し公立特別支援学校（小学部、中学部）で学ぶ児童生徒。保護者の希望で副次的な籍を置くことができる。	教育事務所や市町村教育委員会がパイプ役になっている。「交流籍校指定申込書」「交流籍を活用した交流及び共同学習実施計画書」「交流及び共同学習　授業用打合せシート」「交流及び共同学習活動振り返りメモ」「交流及び共同学習　授業用評価シート」などを活用している。
2	埼玉県 「支援籍」 H16・H17 年度モデル事業実施（試行期） H18・H19 年度全県に普及実施（普及期） H20・H21 年度全県に定着実施（充実期）	支援籍学習によって、障害のない児童生徒にとっては、同じ地域に住む障害のある児童生徒と学級の一員として一緒に学ぶことにより、「心のバリアフリー」を育む。また、障害のある児童生徒にとっては、地域との関係を深めるとともに、在籍校（学級）以外の学校（学級）において学ぶことにより、「社会で自立できる自信と力」を育む。	特別支援学校の小・中学部や小・中学校に在籍する特別な教育的ニーズのある児童生徒。保護者の申し出により教育委員会と相手校との調整の上で決定される。	①通常の学級での支援籍、②特別支援学級での支援籍、③特別支援学校での支援籍がある。 通常学級支援籍のための基礎名簿の作成については、特別支援学校や他校の特別支援学級に在籍する児童生徒が、通常学級支援籍学習を円滑に実施するために、小中学校の学区内に居住する特別支援学校等の児童生徒の名簿を作成し、市町村教育委員会を通じて各小中学校に送付される。支援籍学習実施要領を作成している。
3	東京都 「副籍」 H16 〜 18 年度：副籍モデル事業 H18 年度：副籍ガイドライン作成 H19 年度：全都本格導入 H25 年度：副籍ガイドブック作成 H27 年度：全員副籍制度（H27 年度入学生より）	「共生地域の実現」と「共生地域の担い手の育成」を目指す。共生地域とは、「障害のある人と障害のない人が交流を通じて相互理解を図り、互いに支え合いながら共に暮らす地域社会」のことを指す。副籍制度が、真に障害がある子供と障害のない子供をつなぎ、真に支え合って生きる地域社会の形成に向けた方策の一つとして更に充実・発展することを願い、副籍制度の目指すものを「共生地域の実現」とする。	特別支援学校の小学部、中学部に在籍する全ての児童・生徒が副籍をもつ。直接的な交流の対象となる児童生徒は特別支援学校の小・中学部に在籍する者のうち、校長、保護者、主治医等による十分な協議を経て、実施可能と判断された者で、かつ地域指定校と十分協議し、地域指定校の校長の了解が得られた者及び交流に関わる送迎や授業中の支援について、保護者又は保護者に代わる者の付添いが可能な者。	域内の市区市町村教育委員会が、公立特別支援学校への就学意志を確認した後に、副籍制度に関する意向や交流内容に関する希望を聞き取る。域内の区市町村教育委員会は、保護者の希望を踏まえて地域指定校を決定する（特別な事情がない限り、原則として自宅に最も近い小学校、中学校を地域指定校とする）。 域内の区市町村教育委員会は、公立特別支援学校の小学部、もしくは中学部への就学が決まった児童生徒の地域指定校名を「学齢簿」に記載する。公立特別支援学校は、児童生徒の指導要録の「総合所見及び指導上参考となる諸事項」欄に地域指定校を記載する。

4	岐阜県 「交流籍」 H25年度：モデル実施 H26年度：全県本格実施	小・中学校の児童生徒においては、特別支援教育や障害に対する理解と認識を深め、同じ社会に生きる仲間として、互いを正しく理解し、共に助け合い、支え合って生きていくことの大切さを学ぶ。「居住地校交流」を通して、豊かな心を育む。特別支援学校の児童生徒においては、居住地校の児童生徒の関係ができ、地域の一員としての自覚が芽生える。また、自立や社会参加に対する意欲が高まることで、在籍校とは異なる教育効果が期待される。	特別支援学校の小中学部に在籍する児童生徒全員に対して、居住地校である小中義務教育学校に「交流籍」を置き、居住地校交流を行うことを原則とする。	「通常の学級」「特別支援学級」のいずれの学級に「交流籍」を置くかは、児童生徒の教育的ニーズや保護者・本人の意向、特別支援学校並びに居住地校の意見を踏まえて決定する。また、交流内容及び方法についても同様に決定する。特別支援学校長は、在籍する保護者・児童生徒を対象に交流籍、居住地校交流の趣旨を説明し、「居住地校交流申請書」により保護者の申請を受ける。特別支援学校長は、「居住地校交流『交流籍』名簿」により「交流籍」名簿を作成し、特別支援教育課に提出する。
5	静岡県 「交流籍」 H29・H30年度：モデル2市にて実施 H31年度：全県本格実施	共生社会の実現とその担い手の育成を図るために、公立特別支援学校の児童生徒が、居住地域の小中学校に交流籍名簿をとおして把握され、円滑に交流及び共同学習が行われるようにする。	本人、保護者の希望の聴取と、交流籍校との申請、承認を経て実施。	公立特別支援学校在籍児童生徒の名簿に交流籍校を加え作成。新入生、転入生については就学支援資料に交流籍校を記載。公立特別支援学校、教育委員会、教育事務所、市町教育委員会、小中学校で名簿により情報を把握。
6	兵庫県 「副籍」 R元年度：調査研究モデル事業 R5年度：全県本格実施（予定）	同じ地域に生きる子どもたち同士のつながりを強め、共に学び、生きる「共生社会」の実現をめざす。	特別支援学校小・中学部のすべての児童生徒が、居住地の小・中学校等の通常の学級に「副籍」を置くことを基本とし、児童生徒の教育的ニーズや、本人・保護者の意向、特別支援学校並びに副籍校の意見を踏まえて決定する。居住地校交流の実施にあたっては、就学相談の段階から、市町組合教育委員会が、本人・保護者の希望を確認する。	特別支援学校が、児童生徒の入学後に居住地校交流希望の有無を聞き、居住地校に連絡するというこれまでの手続きから、市町組合教育委員会が就学相談において居住地校交流の希望の有無を確認し、特別支援学校や小・中学校等に連絡することへ変更。副籍を導入することで、改めて居住地校交流の意義や目的を共通認識するとともに、同じ地域で暮らす子どもたちが、交流をとおして、障害の有無に関わらず、身近にいる多様な人々と共に生きるために必要な力を育む。
7	岡山県 「交流籍」 R3年度：研究指定校で先行実施 R4年度：全県本格実施（予定）	居住地の学校の一員として位置付けが明確になり、特別支援学校の児童生徒は「私の学校、私のクラス」、居住地の学校の児童生徒は「私のクラスの友達、仲間」という意識が芽生える。居住地校交流の積極的な実施により、地域の仲間としての基盤が育ち、大人になってからも共に地域に生きる仲間としてのつながりが続いていくことが期待できる。	特別支援学校の小学部・中学部に在籍する児童生徒で、事前に保護者に対して希望調査を行い、希望した児童生徒が実施する。	特別支援学校の児童生徒が、直接、居住地にある小・中学校に出掛け、小・中学校が通常行っている教科等の授業に参加し、共に学んだり、様々な学校行事等に一緒に参加したりする「直接交流」だけでなく、学校だより、学級だより、作品、手紙の交換、ウェブ会議システムを利用した交流などを行う「間接交流」を行う。特別支援学校と小・中学校、双方の児童生徒の成長につながる学習活動を行う。

8	横浜市「副学籍」H17年度：モデル事業実施 H18年度：「副学籍実施要綱」、「副学籍による交流教育実施の手引き」作成 H19年度：全市本格実施	特別支援学校と小・中学校の子どもが、共に学び共に育つことができる体制づくりを進め、仲間意識を育てる。特別支援学校に在籍する児童生徒には自分の暮らす地域の子どもたちとふれ合い地域において活動する場を広げ「社会で自立できる自信と力」を育むことをめざす。小・中学校の児童生徒には、特別支援学校に在籍する子どもたちをはじめ、障害児者に対する理解を深め、心の障壁をつくらない「心のバリアフリー」を育むことをめざす。	所管する域内の特別支援学校小・中学部在籍者のうち、保護者が希望する場合、居住地域の公立小・中学校における交流及び共同学習を副学籍により実施する。	副学籍による交流教育実施にあたっては、在籍校と副学籍校の連携のもとに検討し、計画を作成する。計画作成にあたっては、当該児童生徒の教育的ニーズに沿ったものになるよう努めるとともに、通学や介助の方法・教材教具等の準備等についても十分に検討する。また、副学籍校は、対象児童生徒のため、机・いす等の備品について可能な限り配慮するものとする。日頃から在籍校と副学籍校の連絡を緊密に行い、児童生徒の健康安全面及び施設設備面の安全確保に十分留意する。公簿等への必要事項の記載は、副学籍校との連携を密にしながら在籍校において行う。
9	福岡市「ふくせき制度」H19年度：小学校で試行 H22年度：中学校で試行 H23年度：全市本格実施	特別支援学校に在籍する児童生徒には居住する地域から離れた学校に通うため、地域の同年代の子どもたちや地域とのつながりが薄くなってしまうことがあるため、同年代の子どもたちとのかかわりや地域とのつながりをもつために必要である。小・中学校に在籍する児童生徒には障害についての正しい理解と認識を深めることができることはもちろん、同じ地域で生きる仲間として、互いを正しく理解し、共に助け合い、支え合って生きていくことの大切さを学ぶことができる。	市内の特別支援学校（県立校を含む）に在籍する小学部・中学部の児童生徒で希望する児童生徒。	特別支援学校に在籍する子どもたちは、地域とのつながりをもつ機会が少なくなりがちである。小・中学校に在籍する兄弟等がいる場合は、兄弟等を通じて地域とのつながりをもつこともできるが、それ以外の場合、地域とのつながりをもてないまま、時が過ぎてしまう。その結果、高等部卒業後、地域で過ごす時間が多くなっても、うまく地域に溶け込めないことがある。また、お互いにどのようにかかわりをもてばいいのか、わからないということもある。さらに、地域の方は、そのような子どもがいることを知らないということもある。ふくせき制度に基づく交流および共同学習は、校区の小中学校での入学式からスタートする。入学式で、地域で暮らす全ての子どもたちのことを知り、地域の行事などの際に、声をかけていただくことで、地域とのつながりを深めていく。

　これらの取組の特徴を概括すると、「副次的な籍」を活用する主たるねらいとしては、共生社会を形成する上で必要となる障害のある者と障害のない者の相互理解を促進し、身近な地域の中で共に支え合いながら豊かに暮らし学んでいく姿の実現を目指すものであった。また、実施に当たっては、本人・保護者の希望や申し出をもとに手続きを開始する場合が多くを占めているが、自治体の主導により原則として「副次的な籍」を全員に対して設定する場合もみられることから、より積極的なインクルーシブ教育システム推進施策として展開している例もみられた。さらに具体的な手続きの進め方においては、都道府県と区市町村の行政の垣根を越えた連携のシステムとして、教育事務所や区市町村教育委員会

がパイプ役として機能しながら名簿の作成や実施計画の作成等に一役買っている状況がうかがえた。加えて、各種の申請書や報告書等の様式の整備も進められている状況があり、計画的かつ効果的に「副次的な籍」の取組を推進していく環境が整えられていた。

【引用・参考文献】

新しい時代の特別支援教育の在り方に関する有識者会議（2021）「新しい時代の特別支援教育の在り方に関する有識者会議　報告」．文部科学省，2021 年 1 月，https://www.mext.go.jp/b_menu/shingi/chousa/shotou/154/mext_00644.html（2022 年 1 月 1 日閲覧）

中央教育審議会初等中等教育分科会特別支援教育の在り方に関する特別委員会（2010）第 4 回配布資料「資料 6：副籍、支援籍、副学籍について」．文部科学省，2010 年 10 月，https://www.mext.go.jp/b_menu/shingi/chukyo/chukyo 3 /044/siryo/1298178.htm（2022 年 1 月 1 日閲覧）

中央教育審議会初等中等教育分科会（2010）「特別支援教育の在り方に関する特別委員会　論点整理」．文部科学省，2010 年 12 月，http://www.mext.go.jp/b_menu/shingi/chukyo/chukyo 3 /044/attach/1300893.htm（2022 年 1 月 1 日閲覧）

中央教育審議会初等中等教育分科会（2012）「共生社会の形成に向けたインクルーシブ教育システム構築のための特別支援教育の推進（報告）」．文部科学省，2012 年 7 月，http://www.mext.go.jp/b_menu/shingi/chukyo/chukyo 3 /044/attach/1321669.htm（2022 年 1 月 1 日閲覧）

福岡市教育委員会発達教育センター（2012）「ふくせき制度リーフレット」

岐阜県教育委員会（2016）「交流籍を活用した居住地校交流促進モデル事業」理解啓発資料

兵庫県教育委員会（2021）「特別支援学校の子どもたちに『副次的な学籍（副籍）』を～共に助け合う地域でのつながりをめざして～」リーフレット

兵庫県教育委員会（2021）「令和 3 年度版　副次的な学籍ガイド～共に助け合う地域でのつながりをめざして～」

岩手県立総合教育センター教育支援相談担当（2014）「交流及び共同学習ガイドブック」

岩手県立総合教育センター教育支援相談担当（2014）「『共に学び、共に育つ教育』の推進に関する研究－『交流籍』を活用した交流及び共同学習の取組の検証を通して－」

岡山県教育委員会（2021）「令和 3 年度岡山県の特別支援教育」

埼玉県教育委員会（2013）「支援籍学習実施要領」

埼玉県教育委員会（2011）「支援籍指導資料　支援籍学習を効果的に進めるために」

埼玉県教育委員会（2011）「支援籍学習実践事例集」

静岡県地域自立のための「人づくり・学校づくり」実践委員会（2018）第 4 回 地域自立のための「人づくり・学校づくり」実践委員会参考資料

寺島和彦・吉井勘人（2020）「特別支援学校在籍児童生徒の『副次的な学籍』の現状と課題 －交流及び共同学習の視点から－」．山梨大学教育学部附属教育実践総合センター研究紀要 25，265-283

東京都教育委員会（2013）「東京都における副籍制度の充実に向けて～検討委員会中間まとめ～」

東京都教育委員会（2014）「副籍制度の充実のために（リーフレット）」

東京都教育委員会（2014）「副籍ガイドブック」

横浜市教育委員会（2007）「副学籍による交流教育実施の手引き」

全国特別支援学校長会（2017）平成 29 年度全国特別支援学校長会研究集録「報告 2　法制制度」．全国特別支援学校朝会，https://zentokucho.jp/study/（2022 年 1 月 1 日閲覧）

2 | コロナ禍における ICT 機器等の活用による居住地校交流の工夫

1 | 「直接会って行う交流及び共同学習」と「間接的な交流及び共同学習」

　交流及び共同学習は、障害のある児童生徒と障害のない児童生徒とが触れ合い、共に活動するという学校での教育活動である。特に特別支援学校や特別支援学級で学ぶ児童生徒と、小・中学校や義務教育学校（以下、「小・中学校等」という。）の通常の学級で学ぶ児童生徒とは、教育課程や学習する場所、学習方法、個々の児童生徒の特性等が異なるため、相互に理解し一緒に学習する活動は、人の多様性や社会参加というダイバーシティー＆インクルージョン（Diversity & Inclusion: D&I）の理念や必要性を理解し、体験し、学校卒業後の社会に生かしていくことができるものである。

　「交流及び共同学習ガイド」（文部科学省，2019）に、「交流及び共同学習は、相互の触れ合いを通じて豊かな人間性を育むことを目的とする交流の側面と、教科等のねらいの達成を目的とする共同学習の側面があり、この二つの側面を分かちがたいものとして捉え、推進していく必要があります。」とあるように、交流及び共同学習では、一緒に学ぶだけでなく、相互に触れ合う活動も求められている。そのため、障害のある児童生徒と障害のない児童生徒とが同じ場で活動（直接交流）することが重要となる。

　このように直接会って活動することは重要であるが、新型コロナウイルス感染症などの感染症の拡大が続く状況下や、特別支援学校や特別支援学級が離れた場所にある場合は、直接会って活動する機会を確保することが難しいため、間接的な取組も必要となる。

　先の「交流及び共同学習ガイド」には、「例えば、特別支援学校と小・中学校等が、学校行事やクラブ活動、部活動、自然体験活動、ボランティア活動などを合同で行ったり、文通や作品の交換、コンピュータや情報通信ネットワークを活用してコミュニケーションを深めたりすることなどが考えられます。」とあり、文通や作品交換等のアナログな方法やコンピュータやインターネット等をとおしたデジタル的な方法が、間接的な取組として例示されている。ここでは主としてこのような間接的な取組について取り上げることにする。

2 | 特別支援学校における交流及び共同学習

①多様な実施形態での交流及び共同学習

　障害のある児童生徒は、小・中学校等における通常の学級での指導や通級による指導、特別支援学級での指導、特別支援学校の単一障害学級での指導、重複障害学級での指導、訪問学級での指導など、様々な学びの場で指導を受けることができる。また学校の設置されている地域の実状や在籍する児童生徒の実態等も異なるため、共同及び交流学習の実施形態や実施内容も様々であり、必ずしも統一されたものではない。

②学校間交流（主として特別支援学校の近隣の小・中学校等との交流及び共同学習）

　特別支援学校における交流及び共同学習は、特別支援学校の近隣にある学校（小・中学校等や高等学校）と行われてきた所が多く、現在も多くの特別支援学校で取り組まれている実施形態である。小・中学校等との交流及び共同学習については、今もこの実施形態をイメージされる方は多い。

　近年は後述する「居住地校交流」と区別するため、このような実施形態について「学校間交流」という用語が使用されるようになってきている。この学校間交流には、バスや電車での移動を必要とする少し離れた場所にある小・中学校等との取組も含まれており、必ずしも近隣の小・中学校等に限定されるものではない。

　学校間交流は、養護学校の義務制が実施された 1979 年よりも前から、各校間で組織的、計画的、発展的に行われ、成果を積み上げてきている。学校間交流では、双方の学校の児童生徒が直接会って取り組むことを重視しており、直接会うという限られた機会を効果的に活用するため、事前指導や事後指導も積極的に行われている。

　この事前指導や事後指導では、手紙や写真、ビデオ、動画、メールや SNS などによる間接的な交流が行われることが多い。近年は事前指導や事後指導で、動画を送信する、テレビ会議等を活用した同時双方向での取組を行うところが増えている。

③居住地校交流

　2006 年 12 月に国連総会において採択された「障害者の権利に関する条約」において、「インクルーシブ教育システム」の理念が提唱され、その実現に向けて中央教育審議会初等中等教育分科会が 2012 年に取りまとめた報告の中で、「特別支援学校における、居住地校との交流及び共同学習は、障害のある児童生徒が、居住地の小・中学校等の児童生徒等とともに学習し交流することで地域とのつながりを持つことができることから、引き続きこれを進めていく必要がある」と述べられている。

　居住地校交流は、インクルーシブ教育システムの実現に向けて先導的な取組を行ってきた学校や自治体で行われてきたが、この報告以降、文部科学省や教育委員会でも居住地校交流に関する様々な取組が行われており、居住地校交流の意義が重視されるとともに、多くの学校で取組が進められるようになってきた。

　しかし、特別支援学校に在籍する児童生徒の中には、自宅から数百キロも離れた特別支援学校の寄宿舎で

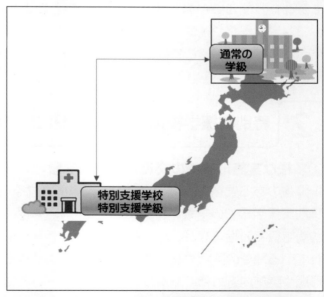

図 1　病院内にある特別支援学校・特別支援学級

生活している児童生徒、自宅から遠く離れた病院や施設に入院（入所）して隣接・併設された特別支援学校に通学している児童生徒（図１）、スクールバスや公共交通機関を利用して通学している児童生徒など、多くの児童生徒は居住地から離れた場所で学んでいる。

　このため、居住する地域の同年齢の児童生徒たちと関わり合い、学び合う機会は限られている。そこで多くの特別支援学校では、居住地校と連絡・調整したうえで可能な範囲で計画的に居住地校交流が実施されている。

　居住地校交流を実施するに当たっては、留意すべきことが何点かある。例えば、㋐当事者である特別支援学校の児童生徒や保護者が実施を希望しているのか、㋑特別支援学校の児童生徒が居住地校に行くことができる距離なのか、㋒居住地校の受入れ態勢は大丈夫か、㋓保護者の協力を得ることができるのか、㋔特別支援学校の教職員が付き添うことができるのか、などについて確認が必要であるが、特に㋐にある児童生徒や保護者が希望しない場合は、その理由を把握しておくことが重要である。

　特別支援学校に在籍する児童生徒の中には、居住する学校でいじめを受けていた児童生徒（被害者）、虐待により保護者から離されている児童生徒（施設入所中等）、治療のため容貌が変わっている児童生徒（抗がん剤による脱毛等）など、様々な理由で居住地校の児童生徒たちと関わりたくない、又は保護者が関わらせたくない、と思っていることがあるので注意する必要がある。なお、居住地校交流を希望しない児童生徒の中には、仲の良い友達とのSNS等を活用した交流はしたいという児童生徒もいれば、映像を伴わない会話や作品交換などはできるという児童生徒もおり、このような取組を繰り返す中でカメラの前に出て話をする児童生徒や、直接会って話をしたいと思うようになる児童生徒もいるので、オンラインでの間接的な取組を、無理のない範囲で計画的に実施するのも大切なことである。

3 特別支援学級における交流及び共同学習

　義務教育段階の児童生徒は、通常は、居住する地域の小・中学校等に通っており、それらの小・中学校等には特別支援学級が設置されることが多くなってきている。

　義務教育段階の児童生徒の中には特別支援学校に在籍する児童生徒が多くなってきているが、それ以上に特別支援学級に在籍する児童生徒や、

表5　2020・2021年度の公立学校の特別支援学級設置状況

令和２年度公立学校における特別支援学級設置状況

	義務教育段階	小学校	中学校	義務教育学校
設置率	85.7%	85.7%	85.5%	86.8%
設置校	24,527	16,478	7,944	105
全学校数	28,629	19,217	9,291	121

令和３年度公立学校における特別支援学級設置状況

	義務教育段階	小学校	中学校	義務教育学校
設置率	86.4%	86.5%	86.2%	88.3%
設置校	24,534	16,454	7,952	128
特別支援学級だけ(内数)	49	27	22	
全学校数	28,403	19,028	9,230	145

学校基本調査（文部科学省）のデータを基に作成

通級による指導を受けている児童生徒の増加が著しい。表5は、2020（令和2）年度と 2021（令和3）年度の全国の公立の小・中学校と義務教育学校における特別支援学級の設置状況である。

図2　多くの特別支援学級の設置場所

全国の小・中学校等の 28,403 校のうち、24,534 校には特別支援学級が設置されており、設置率は 86.4% であった。特別支援学級の設置率は、2020 年度と比較すると 0.7 ポイント高くなっており、近年は特別支援学級数の増加と通常の学級数の減少に伴い、特別支援学級の設置率は年々高くなってきている。

特別支援学級に在籍する児童生徒が増える要因としては様々なことが考えられるが、発達障害を含む障害のある児童生徒への理解が広がるとともに、教育委員会や療育機関等での相談、又は病院等での医師の診断を受ける児童生徒が多くなる中で、児童生徒の特性等に適した教育を求める保護者が増えてきているからだと状況を分析する関係者は多い。

現在の社会ではグローバル化や価値の多様化などが進んでおり、学校教育においては多様な児童生徒を誰一人取り残すことのない公正に個別最適化された学びの実現が求められている。特別支援学級等において保護者が個別最適化された学びを求める、言い換えるならば障害のある児童生徒への適切な指導と必要な支援を求めるのは、学校教育における方向性に合致することだと言える。しかし、インクルーシブ教育システムの構築を進める上では、大きな課題の一つである。そのため、可能な限り障害のある児童生徒と障害のない児童生徒が一緒に学ぶ機会を確保するために、特別支援学級で学ぶだけでなく通常の学級でも学ぶ取組、すなわち交流及び共同学習を日頃から行う必要がある。

表5にあるように全国の小・中学校等の 86.4% には特別支援学級が設置されており、それらの多くは図2のように通常の学級と同じ校舎内に設置され、特別支援学級の児童生徒は朝の会や給食等を通常の学級で学ぶなど、日頃から交流及び共同学習が実施されていることが多い。

このように特別支援学級の児童生徒の多くは居住地の小・中学校等で学んでいるが、離れた特別支援学級で学ぶ児童生徒もいる。例えば①居住地の小・中学校等に特別支援学級がない（3,869 校）ため離れた場所にある小・中学校等の特別支援学級に通う児童生徒、②

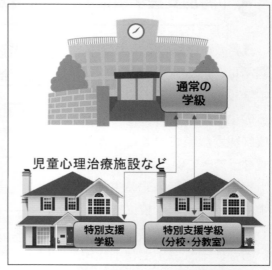

図3　離れた場所にある特別支援学級

特別支援学級だけの小・中学校（49 校）や離れた場所にある分教室等に通う児童生徒（図3）、③病気のため居住地から離れた病院内にある特別支援学級で学ぶ児童生徒もおり（図1）、このような児童生徒も居住地の児童生徒と関わる機会が少ないため、定期的に居住地校の児童生徒と関わる機会を設ける必要がある。

　居住地校交流については、本報告では主として特別支援学校の児童生徒を対象として、まとめているが、特別支援学校の児童生徒だけでなく、①〜③のような特別支援学級に在籍する児童生徒に対しても実施することにより、障害のある児童生徒と障害のない児童生徒とが共に学び、共に育つ機会を充実させることも重要である。このように居住地から離れた特別支援学級に通う児童生徒の交流及び共同学習を進める際にも、特別支援学校と同様に ICT 等を適宜活用することにより、無理のない範囲で継続した取組にすることが可能となる。

4 教職員の障害のある児童生徒の理解と交流及び共同学習の啓発

　表 6 は、2021 年度の公立学校における特別支援学級数と、その割合である。上段は全国の特別支援学級についてのもので、全国には公立の小・中学校等には、全部で383,422 学級あり、その内の73,084 学級が特別支援学級で、割合は 19.1% であった。すなわち特別支援学級は、公立の小・中学校等における全学級数の 1/5 程度を占めている。

表 6　2021 年度の公立学校の特別支援学級数と割合

全国	令和 3 年度公立学校の特別支援学級数			
	義務教育段階	小学校	中学校	義務教育学校
学級の割合	19.1%	18.9%	19.3%	21.7%
特別支援学級数	73,084	50,876	21,615	593
全学級数	383,422	268,868	111,823	2,731

大阪府	令和 3 年度公立学校の特別支援学級数			
	義務教育段階	小学校	中学校	義務教育学校
学級の割合	28.6%	28.8%	28.0%	29.6%
特別支援学級数	7,597	5,412	2,127	58
全学級数	26,595	18,812	7,587	196

　また下段には参考例として、比較的特別支援学級の設置が多い大阪府を取り上げてみた。大阪府の公立小・中学校等には、全部で 26,595 学級あり、その内の 7,597 学級が特別支援学級で、割合は 28.6% であった。このように大阪府の特別支援学級は、公立小・中学校等の全学級数の 1/ 4 以上を占めている。

　特別支援学級の割合が高いということは、特別支援学級の担任になる機会が多いということである。また特別支援学級には学級担任だけでは、特別支援教育支援員や医療的ケア看護職員（看護師等）、介護職員なども授業に関わっており、特別支援学級に関わる教職員は学級数以上に多い。さらに、文部科学省の 2012 年の調査によると、発達障害等の可能性のある児童生徒が通常の学級に約 6.5% の割合でいる可能性が公表されていることから、教職員には障害のある児童生徒の理解と適切な指導方法、合理的配慮の提供等につ

いて知るとともに、通常の学級にいる障害のない児童生徒に対しても理解と啓発を行っていく必要がある。しかし教員を養成する大学では、障害のある児童生徒に関して学ぶ機会が少ないため、多くの教員は OJT（On the Job Training）で学ぶことになる。この OJT を効果的に進めるために、双方の児童生徒が直接会って行う交流及び共同学習だけでなく、事前指導や事後指導、教員間の打合せなどの機会に ICT 等を活用するのも有効な方法である。

5　間接的な交流及び共同学習（間接交流）

筆者は、1990 年頃に特別支援学校（当時は養護学校）の高等部で知的障害のある生徒と肢体不自由のある生徒に対し商業科の情報処理を指導していたが、その授業で複数の中学校の生徒たちとパソコン通信で文章のやり取りを行ったことがある。知的な遅れや構音障害、場面緘黙症などのために、口頭での会話が難しい生徒たちが、中学校の生徒たちとスムーズにやり取りするのを見て、直接会って交流することも重要だが、その事前指導として間接的な交流を行うのも、有効な手段の一つであることを実感した。

居住地から離れた特別支援学校や特別支援学級に通う児童生徒は、居住地の小・中学校等の児童生徒と関わる機会が限られているだけでなく、居住地校交流については距離的な課題（離れている）や時間的な課題（往復に時間がかかる）、人的な課題（付き添う教員の配置）などがあるため、直接会って居住地校交流を行うことが困難な場合がある。また、感染症の流行、大雪や暴風雨等の天候不良、地震や噴火などがあると、直接会って居住地校交流を行うことが著しく困難になる。このような際は、直接的な活動に代えて、間接的な交流及び共同学習（間接交流）を実施するのも有効な方法である。

このような間接交流は、交流及び共同学習を円滑に実施するために、事前指導として双方の学校の紹介や児童生徒の紹介などで行われてきており、具体的には、作品等の交換や写真や動画などを使っての紹介、同時双方向型の交流及び共同学習などが行われている。

2020 年 1 月から新型コロナウイルス感染症の感染が急速に広がったため、全国の学校では学校閉鎖や学級閉鎖が繰り返し行われるようになるとともに、感染を恐れて学校に行くことができなくなる児童生徒も増えてきた。そのため、双方の学校の児童生徒が直接会って交流及び共同学習をするのが困難な状況が増えてきた。

このような直接的な交流が難しい状況であっても、手紙やビデオの交換、メールやチャットの交換などの間接交流であれば実施可能なことがあるので、必要に応じて居住地校交流を ICT 等による間接交流で実施するのも良いであろう。

6　ICT 機器を活用した学習

1980 年代以降にはワープロ機やパソコン等の普及により、社会のデジタル化・ネット

ワーク化が進み、写真や動画の送受信ができるようになるだけでなく、リアルタイムなチャット・写真・動画の送信、テレビ会議（テレビ電話・ビデオ通話）なども、スマートフォンやタブレット端末などから簡単にできるようになった。学校においても社会の急速な変化に対応した指導が求められるようになったことから、文部科学省では「学びのイノベーション事業」「遠隔教育システム導入実証研究事業」などを、総務省では「フューチャースクール推進事業」「先導的教育システム実証事業」などが行われ、一人一台の端末やクラウドの活用等を推進するとともに、遠隔教育の充実や必要な法令改正等が行われた。

　しかし、地方自治が重視される中で、例えば総務省の「教育現場の課題解決に向けたローカル５Ｇの活用モデル構築事業」などで先導的に取り組んでいる自治体もあれば、全く整備が進まない自治体もあり、地域による取組の違いは、学校教育における大きな課題の一つであった。また、過去に制定された各自治体での条例や規定等により、写真の電送や映像の配信、テレビ会議などの実施が困難な所が多く、その実施を断念することも多かった。

　このような状況を打破するために、2019年12月に文部科学省はGIGAスクール構想（Global and Innovation Gateway for All）を公表した。これにより一人一台の端末の配置と高速ネットワークへの接続、普通教室内のWiFi設置などが全国的に進むことになった。

　各自治体が、この構想の実現に向けて動き始めた同時期に、世界的な新型コロナウイルス感染症の感染拡大が起き、全国の学校の一斉休校が３か月間にわたって行われる中で、オンラインでの学習ができないという、日本の学校におけるICT化、ネットワーク化が大幅に遅れている実態が明らかになった。各学校では機器やネットワークの整備は十分ではないが、休校のため自宅いる児童生徒を支援するために、YouTubeなどによる動画の配信やZoom等による同時双方向型の指導などを試行錯誤しながら取り組むことになった。

　この時期までは、学校間交流学習（遠隔地にある小学校と小学校、中学校と中学校などがネットワークを使用して一緒に行う学習形態）を行う際に、ZoomやWebexなどのメジャーなテレビ会議システムやYouTube等の使用を制限していた自治体が多かったが、この休校期間以降には、これらが使用できるようになるとともに、クラウドのドライブを他校と共有できるようにするなど、デジタル教材等の共有化・ライブラリー化や学校間交流学習の基盤が急速に整ってきた。

　なお、遠隔地の学校と実施する「学校間交流学習」は、特別支援学校が主として近隣の小・中学校等と行う交流及び共同学習における「学校間交流」とは異なるので注意して欲しい。

7 テレビ会議（ビデオ会議）を使用した交流及び共同学習

　遠距離にある学校との交流及び共同学習の実施に当たっては、テレビ会議を使用するのが望ましいが、多くの自治体では特定のテレビ会議が用いられていたため、同じ自治体内

の学校とは実施できるが、他の自治体の学校とは実施できないことが多かった。しかし現在は、多くの学校で、Zoom や Webex、Teams、Google Meet（一部は FaceTime も可能）などのメジャーなテレビ会議や YouTube などが使用できるようになっており、児童生徒や教職員の家庭にあるタブレットやスマートフォンからも参加できるため、教室等での学習や教員研修、研究会等でも使用されることが多くなってきている。

　このような同時双方向型の取組やオンデマンド型の動画配信などが使用できる環境が全

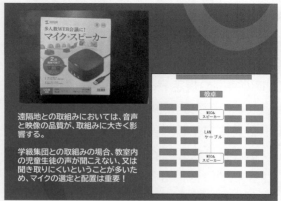

図4　複数の会議用マイクの使用

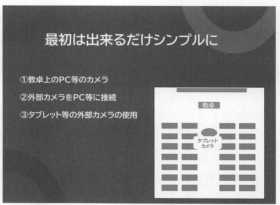

図5　外部カメラやタブレットの使用

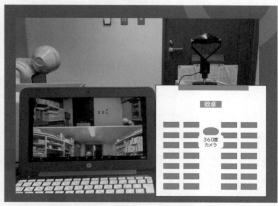

図6　360度カメラの上下分割表示

図7　360度カメラの一画面表示

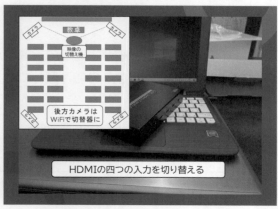

図8　4つのカメラ入力の切替

図9　自動追尾型カメラの使用

国的に整ってきたこともあり、交流及び共同学習の事前指導や事後指導で、これらが使用されることが増えるとともに、直接的な交流及び共同学習に代えて、テレビ会議等を活用した間接交流をする所も多くなった。

　2020年度と2021年度には、テレビ会議を活用した交流及び共同学習が多くの学校で行われたが、約40人の児童生徒がいる教室と行う中で、幾つかの技術的な課題が何点か指摘されるようになってきた。例えば、①ネットワークが安定しないため途中で止まる、②カメラの方向や画角、画質が悪い、③教室内の児童生徒の声が聴きとりにくい、等がある。

　交流及び共同学習を行う上で、③は深刻な課題であり、これを解決しなければ児童生徒間での会話が成り立たないため、この課題の解決を図ることはとても重要である。そこでパソコン等の標準マイクではなく、ワイヤレスマイクや会議用マイク、指向性マイクなどの外部マイクを使用することにより、③の課題を解決することが大切である。②の課題は、自動追尾式のカメラや360度カメラ、などを使用して解決を図ることなどが考えられる。

　図4〜図9は、教室で使用した機器と設置場所を示したものである。図4は、二つのマイク＆スピーカーをLANケーブルで接続し、両方の機器を同時使用できるように機器を配置することにより、後方の児童生徒の声も前方の児童生徒の声も聴き取りやすくなる。

　映像については、できるだけシンプルな機器の構成から始める方が使いやすいので、最初はPC等のカメラを使用し、慣れてきたら外部カメラやタブレット等を図5のように配置する、または外部カメラとして図6のような360度カメラや全天球カメラを使用すると、交流校の児童生徒が見たい場所を見ることができるようになる。また、板書の様子を見せたい場合は、図9の自動追尾型のカメラを使うと教員の動きに応じてカメラを動かすことができる。

8　様々な教材・教具を使った学びの充実

　私たちは新しいことを学ぶ際に、それぞれの時代や技術水準等に応じたものが使用されてきており、例えば、絵や文字が使われていなかった頃は口述による伝承が中心であったが、文字等による口述筆記、写本、絵や図（鳥観図等）、襖絵や屏風絵、掛け図、ボールやストップウォッチ等の体育用具、ピアノ等の楽器、理科の実験機器、写真、音声録音、テレビ放送、OHP、市販ビデオ教材、自作ビデオ教材などの様々な教材・教具が使用され、知識・技能の習得や蓄積等に活用されてきた。

　学校では、このような新しい機器等が積極的に使用され、次世代の社会人の育成に寄与してきた。しかし、パソコンや通信ネットワーク等の導入は他の国に比べて大幅に遅れたため、2018年の学習到達度調査（PISA）において、パソコンを使って実用的な情報を調べたり、自作コンテンツをアップロードしたりする児童生徒は、OECD加盟国の中では極めて少なく、日本の学校ではデジタル機器があまり活用されていないことが明らかとなった。

2　コロナ禍における ICT 機器等の活用による居住地校交流の工夫

　国は、このような状況に対して GIGA スクール構想による機器やネットワークの整備を急速に進めるとともに、情報社会（Society 4.0）を発展させた次世代社会（Society5.0）の実現を目指している。Society5.0 に向けた取組は学校教育でも実施することを求めており、それに向けて先端技術を用いた学習や児童生徒の学習履歴等を活用するという学校教育における DX（Digital transformation）が、学習指導要領のコード化と、教材等のデータベース化、博物館のデジタルアーカイブの公開などと関連させながら着実に進みつつある。

　学校で学ぶ児童生徒が、急速に変わりつつある社会で生きていくためには、変化に対応できる知識・技能等を身に付けることが必要であり、その実現には教職員が新しい機器等の使用を躊躇しないことが重要である。交流及び共同学習の実施に当たっても、現実空間で直接会うことの重要性を理解した上で、仮想空間での間接交流を適宜織り込むなど、状況に応じてデジタル機器（教材・教具）を効果的に活用することを検討したいものである。

9　今後の交流及び共同学習を充実させるために

　過疎化地域の児童生徒への教育支援、不登校の児童生徒への教育支援、病気療養中の児童生徒への教育支援として、遠隔地にいる児童生徒への教育（遠隔教育）が少しずつ弾力化され、様々な教育環境下にいる児童生徒の学びが充実してきている。また、高速ネットワークの整備に伴い学校間交流学習も広がりをみせ、様々なプロジェクトが学校間で実施されるようにもなってきた。このような状況を活用して、交流及び共同学習をどのように進めていけばよいのだろうか。

　政府が第 5 期科学技術基本計画において提唱した Society5.0 では、IoT（Internet of Things: 様々なモノのインターネット上での接続）、ロボット、AI（人工知能）、ビッグデータ等の先端技術を学校教育や社会生活等に取り入れて、仮想空間（サイバー空間）と現実空間（フィジカル空間）とを高度に融合させることにより、経済発展と社会的課題の解決を両立する人間中心の社会を構築することを求めている。解決していくこと発展と社会的課題の解決を図り、人間中心の社会（Society）を構築することが求められている。

　現在の社会においては、VR（Virtual Reality: 仮想現実）や AR（Augmented Reality: 拡張現実）等を使用する企業等が増えており、例えば不動産業界での VR による物件紹介、製造業では製造・保守・点検の VR トレーニング、ビットコイン等の仮想通貨（暗号資産）を使っての取り引き、中国の中央銀行による「デジタル人民元（DCEP: Digital Currency Electronic Payment）」の発行、メタバース（Metaverse）上の土地の売買、渋谷区公認のバーチャル渋谷における実在都市の価値の向上など、仮想空間と現実空間とを融合する取組が始まっている。

　近年話題に上がることが多いメタバースの世界（仮想現実社会）は、Society5.0 が具体化されたものの一つであり、私たちが今まで写真や映像などにより生活社会や社会的視

野を広げてきたように、児童生徒の視野と生活社会を膨らませるツールになりうるものである。メタバースとは、ネットワーク上に構築された３次元の仮想空間やそのサービスのことで、３DCG の仮想空間にアバター（参加者の分身）として参加し、その社会の人たちとコミュニケートしながら生活や経済活動が行われている。

　メタバースでは、障害の有無にかかわらず、誰もが思い思いのアバターとなって様々な体験をすることが可能である。そこは障害の有無に関係なく活動できる社会である。そのため例えば、交流及び共同学習を進めるための仮想社会を構築し、様々な障害を体験する、障害のない人の視線から合理的配慮について検討するなど、これまでにない取組も可能である。

　これまでも自動車教習所等でのドライブ・シミュレータ（simulator）、ゴルフレッスンでのゴルフ・シミュレータなどの疑似体験により技術の習得が効果的に行われてきているが、学校教育では仮想空間や疑似体験はあまり使用されず、現実体験を重視する傾向が強かった。実物を見る、触れる、感じる、体験するという現実体験は、発達期にある児童生徒にとっては、とても重要なことである。しかし学校教育では、絵や写真・映像という現実空間とは異なるモノや時空間にあるものを活用して学習の効果を高めてきており、現実空間にあるモノだけを使用してきたわけではない。

　このような社会も適宜活用しながら、学校教育における DX や交流及び共同学習における DX を、教職員の創意と工夫により学校現場から発信していただけることを期待したい。

【引用・参考文献】
１．文部科学省（2019）交流及び共同学習ガイド，文部科学省
　　https://www.mext.go.jp/a_menu/shotou/tokubetu/__icsFiles/afieldfile/2019/04/11/1413898_01.pdf
　　（2022/ 1 /15 確認）
２．内閣府，Society 5.0，内閣府，https://www8.cao.go.jp/cstp/society 5_ 0 /index.html　（2022/ 1 /15 確認）
３．文部科学省，GIGA スクール構想の実現について，文部科学省，
　　https://www.mext.go.jp/a_menu/other/index_00001.htm　（2022/ 2 / 5 確認）

第３章

居住地校交流の実践事例

青森県立弘前第一養護学校

校長　古木名　博

1　学校概要

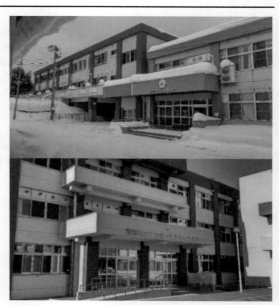

　本校は昭和40年に青森県弘前市弥生地区に精神薄弱児施設弘前市立弥生学園開園とともに開校した知的障害特別支援学校である。

　小学部、中学部、高等部が設置されており、令和3年度（以下、今年度）は184名の児童生徒が在籍している。平成31年4月から高等部が旧県立高等学校を利用した校舎に分離し、2校舎体制で運営している。

　学校経営方針に「地域とともにある学校づくり」を掲げ、交流及び共同学習の推進に力を入れている。

　本校の交流及び共同学習の始まりは、昭和56年度に弘前市立弥生小学校、弘前市立船沢中学校との学校間交流に端を発しており、平成26年度に弥生小学校が閉校になってからは弘前市立船沢小学校との交流を始め、現在に至っている。本校の特色として、交流及び共同学習を実施する前に、本校教諭が交流相手校に出向き、出前授業を行っている。本校児童生徒の特性や関わり方等について、学部主任があらかじめ説明することで、実際の交流活動がスムーズにできるようにすることを狙っている。

　居住地校交流については、平成28年度に中学部の生徒が弘前市立北辰中学校や弘前市立第四中学校と行ったものが始まりとなっている。

2　青森県教育委員会の方針および支援

　青森県教育委員会では、平成25年度〜27年度に文部科学省委託事業「インクルーシブ教育システム構築モデル事業」を受託し、交流及び共同学習の理解啓発および実践研究を進めてきた。この事業では、青森市をモデル地域とし、聴覚障害特別支援学校と小学校2校をモデル校に指定して、交流及び共同学習の実践事例の蓄積をした。平成28年度からは、聴覚障害特別支援学校をモデル校として実施した交流及び共同学習の取り組み成果を踏まえ、文部科学省委託事業「外部専門家を活用した交流及び共同学習推進事業」を展

開し、すべての障害種別の特別支援学校で交流及び共同学習を推進している。この事業では特別支援学校の児童生徒が、地域あるいは居住地の児童生徒と一緒に障害者スポーツを行ったり、障害者アスリート等の体験談を聞いたり、直接指導を受けたりすることをとおして、障害者スポーツの楽しさをともに味わうとともに、相互理解の推進や交流及び共同学習の一層の充実を図ることを目的としている。令和4年度からは青森県交流籍制度が全県で実施されることになり、居住地校交流のさらなる拡大が期待されている。

3 居住地校交流を中心とした交流及び共同学習の実施状況

	学部	居住地校交流		学校間交流
令和3年度	小学部 中学部 高等部	11名 1名	(2.4) (2)	2回（船沢小） 3回（船沢中、弘前工高） 4回（弘前実高）
令和2年度	小学部 中学部 高等部	7名	(0.7) ※1	2回（船沢小） 3回（船沢中、弘前工高） コロナ禍のため中止（弘前実高）
令和元年度	小学部 中学部 高等部	4名	(2.5)	2回（船沢小） 3回（船沢中、弘前工高） 4回（弘前実高藤崎校舎）
平成30年度	小学部 中学部 高等部	2名	(3.5)	2回（船沢小） 3回（船沢中、弘前工高） 4回（弘前実高藤崎校舎）
平成29年度	小学部 中学部 高等部	2名 3名	(2) (2.7)	2回（船沢小） 3回（船沢中、弘前工高） 4回（弘前実高藤崎校舎）
平成28年度	小学部 中学部 高等部	3名	(2)	2回（船沢小） 3回（船沢中、弘前工高） 4回（弘前実高藤崎校舎）

（　　）内回数は一人当たり平均
※1　新型コロナウイルス感染症拡大のため中止になった交流があるため

4 特徴的な居住地校交流の事例

（1）小学部高学年
○オンライン交流を取り入れた居住地校交流

　対象児童は小学部5年生の女子児童で、小学部1年生から年に2〜3回の居住地校交流を実施している。主に特別支援学級との交流で、居住地校の児童とはかなり親しい関係となっている。今年度は新型コロナウイルス感染症の拡大により、外部からの入校を制限されることもあり、十分な回数を確保することが難しいと考え、感染が落ち着いているときは対面で、拡大した場合はオンラインで実施してはどうかということを交流校の校長とも確認した。今回はオンラインでの事例を紹介したい。

1 社会情勢や地域の特性を踏まえた居住地校交流の新たな取組

> ○対象児　　小学部5年児童
> ○交流校　　鶴田町立鶴田小学校
> ○実施日　　令和3年11月18日（木）
> 生活単元学習「縄跳び発表会」「コマを作って遊ぼう」

「縄跳び発表会」は今まで練習してきた縄跳びをみんなの前で発表するもので、始めに鶴田小学校の児童が二重跳びやあや跳び等、様々な跳び方を披露した。その際、交流校の教員が正面からの映像と横からの映像を撮影して提示してくれたことで、手の動かし方や跳躍の仕方が分かりやすかった。本児も「上手だね」「すごいです」と感想を伝えることができた。本児はこの日のために昼休みも練習を積み重ね、当日は前跳びやケンケン跳びを20回程度跳び続けることができた。みんなの前で発表できたことで喜び、自信になったようであった。

「コマを作って遊ぼう」では折り紙でコマを作り、回して楽しむ活動だったが、交流校の教員が作り方を説明し、交流校の児童が折り方の手本を見せてくれた。その際、折っている手元をズームアップして、どこを折ればよいかをわかりやすく視覚的に提示してくれた。本児も手順通りに折り進めたり、わからないところは「もう一度教えてください」と伝えたりしながら、コマを完成させることができた。最後には作ったコマで回っている時間の長さを画面を通して競争し、楽しむことができた。

今年度は今回も含めて3回のオンライン交流と1回の対面での交流を実施することができた。

（2）小学部低学年
○2人が同時に参加した居住地校交流

対象児は2名とも小学部2年生の児童である。今年度から居住地校交流を始めたが、交流校の日程の関係で、2名同時に実施することになったものである。交流学級は通常の学級であるが、対象児が通っていた保育園で一緒だった児童がかなりおり、本校児童の実態もある程度理解しているものと思われた。

○対象児　　小学部2年男子児童、小学部2年女子児童
○交流校　　弘前市立石川小学校
○実施日　　令和3年11月12日（金）、12月21日（火）
特別活動「開校記念日開校記念ゲーム」、「クリスマス会」

　最初は緊張しておとなしい感じだったが、交流校の教員から自己紹介を求められると、それぞれ名前を言った後「よろしくお願いします」と話すことができた。交流校側の配慮として、対象児を案内したり、手本を示したりしてくれる役の児童を配置してくれたため、スムーズに活動に参加することができた。また同じ保育園だった児童が話しかけてくれたり、一緒に移動してくれたりしたことで、緊張も緩み、嬉しそうに活動することができた。「開校記念ゲーム」は〇×ゲーム、ペットボトルキャップ積みゲーム、お玉リレー、いしかわゲーム、ジェスチャーゲームの5種類であったが、どのゲームでも周囲の児童がやり方を教えてくれたり、手伝ってくれたりしたので、戸惑うことなく参加できた。男子児童はジェスチャーゲームでグループの代表として発表することができた。また感想発表ではそれぞれ「ジェスチャーゲームが楽しかった」「いしかわゲームが楽しかった」と発表することができた。

　2回目は2名とも朝から石川小学校に入りたいとわくわくしていた。教室に入ると交流校の児童が「久しぶり」と声をかけてくれた。「クリスマス会」の内容は、なぞなぞ、イラスト探し、プレゼント交換であったが、前回と同様に対象児を案内してくれる役の児童がいたため、混乱することなく活動に取り組むことができた。2回目の交流では違う保育園出身の児童でも声をかけてくれるようになるなど、交流の広がりが感じられた。

　本事例は地域の2つの保育園からほぼ全員が地域の小学校に就学する学区だったため、1年間離れていても本校児童について覚えてくれていたことで2名同時でも可能になったと考える。今後も居住地校交流を継続する中で、いろいろな児童とのコミュニケーションをとりながら地域の仲間としての関係づくりを深めていくことを期待したい。

5 成果と課題

　居住地校交流の基本は対面による活動であるが、交流校の児童との関係ができているなどの条件が合えば、オンラインでの交流も効果的であることがわかった。特に今回のコロナ禍の中で、交流の回数を確保するためには有効な方法であった。ただオンライン交流をするための教員のスキルの向上や、事前の打ち合わせ等で負担が増えることが今後の検討事項としてあげられる。

　また居住地校の規模や地域の特性も、現状では児童同士の関係づくりに影響があると考える。今回の事例では保育園時代からの友達がいたからこそ、スムーズに交流できたのであって、そのような関係性が薄い場合は、事前に対象児の様子を交流校側に伝える事前学習が必要となる。

　共生社会を実現するために、次年度以降青森県交流籍制度を利用し、居住地校交流のさらなる拡大を目指していきたい。

6 本事例のポイント　　　　　　　　　　研究推進委員　梅田　真理

　交流及び共同学習は、障害のある人と障害のない人が互いに理解し合い共生社会を築くために、不可欠なものです。もちろん、障害特性に応じた特別な指導・支援も必要ですが、子供たちが互いに触れ合い、お互いの特徴を理解し関わり方を学ぶことは、社会性を養い、豊かな人間性を育むことにつながります。また、この相互理解は、互いの違いを尊重することの大切さを学ぶ機会にもなります。これは、学校間交流、居住地校交流どちらでも中核となる部分だと考えます。したがって、このような交流及び共同学習の意義を、それぞれの学校だけでなく当事者となる子供たちや周囲の子供、保護者が十分に理解する必要があります。

　青森県では、本報告の第2章でも示されたように、平成25年度から3年間のモデル事業を経て、すべての特別支援学校で交流及び共同学習の推進に取り組んでいます。また、平成28年度から29年度にかけては、外部専門家を活用した交流及び共同学習推進事業に取り組み、特別支援学校と地域住民の交流をはじめ、スポーツを中心とした多彩な学校間交流を実践しました。青森県立弘前第一養護学校では3（P45）にも示されたように毎年居住地校交流の希望者が増加しています。このことには県を挙げての取組が大きく影響していると感じます。

　本報告では、新型コロナウイルス感染症の感染拡大が続く中、大きな影響を受ける交流及び共同学習の新しいスタイルが提案されています。1つはICTを活用したオンラインでの交流及び共同学習です。

　オンラインでの交流及び共同学習では、それぞれの学校の通信環境や機器についての確

認や調整が必要です。また、実際にどのような状況でお互いの映像を視聴するかについても確認しておくことが大切です。実際に対面することとは違い、画面越しに「見聞きする」ことになるため、どのように見えるかを把握し、どう見せるかを工夫する必要があります。そのため、対面の学習以上に準備が必要です。本事例は、小学部1年から居住地校交流を続けており、その土台があったことがスムーズなオンライン実施への移行につながったと考えますが、実施に至るまでには綿密な準備があったはずです。交流校の教員が方向の違う縄跳びの示範映像を提示してくれたり、折り紙を折る手元を拡大して見せてくれたりしたことは、小学部児童の実態を把握した上で、よりわかりやすく伝えるための工夫といえます。そのような配慮や工夫が、小学部児童の意欲につながり、また交流先の児童の「交流してよかった」という満足感につながるのではないかと考えます。

　対面での交流にはオンラインに代えがたい良さがありますが、青森県立弘前第一養護学校の実践のように、対面とオンラインのどちらも交流及び共同学習の方法と捉え、活動を途絶えさせることなく実施することは重要です。

　また、2つ目の2人一緒に交流及び共同学習を行った事例は、ある意味特殊なケースですが、学区にある保育所や幼稚園の数が少ない地域では今後もこのようなケースがあるのではないかと思います。その際には、複数が一緒に居住地校交流を行うことをプラスに捉え、特別支援学校での事前学習でも「一緒に行く」ことを意識させた活動を行うこともさらなる効果につながるのではないでしょうか。第5章の課題にも書かれているように、居住地校の規模等によっては、複数名を別日程で受け入れることが難しい場合もあります。1つのやり方にこだわるのではなく、相手校の状況に合わせて柔軟に方法を検討することも大切でしょう。本報告は、そのような地域の実情に応じた、またそのときの社会情勢に応じた柔軟な交流及び共同学習の形を提案している点が特に優れていると思います。

岩手県立宮古恵風支援学校

学校長 黒川 圭司

1 学校概要

本校は、昭和46年に宮古市立崎山小学校並びに同崎山中学校のはまゆり分校として開校した。その後、養護学校義務化や県立移管、高等部設置に伴い、宮古市立はまゆり養護学校、岩手県立宮古養護学校を経て、平成21年に岩手県立宮古恵風支援学校に校名を変更し現在に至っている。

本校は、宮古市の山間部に設置されている。交通アクセスが不便で自然災害に弱い実情があるが、知的障がいと肢体不自由の教育課程が併置され、小学部、中学部、高等部の児童生徒が同一校舎で学んでいる。

令和3年度の学校経営計画には、地域住民との関わりにおいて、「交流学習の充実」や「障がいのある児童生徒の理解とインクルーシブ教育の推進」を掲げている。本校の交流及び共同学習は、前述した崎山小学校や崎山中学校との学校間交流として始まり、現在まで30年以上続いている。高等部は宮古市内にある岩手県立宮古水産高校と「新巻鮭づくり」を通して交流を続けており、地域の特産品や環境に関する課題についての理解を深める一役を担っている。

2 岩手県教育委員会の方針

岩手県では、特別支援学校に通学する児童生徒が希望した場合、居住地の小学校や中学校で「居住地校交流」として交流学習を実施してきた。平成24年度に「交流籍を活用した交流及び共同学習」に名称を変更し、「いわて特別支援教育推進プラン」に基づいた「共に学び、共に育つ教育」の実現を目指すこととした。「居住地校交流」との違いとして、推進の過程に行政の役割が加わっている。

（1）交流籍とは

特別支援学校に在籍する児童生徒を対象とし、保護者の希望により、居住地域の小・中学校に「副次的な籍」を置いている。その「副次的な籍」を「交流籍」としている。

（2）交流籍を置くねらい

① 居住地域の教職員、児童生徒、保護者、地域住民に「同じ地域に住む仲間」という意

識をもってもらうこと。

②　対象児童生徒が、居住地域での活動の場を広げ、大人になっても安心して自信をもって生活できる環境をつくること。

（3）　「交流籍」活用の利点

①　特別支援学校の児童生徒

　　居住地域とのつながりをもち、生活経験を広げ、もっている力を伸ばすことができる。

②　小・中学校の児童生徒

　（ア）障がいについての正しい理解や思いやりの気持ちを育むことができる。

　（イ）自分を見つめ直し、振り返る機会とすることができる。

　（ウ）お互いを認め合い、共に助け合い、支え合って生きていくことの大切さを学ぶことができる。

③　教職員、保護者、居住地域の人々

　（ア）一人一人の児童生徒に応じた教育の在り方や障がいについての正しい理解と認識を深め、居住地域に広めることができる。

　（イ）誰もが生活しやすい地域づくりのきっかけとすることができる。

（4）　教育事務所や市町村教育委員会の継続した関わり～居住地校交流との違い～

①　実施状況を把握し、相互の取組を推進する。

②　居住地域での学びの場を保証し、支援する。

③　保護者や居住地域への取組の理解啓発のパイプ役となる。

3　本校の交流籍を活用した交流及び共同学習実施状況

（1）　取組人数の変遷（人）

	小　学　部				中　学　部			
	在籍者	登録者	直接交流	間接交流	在籍者	登録者	直接交流	間接交流
H30	21	16	のべ32	16	20	15	のべ20	2
R元	20	17	のべ27	2	18	9	9	2
R2	15	11	のべ8	のべ13	22	10	6	3
R3	19（18）	12（11）	のべ14	のべ10	19	4	4	0

※ R3：小学部転出者1名

（2）　特色

①　直接交流は、実情に応じて、年1～4回実施している。

②　内容は、交流籍校の日常の授業に参加することが多く、対象児童生徒の教育課程にはない教科に参加することもある。その場合、生活単元学習として事前学習に取り組み、当日に臨んでいる。

③　本校の職員が授業を受けもつことも多い。内容は、交流先の児童生徒を対象に、本校の学校紹介をしたり、日々の授業で取り組んでいる学習を取り上げたりすることが多い。

その際、本校の児童生徒が発表したり、Ｔ２の役割を担ったりすることもある。

④ 保護者には、交流籍校への送迎を依頼している。保護者が希望する場合、授業を参観することもある。

4 実践事例（令和３年度の取組より抜粋）

（1） 小学部

① 対象児童：5年

② 実施回数：3回　①9/22「社会」　②10/12「外国語」　③11/27「体育」

③ 実践事例：1回目「社会：未来をつくり出す工業生産」

項　　目	内　　　　容
学習のねらい	・昔と今の自動車の生産方法や生産台数、車体のデザインや性能などの変化に着目して、今の自動車生産の様子について学習する。
主な学習内容等	・昔と今の自動車や生産の写真から違いを見つけ、どのようにして自動車生産を行っているかについて関心をもつ。
学習の様子	・教科書や提示された写真を見て、昔と今の自動車の違いについて考えた。乗車人数の違いについての質問に、挙手をして発言した。 ・板書をノートにメモ書きしたり、友達の意見を聞いたりして学習に参加し、振り返りでは本児童のノートを隣席の児童がタブレットで写真に撮り、大型テレビに映して全員で確認した。 ・交流籍校の廊下に、本児童が書いた手紙が掲示されていた。 ・手紙の横には、「おかえりＡくん、今年もよろしく」という大きな文字や、本児童が好きなキャラクターのイラストが飾ってあった。
備　　考	・昨年度途中に本児童の居住地が変わったため、本来であれば交流籍も新しい居住地の小学校になる予定だったが、昨年度までと同じ交流籍での交流となった。 ・このことについて、岩手県教育委員会に確認した。本児童の場合、高学年になるということで、これまでの積み重ねを重視し、交流籍校を変更せずに実施することとした。 ・他にも同じ願いが出されたケースがあったが、対象児童が低学年だったことなどもあり、新しい交流籍の取得となっている。

（2）中学部

① 対象生徒：2年

② 実施回数：1回　11/5「保健体育」

③ 実践事例：「保健体育：実技　マット運動」

項　　目	内　　　　容
学習のねらい	地域の中学校の学習に参加し、同学年との交流を図る。
主な学習内容等	保健体育：実技「マット運動」、学級紹介
学習の様子	・柔軟体操の様子を見学しながら、手や足を動かした。 ・審判となり、マット運動の演技発表を見て鈴入りペットボトルを振って鳴らしたが、演技が終わった友達が、一緒にペットボトルを振ってくれたりした。 ・階段の昇降時は、友達が車椅子を持ち上げてくれたり、雨に濡れないように、自分のジャージを本生徒に掛けてくれたりした。
備　　考	・医療的ケア対象の生徒である。 ・医療的ケアのための看護師（学校勤務）が同行している。 　保護者が同行する場合は、看護師は付き添わない。 ・コロナ禍のため、昨年度は直接交流を実施せず、相互の活動の様子などをDVDに収めての間接交流であった。今年度は2年ぶりの直接交流の実施だったが、小学部1年時から交流籍校交流を継続してきた成果か、本生徒及び交流籍校の生徒たちは、交流及び共同学習への違和感がなく、親しみのこもった活動となった。

5 成果と課題

（1）成果

① 本校

（ア）直接交流では、共に学ぶことの楽しさや相手のよさを、感じ取ることができるようになった。

（イ）事前打ち合わせの内容が充実し、前年度の課題を生かしたり、児童生徒の発達段階に考慮した授業に取り組んだりすることができるようになった。そのことにより、児童生徒の次年度への期待感を高めることができた。

　　（ウ）児童生徒が学習内容に期待をもち、交流籍校の教師に取り組みたい活動を進んで
　　　　伝えるなどの積極性が出てきた。
　　（エ）間接交流でも、同年代の友達と関わる機会がよい刺激となったり、交流籍校の友
　　　　達のことを考えながら手紙などを書いたりするようになった。
　　（オ）地域で声を掛けてもらう機会が増えた。
② 　交流籍校
　　（ア）回数を重ねることで、特別支援学校の児童生徒や学校に関心をもつ児童生徒が増え、
　　　　つながりを感じるようになった。
　　（イ）共に学ぶことの楽しさや相手のよさなど、多様な価値観を感じ取ることができる
　　　　ようになった。
　　（ウ）特別支援学校の児童生徒のことを考え、交流の方法や何に配慮すればよいのかな
　　　　どについて考えるようになった。そこから、「仲間」に対する思いやりの気持ちが
　　　　育った。

（2）　課題（共通）
① 　児童生徒の実態に応じた間接交流の在り方
　　児童生徒が交流を実施していることが分かって、手紙やビデオなどを読んだり見たりす
ることができるようにするための内容や方法を検討したり、そのための打ち合わせ時間を
十分に確保したりしながら進めることが大切である。
② 　実施に関わる共通理解の在り方
　　（ア）「交流籍を活用した交流及び共同学習」の認識について
　・岩手県教育委員会の方針として詳しく効果などがあげられているが、教育活動に対す
　　る価値観や重要度、とらえ方が異なることがあり、インクルーシブ教育の考え方を共
　　通理解するところから始めるケースもある。
　・それぞれの学校の現状や抱える諸課題を認識し合い、無理のないところでの実施につ
　　なげることが求められている。
　　（イ）児童生徒の実態把握や、それに応じた学習活動及び指導、支援の仕方、並びに学
　　　　習の展開の仕方
　・（ア）が解決されないままの実施となると、具体的な学習活動上の課題が生じる。
　　「計画ありきの実施」ではなく、「何のために実施するのか」を確認し合って実施する
　　ことが必要と感じる。
　　（ウ）（ア）（イ）について、教育事務所や自治体教育委員会の把握状況や課題の認識に
ついては、本校が直接確認したり、共通理解をすすめたりする場の設定には至っていない。
③ 　保護者との関わり
　　（ア）「交流籍を活用した交流及び共同学習」に不安をもつ保護者へのアプローチの仕方
　・居住地域との関わり方を把握した上で、進めていくことが大切である。
　・居住地の小学校や中学校との関係を把握し、必要に応じて情報を得ることも必要であ

る。

（イ）家族との関わりの中で、「交流籍を活用した交流及び共同学習」に対する気持ちの
　　　変化に対するフォローの仕方

・兄弟姉妹との関係やそれぞれの思いを踏まえながら、進めていくことが大切である。

・特別支援学校に在籍する子供の成長に伴う保護者の気持ちを理解し、段階的にアプロー
　チしていくことが必要である。

6　本事例のポイント　　　　　　　　研究推進委員　梅田　真理

　本報告は、岩手県が平成24年度から実施している「交流籍」の実践事例です。前段で
述べられているように、居住地校交流との大きな違いは、交流先校の決定において教育事
務所を通し市町村教育委員会が関与している点です。もちろん通常の居住地校交流であっ
ても、計画の作成や事前準備等で丁寧なやりとりが行われますが、あくまでもこれは学校
間の取組です。しかし、教育事務所や市町村教育委員会が加わることで地域の取組となり、
地域住民への理解啓発につなげることも可能となります。このような、面としての広がり
のある「交流籍」に関する報告は非常に貴重だと思います。

　今回の事例は、どちらも交流先校の通常の教科の授業に参加しています。これは、5「成
果と課題」にも挙げられているように、「無理のない計画」での実施が行われているため
と考えますが、一方で通常の教科の授業に参加するためには、障害のある児童生徒の授業
における目標を明確にし、どの活動を共に行うか、共に学ぶかを検討しておく必要があり
ます。これは簡単なことではなく、交流先の小・中学校に「交流籍を活用した交流及び共
同学習」についての十分な理解がなければ実現しないことです。課題に挙げられているよ
うに、学校間ではインクルーシブ教育に関する意識や理解の差があります。そこを丁寧に
すり合わせながら、共通理解につなげることが重要です。今回の2事例は、そのような前
段階の取組の大切さを伝えてくれる事例だと思います。

　また、どちらの事例も継続して交流及び共同学習を実践している事例であり、交流先校
の児童生徒が自主的にかかわる様子が報告されています。小学部事例では「おかえりA
くん」という言葉が今までの積み重ねを感じさせます。中学部事例では、車椅子を持ち上
げてくれたり、雨がかからないようジャージを掛けてくれたりと、ごく当たり前に友だち
を気遣う様子が報告されており、小学部から交流籍での取組を継続してきている成果がこ
こに現れていると感じました。これらの取組の背景には、計画し準備し、相手校との打合
せを綿密に行う岩手県立宮古恵風支援学校の教員の努力と熱意があります。この取組が、
市町村教育委員会等を巻き込んださらなる広がりにつながることを期待しています。

宮城県立石巻支援学校

校長 三浦 由美

1 ┃ 学校概要

本校は昭和52年宮城県立光明養護学校石巻分教室として石巻市立湊小学校内に創設され、その後昭和58年宮城県立石巻養護学校として独立開校した知的障がいの子供たちのための特別支援学校である。

本校には小学部、中学部、高等部が設置されており、令和3年度は136名の児童生徒の教育を106名の教職員が担当している。

学校屋上の風景　復興住宅が建ち並ぶ

学校経営方針の柱に「開かれた学校－地域の中で成長する学校－」を掲げ、今年度の努力目標にも「地域と連携・協力した教育活動の推進」を位置付けて交流及び共同学習の推進に力を入れている。

本校の学校間交流は、昭和58年の独立開校時から河南町立須江小学校（現在の石巻市立須江小学校）との間で始まった。昭和62・63年度に須江小学校が文部省指定「心身障害児理解推進校」となったことも契機となり、学校行事の交流から、共同菜園での活動、学校での合宿、近隣の公園でのゲーム交流と広がった。現在まで37年間交流が続き、毎年小学部が須江小学校の全校児童と交流する活動「ようこそ！須江小学校へ！」を継続実施している。学校間交流は、石巻市立蛇田小学校、石巻市立蛇田中学校、東松島市立赤井南小学校、宮城県石巻西高等学校、宮城県立石巻北高等学校（旧河南高校）と広がり、現在も継続している。

居住地校学習は、平成14年度から継続実施しており、実施率は県内で最も高い。平成16年には「共に学ぶ教育推進事業（居住地校交流）モデル校」として宮城県教育委員会から指定を受けている。

本校では、居住地校学習実施児童生徒の担任を「居住地校学習推進員」とし、1年間で児童生徒一人1～2回の居住地校学習を実施している。実施率は例年67％である。

令和2年度はコロナ禍ではあったが、校長が各学校を訪問して該当学校長に説明を行い小・中学部61％の児童生徒が間接交流を行った。

廊下にある居住地校学習コーナー

間接交流の内容は、自己紹介カードや作品の紹介、ビデオ動画でのメッセージの交換などである。

平成23年の東日本大震災後、保護者から「不安で過ごしていた避難所で、小学校や中学校の時の友達に廊下で会うたびに声を掛けてもらったり、大好きな歌を振り付きで一緒に歌ってくれたりすることができて、子供は安心した様子だった。とても助けられた。」という声が聞かれた。地域の友達とつながり続けた居住地校学習の効果の一端と感じられた。

2 教育委員会の方針及び支援

宮城県教育委員会では、宮城県特別支援教育将来構想（平成27年度〜令和6年度）の中で共生社会の実現を目指した理解促進の取組の一つとして「インクルーシブ教育システム推進事業」を展開し、居住地校学習を推進している。

この事業では、居住地校学習実施日に引率で学校を離れる教員の後補充教員の任用（非常勤講師）を行い、居住地校学習の推進を図っている。居住地校学習実施日は受入校の予定も加味していることから、それぞれの児童生徒で異なる日で実施されるが、担任が引率するため、交流日ではない児童生徒の学習が非常勤講師により保障されている。石巻支援学校では、コロナ禍で居住地校学習が制限される中においても、今年度は、51日間（1日3時間勤務）非常勤講師が勤務した。非常勤講師には、特別支援学校を退職した経験豊かな教員が任用されており、どの学級に入っても十分に指導力を発揮している。

またこの事業では、特別支援学校だけでなく受入側の小・中学校の教育的効果を明確にし、計画的な学習、遠隔教育と関連した学習等を進めている。その一環として、年2回「居住地校学習推進事業連絡会」を開催し、各教育事務所の特別支援教育担当指導主事と特別支援学校の担当が、各学校の成果と課題を共有して居住地校学習の充実を図っている。

3 高等学校と高等部の交流

高等学校との居住地校学習は、高等学校の学区が広く、本校生徒が居住する地域の高等学校の生徒が「同じ地域に住んでいる友人」とはならないことから実施が難しい。そのため、居住地校学習という形ではなく、本校近隣の2つの高等学校と学校間交流を継続的に行うことで、高校生同士の交流を深めている。2校のうち1校とは平成4年度から学校間交流が始まり、現在まで30年近く継続している。

学校間交流においても、居住地校学習に近い効果を見る場面がある。それは、交流のため本校に来校した高校生が、中学校時代に本校高等部生徒と同級生であったケースがあり、毎年交流で来校するたびに「○○さん、ひさしぶり！」「○○さん元気？」と言葉を交わし合ったり、手を振ったりして再会を楽しむ光景が見られる場面などである。

3　高等学校との交流及び共同学習

○宮城県石巻西高等学校との交流

　石巻西高等学校は、本校から徒歩で行ける距離にあり、備品の貸し借りや教育相談での連携などを毎年行っている身近な存在である。

　石巻西高等学校吹奏楽部との交流は、石巻西高等学校の創立時から継続しており、30年間の歴史がある。交流の中心は、吹奏楽部の生徒が本校体育館を会場に開催するコンサートである。両校の年間行事予定にも位置付け

られ、両校で事前打合せを重ねて実施している。毎年趣向をこらした内容で、＜一緒に合奏しよう＞＜指揮者になろう＞＜楽器のことを知ろう＞などのコーナーを企画していること、生徒が好きな曲を選曲してくれていること、曲に合わせた衣装の演出等の工夫や配慮があり、本校生徒は毎年吹奏楽部のコンサートを楽しみにしている。また、コンサートだけでなく、ゲーム大会や綱引き大会などの企画をする年もあり、本校生徒の楽しみの一つとなっている。交流終了後は、本校高等部生徒がコンサート交流の感想や感謝のメッセージを書き、毎年届けている。

　令和元年度は、本校体育館が改修工事のため使用できず、体育館でのコンサートを断念することになった。しかし、ここで交流を中止するのではなく、何とかできる方法で開催できないかと両校で話し合いを重ね、例年とは違う内容で交流を行うこととなった。当日は、高等部ホールでアンサンブルによるミニ演奏会が行われた。さらに、本校高等部の作業学習に石巻西高等学校の吹奏楽部員の生徒が参加し、グループ毎に

ビルクリーニング班の作業で交流

さをり織り、陶芸、窓拭き等の作業学習を通して交流を行った。本校高等部の生徒が、石巻西高等学校の生徒に作業の流れや機械の使い方を説明する場面も数多く見られ、例年のコンサートの交流では味わえない活動を体験することができた。

　令和3年度は新型コロナウイルス感染症対応のため、ビデオでのコンサートを行った。石巻西高等学校生徒のアイデア溢れる番組仕立てのコンサートビデオを観賞して、本校高等部生徒は大いに楽しむことができた。

　30年続いてきた交流は、石巻西高等学校吹奏楽部の生徒にとって「障がいのある人や様々な聴衆に対して、どのように喜んでいただけるかを考える契機」となっている。石巻西高等学校の生徒は、本校生徒の反応から吹奏楽や音楽の力を感じ取っており、「音楽は、一方的に伝えるものだとばかり思っていましたが、私たちが演奏を通して伝えるだけではなく、石巻支援学校の皆さんはそれを聴いて感じたことを私たちに伝えてくださいました。

双方が良い影響を与え、より一層音楽は素晴らしいものになるのだと知ることができた瞬間でした」という感想が寄せられた。

　本校の生徒にとっては、他校の高校生と交流できる貴重な機会であり、コンサートだけではなく共に活動する時間が設定されていることで、重度の障がいの生徒も軽度の障がいの生徒も全員が楽しめる交流学習として定着している。この交流の継続を支えていることの一つに、双方の学校が年間の行事予定に交流活動を位置付けていること、さらにその年度にできる活動について学校間で十分な打合せを行っていることがある。

○石巻北高等学校（旧河南高等学校）との交流

　石巻北高等学校は、本校から車で10分程度の所にある近隣の高等学校で、地域で唯一農業科を設置している。

　平成10年に河南高等学校（現在の石巻北高等学校）が文部科学省から「豊かな心を育む教育推進事業実践研究協力校」に指定され、宮城県から「高等学校特色づくりプログラム事業（ボランティア活動）」の指定を受けていたことが契機となり、農業クラブのボランティア活動の一環として本校との交流が始まった。

　当初は、農業科全員（30～35名）と本校高等部C課程（一般就労を目指す教育課程）の生徒が、河南高等学校の学校田に年2回レンタカー等を活用して集合し、田植え・稲刈りを一緒に行い、一緒におにぎりを作って会食するという内容の交流と、両校の生徒が石巻支援学校で花壇に草花の苗を植栽する活動の2種類を行っていた。

　田植えの交流では、ぬかるみから抜けられなくなった本校の生徒を、両の生徒がみんなで助けたり、稲刈り交流では、刈り取った稲を手渡しで受け取ったりする姿が見られた。一緒に作った大きなおにぎりをそれぞれが笑顔でほおばっている姿が印象的だった。

　平成23年に発生した東日本大震災の影響により内容を変更し、それ以降は年1回の植栽活動での交流という形で継続している。その後、河南高等学校は総合学科の石巻北高等学校となり、食農系列の生徒が授業で育てた花の苗を持参し、本校生徒と一緒に植える活動を10年継続してきた。

　今年度も、石巻北高等学校食農系列の生徒10人ほどが来校し、本校高等部1年生と共にプランターへの花の苗植えを行った。本校生徒はプランターに思い思いに絵を描き、自分のプランターの準備をして交流の日を待ち望んでいた。当日は、グループ毎に石巻北高等学校生が苗の植え方や花の特徴の説明を行い、数種類の花の苗から好きな苗を3株一緒に選んでプランターに植える活動を行った。さらに、花の特徴を丁寧に説明して、苗を選ぶための支援を行ったり、植え方のポイントを実演しながら教えたりしていた。本校の生徒がプランターに描いた絵をきっかけにして会話が弾む場面も見られた。

　食農系列の生徒の中にはコミュニケーションをとるのが苦手な生徒もおり、最初はぎこちない様子があったが、本校生徒が分かるように説明をする工夫をしたり、花の苗を選ぶことができない生徒には2～3株の選択肢を提示して選びやすいように支援をしたりする様子が見られるようになった。本校生徒にとっては、少し緊張感のある出会いの場である

が、石巻北高等学校生にとっては、得意なことを生かしてコミュニケーションを深めていく大きな体験の場になっている。

　花の苗は、冬の寒さに強い品種のものを選んでくださっており、寒さの厳しい冬場にかけても本校の高等部の教室のベランダで、生徒の目を楽しませてくれている。

選んだ花の苗の特徴や育て方の説明を聞きながら、協働での苗植え

4 成果と課題

○高等学校との居住地校学習の実施は、学区が広いために残念ながら困難であるが、学校近隣の高等学校との交流は継続することで、中学校の時の友人に再会することができることもあり、同じ地域の人とつながっていく、という点では可能性がある活動である。

○吹奏楽部との交流では、両校共に1年生から3年生まで全員が交流活動に参加するため、一人が3年間継続した交流を体験することができる。音楽の力を感じながらの交流ではあるが、継続していることが、両校で様々な活動の可能性を検討する原動力となり、さらに継続へつながっていると思われる。

○交流活動は、双方の学校の年間指導計画に位置付けられており、教員も校務分掌されている。そのため、生徒が見通しをもって活動することができている。

○本校の生徒にとっては、再会や新たな出会いの経験が、人との適切なかかわりを醸成していくことにつながっている。高等学校の生徒にとっては、思いやりの心を育む、相手の想いを受け止めるなどの情緒の涵養に寄与しているだけでなく、特に実業科の生徒にとっては、学校での学びを社会に生かせる経験であることが、自己有用感の醸成にもつながっていると思われる。

○コロナ禍においては、間接交流という形をとったが、間接交流であっても相手を思いながら作品やビデオ等の準備をするなどという活動そのものが相手に想いを馳せることになっており、つながりを継続することに効果的であることを実感している。

○継続のための活動のバリエーションを今後も両校で話し合い検討していくこと、できれば生徒たち自身から創意工夫のアイデアが出るような支援を重ねていくことが必要である。

5　本事例のポイント

研究推進委員　大西　孝志

　小学部・中学部では居住地校交流（本事例では居住地校学習）が積極的に行われている学校や地域においても、高等部・高等学校間の交流及び共同学習の回数は減少することが多いようです。これは発達段階の特性による合同での活動の企画の難しさや、高等学校は小・中学校とは異なり、在籍生徒と地域が結び付いていないためだと考えられます。

　しかし、学校卒業後すべての生徒は、社会の中で生活していくことになります。そこは障害のある者、障害のない者が分かれて暮らしているのではなく、常にインクルーシブな状態です。従って、学校においては小学部（幼稚部を含む）から高等部までの継続した交流及び共同学習を教育課程の中に位置付けて実践していくことが重要です。

　高等学校段階における交流及び共同学習においては、将来社会でいろいろな人と共同して生活していくことを想定した小・中学部の居住地校交流とは、方法を変えた活動が実情に合っていると言えます。

　本事例の宮城県立石巻支援学校と地域の高等学校で行われている、学校間交流の事例は以下2つの点が優れていると思います。

（1）長年にわたる交流及び共同学習の継続

　宮城県石巻西高等学校とは30年、宮城県立石巻北高等学校とは20年以上の交流が続いています。この背景には両校が、交流及び共同学習の実施による教育的効果を実感しているという背景があると考えられます。一方的にしてあげるだけの活動、してもらうだけの活動だけでは、ここまで長きにわたっての継続は考えられません。交流及び共同学習によって生徒たちが何を学んで、身に付けているのかという評価を毎年教職員が行い、それを翌年の活動につなげるというPDCAサイクルが形成されていることが素晴らしいと思います。

（2）生徒の得意分野を見せる交流及び共同学習

　吹奏楽部が主となり音楽を通して、農業科食物系の生徒が主となり苗植えを通して、石巻支援学校の生徒が主となり作業学習・ビルクリーニングを行うことを通しての交流は、どの活動もそれぞれの学校の生徒が得意・慣れていることを、それを知らない相手に分かりやすく説明、実践するという活動になっています。また、これらの活動は日々授業で行っていることであり、目標・内容・評価が教科等の学習に裏付けられています。生徒たちにとっても、いつもは教員から指導されていることを分かりやすく他校の生徒に説明するという、「教わる」から「教える」への立場の変換、コミュニケーション能力の求められる活動です。

　高等部・高等学校においては、それぞれの学校の強みを取り入れながら、両校の生徒がその時間、互いの教育目標（本時の目標）を達成することができる学習活動を工夫することが大切であり、そのためには、本事例のように、両校の教員が交流及び共同学習の意義、生徒たちの実態把握をしっかりと共通理解しておくことが求められると思います。

4 | 児童生徒の実態に即した柔軟な 居住地校交流の実践

仙台市立鶴谷特別支援学校

校長　癸生川　義浩

1 学校概要

　本校は昭和53年4月、仙台市心身障害センターの設立趣旨に基づき、仙台市の知的障害児のための仙台市立唯一の養護学校として市内鶴ケ谷地区に開校した。平成19年4月に、校名を仙台市立鶴谷養護学校から仙台市立鶴谷特別支援学校に変更している。

　本校には小学部、中学部、平成元年度からは高等部が設置されており、小学部から高等部までの一貫性のある教育を行っている。令和3年度は149名の児童生徒の教育を86名の教職員が担当している。

　特色ある活動として「交流学習・交流活動」を掲げ、交流啓発部を中心に、交流及び共同学習の推進に力を入れている。

　交流及び共同学習は、昭和56年2月に近隣の鶴谷中学校、鶴谷小学校、鶴谷東小学校で本校児童生徒の作品展を実施したことから始まり、翌年の昭和57年5月に、鶴谷小学校と「交流の日」をもった。同月、仙台市の認可保育所である鶴ヶ谷希望園、鶴谷東小学校と交流学習を始め、現在に至っている。平成3・4年度には文部省（当時）及び仙台市から「心身障害児交流活動地域推進研究」の研究指定を受け、平成5年度に公開研究会を開催している。平成6年には心身障害児交流活動で宮城県特殊教育研究会より研究奨励賞を受賞した。高等部においては、平成13年から仙台市立仙台高等学校との交流が始まり、年3回の交流が現在も続いている。

　学校の所在地である鶴ヶ谷地区との交流は開校当初から活発に行われている。毎年秋に開催されるPTAバザーに地域の方々を招いたり、地域奉仕活動として町内会の公園清掃に参加したりするなどの活動を現在も続けている。また、「花の丘プロジェクト」として、地域の方と一緒にひまわりやパンジー等の花植えをする活動も行っている。高等部の生徒会役員が中心となって、毎月1がつく日（1日、11日、21日、31日）に校門前で地域の方に挨拶をする活動にも取り組んでいる。

2 教育委員会の方針及び支援

　仙台市教育委員会では、平成21年に改訂された学習指導要領に交流及び共同学習が

明記されたことを受け、交流及び共同学習の理解啓発資料を作成・配付し、市立学校においては、障害のある子供と障害のない子供の相互理解を図る上で本資料を活用してきた。また、平成30年度からは「第2期仙台市教育振興基本計画」に基づき、本市における今後の特別支援教育推進の基本方針を示すものとして「仙台市特別支援教育推進プラン2018」を策定した。その中で共生社会の実現に向け、相互理解を深めるための重点施策として「障害のある子供と障害のない子供の交流及び共同学習の充実」を掲げ、交流及び共同学習に積極的に取り組んでいる学校の実践例を広め、活動の充実を図ることとしている。具体的な活動内容として、

① 特別支援教育コーディネーター連絡協議会や実践研究協力校報告会での実践報告
② 心のバリアフリー推進事業における障害者アスリートや芸術文化活動をしている障害者との交流を通した障害理解の推進
③ 市立学校における居住地校交流の普及

の3点が挙げられている。

3 居住地校交流を中心とした交流及び共同学習の実施状況

本校における居住地校交流は、2か年の試行を経て平成16年度から実施されている。対象となるのは本校小学部2学年から中学部3学年までの児童生徒である。原則として居住地校の通常の学級を対象としており、その内容は以下の3形態となる。

- ・A交流　　通常の学級に入り、学習や生活場面の共有を中心とした交流
- ・B交流　　学校行事への参加を中心とした交流（学校内で行われる行事とする）
- ・C交流　　ビデオレターや作品の交換などを行う間接的な交流

一人の児童生徒についておおむね年間1〜2回実施しており、1回あたり授業1〜2時間（給食や休み時間も可）を目安としている。

学校間交流等については、小学部低学年が鶴ヶ谷希望園の年長組と、中学年が鶴谷東小学校3年生と、高学年が鶴谷小学校4年生と、中学部は鶴谷中学校1年生とそれぞれ年間2〜3回、定期的に実施している。内容は発達段階に応じて歌遊びやゲームなどが主である。高等部は仙台高校の生徒とすずめ踊りや作業学習などを一緒に行っている。居住地校交流、学校間交流の回数等は以下の通りである。

年　度	学部	居住地校交流 希望者数（実施回数）	学校間交流
平成30年度	小学部	22人（38回）	7回（低：3、中：2、高：2）
	中学部	1人（ 2回）	3回
	高等部	―	3回
平成31年度 （令和元年度）	小学部	24人（40回）	7回（低：3、中：2、高：2）
	中学部	3人（ 4回）	3回
	高等部	―	3回
令和2年度	小学部	16人（C交流）	0回（新型コロナウイルス感染症予防のため、直接交流は実施せず）
	中学部	3人（C交流）	
	高等部	―	

4 児童生徒の実態に即した柔軟な居住地校交流の実践

4 居住地校交流の事例

(1) 小学部中学年：初めての居住地校交流（Ａさんの例）

① 目標

【本校児童】

・居住地の同年代の児童たちと触れ合う。

・慣れない環境でも落ち着いて活動する。

【交流学級児童】

・同じ学区に住んでいながら、違う学校に通っている友達を知る。

・障害について理解し、思いやりの心を育てる。

② 概要

　Ａさんは医療的ケアを必要とする児童で、学校での学習時間は看護師が常に同行しているが、居住地校交流には母親が同行して授業を参観しながら必要に応じて吸引等の医療行為を行った。実施時期については、Ａさんの体調と初めての居住地校交流であるということを第一に考え、気候的に比較的過ごしやすい９月下旬に１時間のみ実施という内容で相手校と調整した。活動内容も楽器の音色が好きで良い反応が見られることが多いことから、音楽の授業に参加することにした。

　居住地校交流の相手校では、交流学級の担任と特別支援教育コーディネーターが中心になって受け入れ態勢を整えた。交流学級児童に対しての事前学習では、授業中でも必要に応じて痰の吸引が行われることや、発作が多いこと、視力が弱く、急に身体に触られるとびっくりするので、声をかけてから身体に触ることなど、交流する上での注意事項を説明した。また、当日は吸引とおむつ交換用の教室を、活動教室の隣に用意してもらった。

　実施予定時期にインフルエンザが流行し、居住地校交流が実施できるかどうか心配されたが、家庭と連携を密に図りながら普段以上に体調管理に気を付け、元気に居住地校交流当日を迎え、音楽の授業に参加できた。いつもとは違う環境にも徐々に慣れ、多くの人と一緒にいる空間を楽しみながら、良い表情で活動することができた。

(2) 小学部中学年：２回目の居住地校交流（Ｂさんの例）

① 目標

【本校児童】

・居住地校の人たちと活動を共有し、関わる楽しさを経験する。

【交流学級児童】

・地域から他の学校に通っている同級生について知る。

② 概要

　Ｂさんは車いすを使用している児童である。慣れた人や場所では、笑顔を見せたり声を出して表現したりと楽しく関わることができるが、知らない人の中に入ると緊張して表情

が硬くなったり、声を出せなくなったりしてしまう傾向があった。昨年度、居住地校交流を一度行ったが、お互いに緊張しているうちに終わってしまったことから、本児がもっとリラックスして交流できるように事前の準備が必要であると考えていた。

　そこで、事前にビデオレターを交換し、お互いのことをある程度分かった状態で交流を進めていけるよう工夫した。1回目は「クラスで仲良くなろう」ということでゲームをした。事前にビデオレターを交換したためか、初めは緊張した表情をしていたBさんも、すぐに表情が良くなり声も出していた。前回と比べ楽しく交流できたことを受け、2回目の交流前にもビデオレターを交換できるようにお願いした。

　2回目は図工「手形の樹を作ろう」で、絵の具で手形を取るという活動をした。2回目ということや、ビデオレターの効果もあってかBさんの表情も柔らかく、ゆとりが感じられた。周りの児童たちも前回よりも積極的に関わろうとする姿が見られ、回数を重ねていくこと、事前にしっかりと打ち合わせ、準備をしておくことの大切さを感じた。共同作品は後日届けてもらい、Bさんもとても喜んでいた。

　今回、Bさんの実態を理解してもらい、授業内容を配慮してもらったことで安心して交流ができたと共に、「学習場面の共有」ができたように感じられた。また休憩する場所を確保してもらったことも、Bさんにとって大変良かった。和やかな雰囲気で交流が進められたことで、交流学級の児童たちのBさんに対する理解も深まったと思われる。

(3)　中学部に入って初めての居住地交流（Cさんの例）

① 　目標

【本校生徒】

　・初めての場所や集団の中でも落ち着いて活動する。

【交流学級生徒】

　・障害児（者）との関わりを通して、共生について考える。

② 　概要

　Cさんは小学部で居住地校交流を一度実施したが、その後中断していたため、中学部に入ってからは初めての居住地校交流になった。

　活動内容を決めるに当たっては、Cさんが一緒に行える場面があること、できるだけCさんが楽しみながら行える内容であることを中心に考えた。今回は、本校の体育の授業で経験のあるラジオ体操とボール運動と、Cさんが好み集中して行う描画を組み入れた。なお、描画に必要な道具は、Cさんが使っている物や好きなものを本校から持参した。

　中学校になると教科学習での全ての活動内容の共有は難しくなってくる。今回の美術の授業は、描画の時間は場を共有して個に合った課題に取り組み、鑑賞の時間は学習内容を共有するという構成にした。Cさんにとって無理のない内容だったため、終始楽しそうに活動することができていた。交流学級生徒に対しても、Cさんがどのようなことが好きで、どのようなことができるのか、どのように関わればCさんが応えてくれるのかを知ってもらうことができた。

（4） 新型コロナウイルス感染症流行下での居住地校交流

　令和２年度は、新型コロナウイルス感染症の流行のため対面での機会を設けることができず、Ｃ交流（間接交流）のみの実施となった。ビデオレターや掲示物などを作成して、メール便等でやり取りをした。

① **ビデオレターでやり取りする場合**

【活動例】自己紹介、学校紹介、学校での活動の様子、行事の様子、届いたビデオレター視聴の様子など

② **作品や手紙でのやり取りをする場合**

【活動例】自己紹介の新聞や掲示物、手紙、行事のポスター、合作など

③ **オンラインでのやり取りをする場合**

【活動例】自己紹介、ゲーム、絵本の読み聞かせ、歌やダンスなど

　間接交流ではあったが、本校児童生徒の好きな音楽や興味のある内容等の情報を事前にやりとりして実施したところ、居住地校の児童生徒が好きな歌を演奏したり、興味のある事柄についてのクイズを出したりするなど工夫を凝らして取り組む様子が見られた。本校児童生徒も送られてきたビデオレターを繰り返し見て喜ぶなど、関わりを楽しんでいるように思われた。

5 成果と課題

　本校の児童生徒にとって、他校の児童生徒やいろいろな地域社会の人々と活動を共にすることは、好ましい人間関係を育てる上で非常に有意義であることは論を待たない。居住地校交流では、初めて地域の学校に行って緊張してしまうこともあるが、このような経験が、将来の社会生活を送る上でのコミュニケーション能力や新たな経験に向かう力となり、力強く生き抜く力へつながる。居住地校に在籍する児童生徒にとっても、通っている学校は違うが同じ学区で生活している児童生徒がいることを知ることは、地域で共に生きていくという観点からも重要なことである。特に東日本大震災という未曾有の災害の経験からも大きな意味を持つと考える。

　令和２年度からは、コロナ禍により、直接交流が難しくなり、Ｃ交流（Zoomを用いてのオンライン交流や作品を介しての交流等）が増えた。直接交流のようなインパクトや経験の豊富さを得ることが難しい面はあるが、「初めての経験」が苦手な児童にとっては良い事前の体験とすることができたり、送付していただいたビデオレターの好きな部分を繰り返し見て興味が深まったり、時間に縛られず経験できたりというメリットもある。今後、直接交流がで

きるようになったときの選択肢が増えたと捉え、より良い活用の方法を探っていきたい。また、居住地校交流の対象として、居住地校の特別支援学級を希望する保護者も増えてきたので、今後の検討課題としたい。

　交流及び共同学習の相手校である、鶴谷中学校の校長先生から以下のような話をうかがった。令和2年度、新型コロナウイルス感染症の急拡大があり、直接交流ができなくなったので、作品を介した交流を行うことになった。対象は1年生であったが、それを聞いた生徒会の2・3年生から「ぜひ、私たちも参加させてほしい」と申し入れがあったそうである。教師から声を掛けたのではなく、生徒の間から自主的に声が上がったことがとてもうれしかったと笑顔で話してくださった。鶴谷中学校は、鶴谷小学校と鶴谷東小学校の児童が進学する中学校で、生徒たちは自分たちが学んだ小学校で交流及び共同学習を経験している。このような積み重ねが生徒たちの豊かな心を育む一助になったのではないかと考える。

6　本事例のポイント　　　　研究推進委員　梅田　真理

　仙台市立鶴谷特別支援学校は唯一の仙台市立特別支援学校であり、創立後まもなくから地域の小・中学校と学校間交流を行っています。その長い歴史と積み重ねた実績から、本報告の最後にあったような、交流校の「生徒自らが交流したいと希望する」素地が育まれたのだと考えます。交流校の児童生徒が、自分たちが暮らす地域に障害のある児童生徒が通う学校があること、障害のある児童生徒であっても自分たちと同じように学び、感じ、暮らしていることを、関わることを通して知ることが大切だと思います。

　一方、居住地校交流は「交流校へ出向く」という形態から、児童生徒にとっては非常に強い緊張を伴います。その緊張を和らげるためには、本報告で紹介された事例のように、交流校との丁寧なやりとりや、交流校児童生徒への事前学習の実施、活動の内容や構成の工夫など事前準備が欠かせません。もちろん、そこには本人や保護者の希望が反映されることも大切です。また、児童生徒の障害の状態に合わせた活動内容の工夫も重要です。そのため、一回の居住地校交流を行うために、両校の担当者が何度も打合せをもつことが必要ですが、その打合せを通して共通理解が図られ、児童生徒が安心して活動できる基盤が作られると考えます。そしてこのような良質な交流及び共同学習の経験が、双方の児童生徒に「またやってみたい」という次への意欲を生むと考えます。本報告の背景には、そのような良質の体験を目指す先生方の熱意があります。

　コロナ禍の状況の中では、通常の交流及び共同学習は困難ですが、本報告にあるようにオンラインによる交流や動画を通した交流は新たな選択肢です。事例でもビデオレターの活用が挙げられていましたが、直接交流が可能になっても、継続して活用していただきたいと思います。

宮城県名取市立不二が丘小学校

校長　庄子　信広

1　学校概要

　名取市立不二が丘小学校（以下、不二小）は仙台市の南部に隣接する名取市にある。開校から52年が経過し、昭和61年度には、名取養護学校の新設の関係で光明養護学校名取分校の児童生徒を半年間東校舎に受け入れたり、平成23年の東日本大震災で被災した市内の閖上小中学校が7年間併置されたりした歴史がある。児童数は令和3年度239人で、温和で思いやりのある子供が多い。立地する地域は高齢化が進んでいるが、公民館を中心にした地域活動や地域学校協働活動が盛んである。

　令和元年度、東校舎に宮城県立名取支援学校名取が丘校（以下、名取が丘校）が設置され、県内で5番目の特別支援学校分校を敷地内に有する学校となった。

　名取が丘校の学区は、岩沼市全域と名取市の一部となっていて今年度は16人の小学部児童がスクールバス等を利用して通学している。両校は中央校舎と東校舎を結ぶ連絡通路でつながっている。

中央から奥：不二が丘小、右手前：名取が丘校

　不二小の学校経営方針として校名に由来する「二つとない学校」「二つでない学校」を掲げ、実現に向けた柱を「名取が丘校との交流及び共同学習を通し、共生社会の実現に向けた担い手を育成する」とし、下記のように学年部ごとに交流のテーマを設け交流及び共同学習を行っている。

学年部等	テーマ
低学年部	"出会い" 同じ活動を通して自然なふれあいで交流する
中学年部	"学び" 障害について学び交流を深める
高学年部	"考える" 障害のある人の立場に立って物事を考える
支援学級	"協力する" お互いの良さを見つけ協力する

2　宮城県教育委員会の方針及び支援

　宮城県教育委員会では平成25年に「特別支援教育将来構想」を策定し、その基本的な

考え方として「障害の有無によらず、全ての児童生徒の心豊かな生活と共生社会の実現を目指し、柔軟で連続性のある多様な学びの中で、一人一人の様々な教育的ニーズに応じた適切な教育を展開する。」ことを目的としている。

　3つの目標を掲げ、目標1として「自立と社会参加」を挙げ、心豊かな生活を実現するための一貫した指導・支援体制の整備を目指している。目標2として「学校づくり」を挙げ、障害のある児童生徒の多様な教育的ニーズに的確に対応した体制・整備を目指している。目標3として「地域づくり」を挙げ、地域社会への参加を推進するための環境整備と共生社会の実現に向けた関係者の理解促進を目指している。

　これらを実現する一つとして「共に学ぶ教育推進モデル事業」を推進し、小・中・高等学校の中からモデル校を指定し、指導主事や外部の専門家を積極的に市町村教育委員会に派遣している。また、共生社会の形成に向けた役割等について理解を十分なものにするよう、市町村教育委員会に特別支援教育の経験が豊富な職員の配置や教育相談を適宜行うことができるよう、退職した職員を非常勤職員として配置するなど教育支援体制づくりに努めている。

3　居住地校交流を中心にした交流及び共同学習の実施状況

	居住地校交流		学校間交流		備　　考
	R1	R3	R1	R3	
1年			1		むかしあそび
2年	1		1		居住地校学習
3年					
4年		1	1		合唱発表、居住地校学習
5年				1	不二小米を作ろう
6年				1	仲よくなろう
なかよし			5	5	共同学習、行事交流
全校			2	3	業間マラソン、新しい友だちを迎える会、ふじの子元気まつり、合同避難訓練

　日常的な交流としてスクールバスの乗降を名取が丘校のある東校舎側ではなく、西校舎側にしていることから、名取が丘校の児童は、登下校時に必ず、不二小の中央校舎の特別支援学級、1・2年生教室前を通る。また、名取が丘校は、不二小の体育館やプールを使用しているので、行き来の際、不二小児童と自然な形で関わる機会が多い。その他に、入学・卒業時に「よろしくね」や「おめでとう」、運動会時に「がんばれ」などのメッセージを名取が丘校で製作し、不二小児童昇降口や中央ホールなどに掲示し、自分たちの思いを伝えるなどの活動を継続し、それが、日常的な交流の一つになっている。そのため、名取が丘校に本校の居住地校学習対象の児童は在籍しているものの、既に日常的な関わりが行われているため、保護者は敢えて居住地校学習と捉えず、現状で交流及び共同学習の目

的が達成されていると考えている。

4　特徴的な交流及び共同学習の事例

（1）全校的な学校間交流

　全校的な交流としては、新しい友達を迎える会、合同避難訓練、ふじの子元気まつり等を行った。前述の日常的な交流を継続していることもあり、直接互いに触れ合うことのできる児童会行事ふじの子元気まつりでは、3〜6年の各教室で名取が丘校の児童にも活動を楽しんでもらおうと熱心に説明する不二小児童の姿が見られ、名取が丘校児童の笑顔が見られることで充実感を得ていた。

　令和元年度は週1回、業間マラソンを行い、校庭を一緒に走った。

（2）特別支援学級の交流及び共同学習

　名取が丘校開校当初から、日常的に特別支援学校児童が支援学級の前を通ることから登下校時の挨拶交流を行っている。行事単元での交流、週1回の体育の共同学習は両校の教育課程に位置付け実践を重ねている。行事単元での交流では、「七夕会をしよう」「さつまいもを育てよう」という活動を柱にしている。「七夕会をしよう」では、不二小児童が七夕飾りを作成し、「飾

りを喜んでくれるかな」といった期待感を持ち「一緒に飾り付けがしたいな」といった思いで活動することを楽しみにしたりする様子が見られた。

　七夕会は回を重ねるごとに、自分たちが活動の中で役割を果たすことによる達成感や名取が丘校児童とゆっくり交流ができる充実感が増してきている。「さつまいもを育てよう」では、苗の植え方やいもの掘り方を教えながら一緒に活動できるようになり日々の積み重ねが感じられ交流の大切さを実感している。

　体育の共同学習では、前年度中に木曜日の3校時を合同体育の時間として割り当て、新しい単元前に特別支援学級担任と名取が丘校の体育の担当者間で学習計画や内容の確認を行っている。特別支援学級児童にとっては単独の体育では味わえない集団での運動ができることから、サーキット運動では動く速さを意識したり、きれいなフォームで自分の技を披露したりして手本となれるよう意欲的に取り組んでいる。またボール運動では、協力してボールを運ぶために歩く速さや持つ高さを相手に合わせるといった相手を意識しながら運動する様子が見られている。

（3）学年ごとの学校間交流

1）5年生　総合的な学習の時間「不二小米をつくろう」

　不二小5年生（以下、5年生）では「不二小米をつくろう」の単元で、高学年のテーマである「"考える"障害のある人の立場に立って物事を考える」をもとに、交流及び共同学習を両校で考え、田植え体験活動、稲刈り体験活動を一緒に行った。

　田植え体験活動中は、直接交流する機会が1年以上もなかったこともあり両者が緊張し、5年生はどのように名取が丘校のAさんに関わればいいのか戸惑う姿が見られた。Aさんも終始緊張した様子で、担任から離れることはなかった。

　Aさんが体力づくりの途中で学習田を観察し、生育記録をまとめ、不二小5年教室へ届けてくれたことがきっかけとなり、一生懸命自分たちのために（生育状況の確認を）努力してくれたことが伝わり、交流をさらに深めることになった。

　稲刈りの頃になると互いの距離感が近くなり、5年生はAさんの名前を覚え「A君、いっしょにやろう」、「うん」などと声を掛け合う姿が見られた。また、5年生が刈った稲をAさんが受け取って運ぶなど、協力して活動する姿が見られた。

　交流後の児童へのアンケートからは、5年生がAさんのために「何かしてあげられることはないか」ではなく、「一緒に何ができるか」というインクルーシブな考え方を持てるように成長した。交流を重ねる毎に、互いの心の距離が近くなっていることが関わり合い方から感じられ、継続的な交流が自然なつながりに変化していった。

2）6年生　総合的な学習の時間「仲よくなろう」

　単元の実施時の6月は感染予防のこともあり直接交流は難しかったことから、児童の発案で不二小の施設の紹介とともに一緒に活動したいという願いをメッセージに込めたビデオ動画の制作に取り組むことにした。1カットに2〜6人の児童が出演して、最後のカットでは体育館で6年生49人全員がダンスを踊り「仲よくなろう」と全員で声を合わせ、約10分にまとめた。

　完成後児童代表4人がiPadを持って名取が丘校を訪ね、制作の意図を伝

え担当者にエアドロップを用いて渡した。後日名取が丘校児童に視聴してもらい、とても喜んでいたことを伝えられ、自分たちの思いが通じたことで6年児童は充実した表情をしていた。

　今回はビデオ動画を用いた間接交流であった。メリットとしては名取が丘校の学習計画に合わせた視聴が可能であり、繰り返し見られることから活用の自由度は高い。デメリットとしては、交流相手の表情や反応に応じた双方型の交流ではないので、相手校児童一人一人の理解や共感の点では深めることに難しさが残った。

（4）居住地校学習

　宮城県の居住地校学習は特別支援学校の在籍はそのままで、年2～3回の実施が多い。不二小では学区内に居住する2名の名取支援学校本校在籍児童と平成24年からのべ10回居住地校学習を行っている。令和3年度、居住地校学習の対象となる児童は1名である。支援学校児童にとって初めての交流となる2年生時は不二小の雰囲気に馴染めることをねらい、様々な表現活動が行える音楽で交流を行うこととした。

　不二小の児童の中には同じ幼稚園に通った児童や家が近所の児童もおり、自己紹介では、名前以外にも「好きな食べ物」「得意なこと」などを話し、自分のことを知ってもらおうと意欲的に取り組んだ。

　音楽の活動ではメロディーを歌と楽器で交互に表現したり、鍵盤ハーモニカやカスタネットで追いかけて演奏したりした。交流後の感想では違う学校で頑張っている同じ学年の友達がいることが分かり、一緒に楽しく活動できたことは貴重な体験になった。

　4年生時は年度当初のコロナ禍により、直接交流ではなく、自己紹介やクラス・行事の紹介を中心に間接交流を行うことを相手校担任と年度当初に確認した。

　7月に顔写真入りの自己紹介カードが届くと、「2年生の時に会ったことがある」「幼稚園が一緒だったので、仲良く遊んだ」と児童からの反応があった。幼少期に、共に学んだことや2年生時に行った交流を行ったことで培われてきた心は途切れていないことが分かり、交流を積み重ねることの大切さを実感した。その後不二小から運動会の紹介と自己紹介を行う予定だったが、自己紹介カードのみの交流となった。「早く一緒に遊びたい」や「（支援学校の畑で）おいしいサツマイモができるとよい」などの言葉を、相手に伝わるようにひらがなを中心に丁寧にカードにまとめた。

（5）地域・保護者との関わり

　名取が丘は地域学校協働活動が盛んな地域で、地域コーディネーターを中心に読み聞かせ・装飾・ミシンボランティアが定期的に学校に訪れ、児童の支援に当たっている。その地域コーディネーターに不二小と名取が丘校の学校評議員を務めていただき、地域交流の橋渡し役を担っていただいている。

5 成果と課題

○新型コロナウイルス感染予防に留意しながらではあったが、５年生のように短時間でも直接交流を継続することは、互いの心の距離が縮まることにつながった。事後に行った児童へのアンケートから「一緒にできることはないのか」と考えられるようになったことは活動のバリアフリーだけではなく、心のバリアフリーが育まれた証と捉える。改めて直接交流をすることの大切さや意義を実感した。

○居住地校学習は年２回の交流ではあるが、支援学校児童と関わる機会が多い併置校の特性もあり、一緒に活動することに親和的で、交流相手を思いやる言動が見られた。普段会えない交流相手に対しても今後さらに活動を積み重ねることで、本校の目指す共生社会の実現に向けた担い手として成長を期待したい。

○不二小の地域コーディネーターが、名取が丘校と地域がつながるきっかけを作った。不二小の保有する地域の人的資源の共有化を図ることで、地域住民と交流する土台になるとともに障害のある子の教育を地域に発信する足掛かりになった。

●学年ごとの直接交流は互いの距離が近づき相手を理解するのによい機会で全校的な交流では得られないメリットがある。しかし学年によっては、年一回の実施にとどまっているのが現状で、一歩深められない状況にある。名取が丘校の教育課程や授業時間の違いの関係もあり、学年ごとの直接交流の回数を増やすことには大きな課題がある。両校児童の育てたい力を再度確認し、充実した交流及び共同学習を模索していきたい。

●この２年間感染症の拡大により、直接交流を前提としていた計画が大幅に変更または中止となった。両校の工夫で実施できたものもあるが、このような不測の状況に対応できるよう、オンラインやビデオなどのICT機器の活用も含めた多様で物理的な距離を縮められるような方法を検討し計画に組み込んでいきたい。

6 本事例のポイント

研究推進委員　大西　孝志

　児童が居住地校学習の継続によって、お互いを知り、楽しく活動を行い、その時間の目標を達成するためには、時間と回数が必要です。現在は、その内容によってはオンラインを活用することによって移動時間や移動手段を考えずに交流及び共同学習を行うことも可能になりつつあります。しかし、子どもたちが同じ教室・場で直接出会い、コミュニケーションしながら学び合うという学習の形態を確保することは重要です。

　本事例の名取市立不二が丘小学校と宮城県立名取支援学校名取が丘校で行われている居住地校学習及び学校間交流は、以下２つの点が優れていると思います。

5　小学校内にある特別支援学校分校との取組

（1）同じ校舎での居住地校学習、学校間交流

　　児童が校内の施設を共用しているために、ごく自然な形で顔を合わせることになります。登下校時に顔を合わせる、挨拶を交わすといった短い時間のコミュニケーションでもそれが毎日となると成果が積み上がります。児童にとっては互いに顔見知りの関係となるからです。その素地の上に、授業や行事での交流が繰り返されていくので、一緒に活動することになっても「自己紹介」「相手校の説明」といった、通常の交流及び共同学習で時間を割かねばならないものが不要です。全国的にも特別支援学校の分校を小・中学校内に設置する、高等学校と特別支援学校を同じ（隣接する）敷地に設置するという取組が行われていますが、このような学校においては一堂に、回数、時間が増えたことによる、交流及び共同学習の質の高まりを実感しています。今後、新しい特別支援学校を設置する際には、出来るだけ地域の学校と行き来がしやすい立地を考慮することも大切だと思います。

（2）時間割調整による共同学習の時間の確保

　　特別支援学級と特別支援学校の体育の時間をそろえて共同学習の機会を増やすという取組は、両校の教員が一緒に学ぶことのメリットを共通理解していなければ出来ません。今後は、通常の学級も含め、特別支援学級と特別支援学校が一緒に活動できる時間、活動を見つけて共に学ぶという機会を増やしていくことが大切です。教科、ALTを招いての外国語活動、遠足などの行事を両校が児童の実態に合わせて企画し、実際の活動は同じ場・時間に行うといった取組も考えられます。このような交流及び共同学習も（1）で述べた、両校の距離が近いという地理的優位性に支えられるものです。同じ校舎、近くの校舎だから可能な取組を実践し、広く発信してもらいたいと思います。

6 | 聴覚障がい部門における居住地校との交流

山形県立酒田特別支援学校

校長　草間　智弘

1 | 学校概要

　本校は平成23年に山形県内初となる聴覚障がい教育部と知的障がい教育部を併置した学校として開校した。

　聴覚障がい教育部は、昭和23年に開校した山形県立酒田聾学校の伝統を受け継ぎながら、幼稚部、小学部、中学部を設置し、乳幼児教育相談や小・中学生を対象とした通級による指導も行っている。知的障がい教育部には小学部、中学部、高等部が設置されている。

聴覚障がい教育部

知的障がい教育部

　聴覚障がい教育部の学区は庄内・最上地域で県全体の半分である。知的障がい教育部の学区は酒田市と遊佐町である。令和3年度は95名の児童生徒が在籍し、教職員総数80名で教育を行っている。

　学校教育目標を「学びを楽しみ、より良く生きる人を育てる」として、学校経営方針の柱に「幼児児童生徒一人一人の教育的ニーズに応じた適切な教育の実施」「地域の特別支援教育のセンター的役割を果たす」を掲げている。また、「インクルーシブ教育システムの考え方を踏まえ、交流及び共同学習の推進」を重点の一つとして交流及び共同学習の推進に力を入れている。

本校の通学区域（令和3年度）

酒田市
遊佐町
知的障がい教育部

鶴岡・田川
新庄・最上
聴覚障がい教育部

6　聴覚障がい部門における居住地校との交流

　本校の交流及び共同学習の始まりは、山形県立酒田聾学校時代の酒田市立西荒瀬小学校、酒田市立第五中学校（現在は統廃合し、酒田市立第一中学校）との交流に端を発している。その後、山形県立酒田工業高校（現在は統廃合し、山形県立酒田光陵高校）との学校間交流や西荒瀬保育園との交流などに広がった。また、酒田聾学校では大集団での経験を通して、社会性や積極性の育成、聴覚障がい教育の理解推進をねらいとして居住地校交流が定期的に行われ、それが現在の交流及び共同学習や居住地校交流の活動内容にもつながっている。西荒瀬地区との地域交流は、酒田聾学校時代から活発に行われている。現在は知的障がい教育部門の児童生徒との交流活動も行われており、小学部は「新春お茶会」「チャレンジデー（歩く活動）」、読み聞かせサークルの本校訪問、中学部は西荒瀬地区農協青年部の方々を講師に本格的なさつまいもやトマトの植え付けを行っている。

　高等部はバザーやリサイクル活動、コミュニティーセンターの清掃など発達段階に応じた活動を行っている。

2　教育委員会の方針及び支援

　山形県教育委員会では平成30年に第3次山形県特別支援教育推進プランを作成し、基本目標の一つとして「インクルーシブ教育システム構築の考え方を踏まえて特別支援教育を充実させる」を掲げ、具体的施策として「インクルーシブ教育システムや共生社会についての周知、啓発」「障がいのある人への理解の促進」「合理的配慮の普及と提供の促進」「交流及び共同学習の推進」に取り組んでいる。

　令和2年度より「共生社会を作る理解推進事業」として表のような事業を県内すべての特別支援学校を対象として推進している。

> 【共生社会をつくる理解推進事業】（山形県教育委員会）
> 1　地域とつながる体験発信事業
> ・特別支援学校の地域交流を支援
> ・地域の人材を活用した豊かな体験活動
> ・特別支援学校の特色を地域に発信する活動
> 2　居住地校交流拡大事業
> ・市町村教育委員会と連携し小中学校への理解啓発
> ・特別支援学校に後補充ボランティアを補充
> 3　共生社会をつくる交流事業
> ・学校間スポーツ交流会の実施と拡大

　「地域とつながる体験発信事業」では、地域の読み聞かせサークルによる絵本の読み聞かせや地域の伝統芸能を体験できる授業を実施している。本校では「酒田北前太鼓」の体験を行っている。また、特別支援学校各校で学校紹介パネルを作成し、山形県教育委員会主催の「教育支援地方研究協議会」（県内4会場で実施）で展示するとともに山形県庁内の「ジョンダナホール」にも期間限定で展示し、特別支援学校の特色を地域に発信している。

　「居住地校交流拡大事業」では、県内4か所の教育事務所等で行われる教育課程研究協議会等で小中学校への理解啓発を行っている。知的障がい特別支援学校への後補充ボランティアの配置では、居住地交流等で担任が交流先に引率する場合に、特別支援学校での支援体制を補うことができ、交流及び共同学習の推進に活用されている。

　「共生社会をつくる交流事業」では、地域ごとにパラスポーツ交流会を行っている。令和元年度には、鶴岡市小真木原総合体育館で本校、鶴岡養護学校、鶴岡高等養護学校生徒が集い、山形県障がい者スポーツ協会の協力を得ながら、大学生等との交流を行うことができた。また、特別支援学校各校へボッチャやフライングディスク等の整備を行っている。これらの事業は令和3年度も継続しているが、交流の多くは新型コロナウイルス感染症の影響でほとんど実施することができなかった。

3 居住地校交流を中心とした交流及び共同学習の実施状況（令和元年度）

〇内は一人当たりの平均回数

教育部門	学部	居住地校交流	学校間交流	地域交流
聴覚障がい	幼稚部	G 幼稚園⑨ H 保育園②	西荒瀬保育園④	読み聞かせ③ 北前太鼓体験①
	小学部	A 小学校㊵ B 小学校② C 小学校② D 小学校① E 小学校①	酒田市立西荒瀬小学校③	読み聞かせ② 北前太鼓体験① 干し柿体験① 切干大根づくり①
	中学部		酒田光陵高等学校③	読み聞かせ① 北前太鼓体験①
知的障がい	小学部	F 小学校①	酒田市立西荒瀬小学校①	読み聞かせ② 北前太鼓体験① 新春お茶会①
	中学部			そば打ち体験①
	高等部			北前太鼓体験① 遊佐町ツーデーマーチ① さつまいも植え付け① 商業施設でのバザー

　この他に学校全体で山形県立酒田西高等学校音楽部との交流、山形県立酒田光陵高等学校生徒による iPad 充電機能付き保管庫の寄贈を本校児童生徒会が受領し交歓会を行うなどの学校間交流も行っている。また、鶴岡市出身の絵本作家土田義晴氏との交流を通して酒田市美術館で企画展を毎年開催している。

　令和元年度には、酒田市の文化芸術推進プロジェクトとして、若竹ミュージカルに高等部生徒が参加した。若竹ミュージカルは東京学芸大学附属特別支援学校卒業生と支援者による団体で、ミュージカル当日は 1,000 名収容の「酒田希望ホール」が満席となる盛況で地域の方々との貴重な交流の場となった。

4 特徴的な居住地校交流の事例

　ここでは、聴覚障がい教育部の子供たちが地元の小学校への就学を目指し、地域の仲間

6 聴覚障がい部門における居住地校との交流

と一緒に学べる環境づくりを目指して行った特徴的な4例を紹介する。

（1）居住地の小学校への転校を目指した居住地校交流

① 小学部4年　Aさん（現在はA小学校在籍）

　乳幼児期に聴覚障がいのあることがわかり、本校の定期乳幼児教育相談・幼稚部を経て本校小学部へ入学。幼稚部3歳児学級では保護者はインテグレーションを考えていなかったが、同年代の子供との交流機会を増やすために西荒瀬保育園との園交流を行った。

　小学部入学後は、A小学校での行事参加を中心にした居住地校交流を行っていた。交流で友達が増えたことや小学校での学習に慣れてきたことから、小学部5年生からはA小学校への転校を希望するようになった。そこで、小学部3年生までは通常の居住地校交流を行っていたが、小学部4年生からは、次年度からの転校（インテグレーション）を想定した居住地校交流を行った。A小学校への説明を行い、小学校5年生からの学習や集団活動について、課題や工夫などの情報を共有しながら年間40回以上の居住地校交流を行った。定期的な居住地校交流を行う一つの方策として、クラブ活動交流を行い、毎週クラブ活動のある日にはA小学校で活動した。

　小学校5年生からは、A小学校に新設された難聴特別支援学級に在籍し、仲間と共に楽しく学んでいる。

② 小学部3年　Bさん

　乳幼児期に聴覚障がいのあることがわかり、本校の定期乳幼児教育相談・幼稚部を経て本校小学部に入学した。小学部入学時に、保護者は小学部4年生頃からのB小学校への転校を希望していた。小学部2年時点では、聞き取りの仕方やコミュニケーション面での課題が多かったが、保護者は4年生からの転校を強く希望していた。小学部3年時の居住地校交流の様子を保護者も見学するなど、居住地校交流を活用してBさんが小学校での生活で必要なスキルについて検討していった。今後、小学部4年生時には居住地校交流の相手校にも説明を行い、年間を通した居住地校交流を行うことで、小学校5年生からの転校を目指している。

（2）居住地の小学校への就学を目指した居住地園交流

① 幼稚部　Cさん（現在は居住地小学校難聴特別支援学級在籍）

　本校から約60キロ離れた居住地から毎日通学していた。定期乳幼児教育相談を経て幼稚部に入学した。本校幼稚部在学中に基本的な生活習慣やコミュニケーションの成長があり、幼稚部修了後は地元の小学校に就学することを目指していた。幼稚部4歳児学級在籍時から本格的な居住地園交流を行うこととしたが、幼稚園は必ずしも小学校学区と一致しておらず、交流先についてはCさんが就学予定の小学校へ在園児の約4割が就学するG幼稚園とした。年間6回程度の交流を計画し、幼稚園行事を中心として定期的に居住地園

交流を実施した。

　居住地園交流を続ける中で、コミュニケーションの取り方が上手になり、自分から積極的に関わるようになった。また、幼稚園児にも変化が見られ、Ｃさんと良好に意思疎通できる幼稚園児が増えてきた。就学先小学校には難聴特別支援学級が設置されていなかったので、既設の小学校難聴特別支援学級をいくつか見学して小学校生活の見通しを持ち、幼稚園の友達と一緒に小学校へ就学した。

② 　幼稚部　Ｄさん

　本校から70キロ以上離れた居住地から毎日2時間近くかけて通学している。定期乳幼児教育相談を経て3歳児学級に入学し3年間通学して令和3年度で修了、4月からは地元の小学校に入学する。

　本校入学前から地域の認定こども園・保育園に在園していた。本校入学後も居住地の小学校への入学を想定し、地域の同年代の友達との活動を大切にしてきた。

　地域の認定こども園・保育園は非常に理解があり、定期的な交流や行事交流を行うことができた。聴覚障がいへの専門的な指導で集団学習のスキルなどを学ぶことと並行して同じ小学校で学ぶことになる子ども集団の活動も大切にしながら3年間本校で学ぶことができた。

　地元小学校入学時は難聴特別支援学級が新設され、難聴特別支援学級に在籍しながら地域の友達と一緒に学ぶ予定である。

5 ｜ 成果と課題

　インクルーシブ教育システム構築のためには、切れ目ない支援体制の中で、幼児児童生徒に対しての教育的ニーズについて、自立と社会参加を見据えながら、専門的指導を受けられる環境と同時に、障がいのある子もない子も同じ場で共に学ぶ環境を用意することが大切である。本校聴覚障がい教育部では幼稚部修了時点、小学部低学年修了時などに、いわゆる「インテグレーション」という形で学びの場を検討してきた。

　その際、地域の小学校に行って騒音のある環境での学びが可能か、友達関係をうまく築くことができるか、大人数でのコミュニケーションが可能か、というような学力面だけではない課題への対応が必要なことがあった。対応の一つとして居住地園・校交流を活用し、「小学校就学」という目的を持ちながら交流及び共同学習を実施していく中で、環境整備、子ども同士のかかわり方における指導者の配慮事項、聴覚障がい教育特別支援学校からの小学校への専門的なアドバイス、居住地域教育委員会も含めた情報共有などを行うことができたことが大きな成果である。

6　本事例のポイント　　　　　　　研究推進委員　大西　孝志

　酒田特別支援学校は開校11年目の新しい学校ではあるが、その前身は昭和23年開校の酒田聾学校であり、そこで培われてきた交流及び共同学習の成果が現在に続いている。本稿は聴覚障がい部門の特徴的な4つの交流が紹介されている。

　聴覚特別支援学校においては、「共生社会の形成に向けたインクルーシブ教育システム構築のための特別支援教育の推進（報告）」の中で「多様な学びの場」の提言がされるずっと以前からインテグレーション（特別支援学校から小学校等へ学びの場を変更すること）が行われていた。特に知的発達に遅れがない幼児児童生徒の場合、幼稚部修了後、小学校へ転学。小学部2年生修了後、3年生から小学校へ転学し難聴特別支援学級に在籍するといったケースである。私自身、担任していた児童が小学校に転校した経験がある。聾学校の児童の方が手厚い指導を受けて、小学校に行っても学力は上位ということもあった。

　しかし、転校に当たって心配の種は尽きなかった。小学校の集団でうまく学んでいくことができるか、補聴器等は装用していても30人の子どもの騒音が教師の声を聞き取りづらくしないか、聞こえにくさがあることでいじめられないか、自分から「聞こえないからもう一回話してください。書いてください」と言えるかなどである。その際、本事例で紹介されているように、学びの場の変更を意図し、回数や時間を多めにとったお試し転校の形をとった居住地校交流は、転校に伴う課題が明らかになり、場合によってはもう少し特別支援学校（小集団）で学んで、自立活動等で課題を解決するといった目標を立てることもできる。

　回数を多く、期間を長くとる居住地校交流の場合ほど、教科学習の内容・進度を揃えるといった、事前の綿密な打ち合わせを行うことが必要になるが、本事例では、学校・担任間の連携が綿密で、それが幼児児童の多様な学びの場の変更にうまく反映したといえる。

7 | 学びの連続性を意識した居住地校交流

福島県立会津支援学校

校長　加藤　香洋

1　学校概要

　本校は、福島県会津地区の知的障がいがある子供たちのために、平成 2 年 4 月に小・中学部が通学制の「会津養護学校」として開校した。平成 4 年 4 月には高等部が開設され、平成 29 年度には「福島県立会津支援学校」と校名を変更し、令和 4 年 1 月現在、217 名の児童生徒が学んでいる。

　令和 3 年度、学校経営・運営ビジョンの「児童生徒の学びの充実」において、交流及び共同学習の推進を位置付けている。一人一人の児童生徒が、歴史あるこの地で、ふるさと会津を愛し、会津の良さを学びながら、地域の中で自分らしく生き生きと生活していくことができるよう、自立と社会参加を目指し、日々の学習活動に取り組んでいる。

　小学部では 4 年生以上が会津若松市立神指小学校と学年単位で、中学部では福島県立会津学鳳中学校と学部単位で、高等部では福島県立会津工業高校と作業学習班単位での交流を行っている。また、高等部の作業学習では、近隣のこども園の園児との落花生の種植え、収穫作業での交流や、会津若松駅や地域の福祉事業所、自然の家等でのボランティア清掃作業による地域との交流も行っている。

　さらに、8 年前から小学部では希望する児童が、居住する地域の小学校での居住地校交流を行っている。毎年 10 名前後が年間 1 〜 2 回、居住地の小学校で交流及び共同学習を行っており、地域で共に学び、共に生きる共生社会の形成に向けた取組を継続している。

2　教育委員会の方針及び支援

　福島県教育委員会では、平成 24 年度に改定した第 6 次福島県総合教育計画の基本目標「知・徳・体のバランスのとれた、社会に貢献する自立した人間の育成」の実現に向けて、インクルーシブ教育の構築と、各学校や地域の人々との交流及び共同学習を推進してきた。

　さらに、令和 3 年 12 月に策定された、第 7 次福島県総合教育計画（2022 年度から2030 年度まで）では、「学びのセーフティネットと個性を伸ばす教育によって多様性を力に変える土壌をつくる」ことが主要施策として掲げられた。その主な取組として「地域

で共に学び、共に生きる共生社会の形成に向けた特別支援教育の充実」のために、多様な学びの場や交流及び共同学習の一層の充実・整備の推進について示された。

　また、「第二次福島県立特別支援学校全体整備計画」に基づき新しい特別支援学校の整備が進められており、高等学校内に併設される特別支援学校を中心に、交流及び共同学習をより一層推進し、多様性を認め合う特色ある学校づくりを目指している。

　なお、本校の交流及び共同学習を進めるに当たっては、学校間交流、居住地校交流ともに、相手校を所管する市町村教育委員会と連携をとりながら実施している。

3　居住地校交流を中心とした交流及び共同学習の実施状況

【過去5年間の状況】

	居住地校交流			学校間交流	
	実施人数	実施校数	実施回数	実施学年	実施回数
平成29年度	10名	9校	1～2回	4～6学年	直接交流2回
平成30年度	9名	7校	1～2回	4～6学年	直接交流2回
平成31・令和元年度	17名	13校	1～3回	4～6学年	直接交流2回
令和2年度	3名（11名）	3校（8校）	1回	4～6学年	リモート1回
令和3年度	6名（10名）	6校（9校）	1回	4～6学年	リモート1回（4学年は3回）直接交流1回

＊（　）は、年度当初予定していた数。新型コロナウイルス感染症の感染拡大により、年度途中で減った。

4　特徴的な居住地校交流の事例

○小学部【居住地校交流】

（1）「居住地校」と「家庭」の協力体制のもと交流が充実した実践事例

①　A児（第3学年から第6学年）の事例から

　第3学年より居住地にある小学校での交流を開始した。初年度は2時間程度の活動であったが、第4学年からは相手校からの提案で、給食を提供していただき、ゆとりをもって午後までの交流活動をすることができた（令和2年度を除く）。

　特別支援学級を拠点とした活動や給食の時間を過ごし、該当学年の通常の学級の音楽や体育の授業にも参加するという当日の活動の流れを固定化した。年間2回の実施ではあったが、特別支援学級を軸に安心して過ごしな

がら関わりを広げ、居住地校でのA児の存在感を高めていくことができた。また、A児が普段の音楽や生活単元学習で既習した内容を特別支援学級の会活動に取り入れてもらったり、通常の学級で行う音楽や体育の題材を事前に経験したりすることで学習がつながり、当日の見通しと、「みんなと同じようにやってみたい」という意欲となり、ゲストとしてではなく共に学ぶ場面を作ることができた。さらには、音楽の授業で演奏する鍵盤ハーモニカの練習を家庭学習（宿題）でも取り組んでもらうことで、本人が自信をもって学習することにもつながった。母親がA児を連れて兄弟の送迎等で居住地校に行くと、友達が声を掛けてくれるようになり、保護者も交流の成果を実感することができた。

② B児（第2学年）の事例から

　B児は、初めての場所、慣れない場面でどのような反応を示すか予想が難しい児童である。打ち合わせ当初、居住地校の担当学級の担任から「B君にとって良い経験となり、本校の子供たちにとっても実りのある交流にしたい。」との話があり、全面的な協力体制のもとに進めることができた。B児の実態（興味関心・既習内容）や配慮事項、交流の個別のねらい等の詳細について伝えると、居住地校の担任から活動内容や具体的な配慮について様々な提案があり、当日の動きや活動計画をより吟味して決定することができた。居住地校の児童に対しては、B児にどのように関わることで交流が深まるか等を話し合い、丁寧に事前学習を行ってもらった。さらには当日活動する施設の写真をメールで送信してもらい、場所を示す携帯用の写真カードを作成する等の準備も進めた。居住地校の担任と一緒に、B児が安心して交流に参加できるよう綿密に準備を整えたことで、当日はスムーズに教室内に入り、自分なりの表現で自己紹介をし、友達からの関わりを受け入れながら落ち着いて活動を楽しむことができた。居住地校の児童についても、活動の中で自分の役割を果たしながら、B児とそれぞれの方法で関わる姿が見られ、初年度としては有意義な交流をすることができた。家庭においては、祖母や父親が同じ小学校出身であったことから家庭内でも話題にしたり、写真カードを使って交流に行くことを繰り返し確認したりして当日に備え、B児が見通しをもって安心して参加できるよう協力を得ることができた。

（2）多様な学びの場の連続性を意識した居住地校交流の実践事例

① 居住地校から本校へ転入したC児（第4学年）の事例から

　会津若松市内の小学校に在籍し、令和3年度に本校に転入したC児は、居住地校とのつながりを継続する目的で交流を実施した。居住地校は、C児の実態をよく理解しているため、事前の打ち合わせを少なくすることができた。居住地校在学時と同じ時刻で活動を開始し、特別支援学級を中心に、ゲーム的な内容を取り入れた学習活動、音楽活動等を行った。

その際、自信をもって話す姿や、鍵盤ハーモニカを披露する等、転入後の学習の成果を、居住地校の友達や先生に知ってもらう機会にもなった。活動の終わりには、別れを惜しんで涙ぐむ友達もおり、今後も継続的に交流していきたいという思いを互いに深めることができた。事後にC児の担任が「転学により普段の学びの場所が変わっただけで、地域に居る友達であることは何も変わらないことを示すことができた」と話していたとおり、つながりを連続させていく取組として交流を継続していきたい。

② 特別支援学校から居住地校へ転出したD児（当時：第2学年）の事例から

　本校へ入学後、学習が着実に積み上げられ教育上必要な支援の内容等が変化したことと、本人、保護者の希望があったため、居住地校への転学を見通し、居住地校での交流を実施した。通常、年間1〜2回程度の実施だが、このケースに関しては各学期1回実施した。3学期に実施した3回目は、正式な転学決定後であったため、特別支援学級で国語、算数の課題学習に取り組んだり、当該学年の通常の学級の授業にも参加したりして、D児の学習面の実態を相手校に、より知ってもらう機会とした。交流の目的が明確で、具体的に活動内容を設定することができ、学びの連続性を確保する取組となった。

（3）本校のホームページへの居住地校交流の発信について

　本校のホームページは、行事や日常の学習の様子等を定期的に更新している。特に居住地校交流に関しては、居住地校での児童の様子を通して取組を知ってもらう貴重な発信の場であるので、積極的な発信に努めている。

○小学部【学校間交流】
（1）交流の経緯とリモート交流の実施まで

　本校と隣接する地区にある会津若松市立神指小学校との学校間交流は、25年以上に渡り継続実施している交流活動で、近年は、第4・5・6学年が学年同士での直接交流を行ってきた。しかし、新型コロナウイルス感染症の感染拡大から直接交流を行うことが難しい状況となり、新しい交流の在り方を探ることになった。令和2年度は、オンラインでのリモート交流を手探りで試行錯誤しながら実施した年であった。令和3年度は、リモート交流を「直接交流の代替」として捉えるのではなく、「良さを生かした積極的な利用」とすることで、充実した交流にしたいと考え実践した。

（2）令和3年度の実践

　第4学年の交流学習における構想は、オンラインでのリモート交流を効果的に実施し、無理なく生活の一部を切り取ったような形にしていくことであった。音楽の授業内の20分程度をオンラインでつなぎ、それまでの授業時間で練習したリコーダーやダンスを発表したこともあった。普段の音楽の授業の一部をリモートでつないだ形であるので、互いにとって時間的にも授業時数の負担にもならずに行うことができた。発表があることで、児童のモチベーションを高める効果も見られた。3学期に行う今年度最終のリモート交流では、直接交流（2学期に実施）で本校の児童が演奏した鍵盤ハーモニカで

の演奏曲と同じ曲を、相手校と一緒に演奏することを予定しており、交流だけでなく、共同学習の意味合いを強めた内容の計画となっている。

5 　成果と課題

　交流及び共同学習は、「地域で共に学び共に生きる教育」を体現できる絶好の機会であり、それを本校で継続的に実施してきたことに大きな意義があると考える。居住地校に本校の児童の存在感を示す機会となっただけでなく、児童が将来どのように地域で生きていくのか、人との関係を築いていくのか、さらには今後どのような力を付けていかなければならないかについて、学校として具体的なイメージをもつことにつながった。また、地域にある多くの小学校の理解や協力を得ながら連携体制を築き、より良い交流及び共同学習の在り方を共に考え、進めていることは、「学びの連続性」という観点から児童にとっての適切で多様な学びの場を保障することにつながっている。

　これらのことからも、さらに多くの児童が居住地校での学びを継続的に行っていくことが理想的な形ではあるが、保護者の考えや様々な事情により実施が難しい児童や、小学部で交流を実施していた児童でも進学とともに居住地校交流を終了するケースがほとんどであることは大きな課題である。

　また、本校の学校間交流で実践したICTの活用の実績を居住地校交流にも生かしていくことで、新しい居住地校交流の在り方を構築していくことや、中学部における実施の難しさの要因はどこにあるかを探り、継続的な居住地校交流の方策を意図的に仕組んでいくことで、さらに意義のある交流及び共同学習を推進していきたい。

6　本事例のポイント

研究推進委員　大西　孝志

　児童生徒の学びの充実といった教育活動の根幹に交流及び共同学習を位置付け、居住地校交流等を推進している福島県立会津支援学校の取組は、学校のWebページに都度紹介されており、保護者や相手校等にとってもその活動が目に見える形で発信されている事例です。

　学習の時間のみならず、給食等、教師の指導が中心にならない時間も交流及び共同学習として位置付ける取組は、相手校の協力なしに進めることは困難だと思います。児童が一緒に活動する機会を広げるためには、両校が交流及び共同学習についてその目的や意義を共通理解していることが重要です。児童生徒が将来、共生社会の形成者となるために、学校段階からいろいろな考え方・人に触れ、多様性を受容するということは大切なことです。

　また、地域とのつながり、特別支援学校とのつながりを転学後も継続する視点で行われている居住地校交流は「多様な学びの場の連続性」を具現化するための参考になる事例だと思います。本稿では「小学校から特別支援学校へ」「特別支援学校から小学校へ」と学びの場を変更した児童に対して、特別支援学校と小学校との交流を引き継ぐ形での取組が紹介されています。学校が替わっても、定期的に以前のクラスメイトと触れ合い、互いの関係が途切れることなく継続することは、本人のみならず保護者や地域にとっても、交流及び共同学習の理解・啓発につながります。

　また、学校の特色ある教育活動を広く発信するという意味では会津支援学校の広報活動は非常に参考になります。訪問時に校長先生が「教育活動を適宜発信することが重要」と言っていたことが形となっているのがこまめに更新されているWebページです。

　居住地校交流及び共同学習についても、実施日から時間をおかずに数枚の写真と簡潔な文章でまとめられたものが掲載されています。在校生の保護者・地域の方、そして、これから特別支援学校への就学を考えている保護者にとって、特別支援学校ではこのような教育を行っているということを分かりやすく伝えるメッセージとなっていると思います。

　詳細な事例の紹介は紙幅の関係で小学部に限定していますが、中学部の学校間交流、高等部の工業高校との交流等、小学部入学から高等部卒業まで一貫した取組は、「あいづっこ宣言」（「人をいたわります」・・・自分にだけではなく、家族・友達・地域の人に常に親切な心を持ち、みんなで協力することでより良い社会を作りあげる）の教えを引き継いだ教育実践だと思います。

8 | 保護者や本人の意向を反映した居住地校交流の実践

福島県立相馬支援学校

| 校長 | 和知 学 |

1 | 学校概要

　本校は、昭和46年4月1日に知的障がいのある児童生徒を対象に、相馬市立養護学校として創立された。平成12年4月1日には高等部が設立され、平成22年4月1日、市立時代の39年間の教育実践を受け継ぎ、福島県立相馬養護学校として新たに開校した。平成29年4月1日、福島県特別支援学校条例の一部改正により、校名を「福島県立相馬支援学校」に改正した。また、校舎の老朽化等に伴い、令和2年4月に南相馬市鹿島区に校舎を新設し、相馬市より移転した。

　鹿島区への移転前は、桜丘小学校、中村第一小学校、中村第一中学校、相馬東高等学校等との学校間交流を実施していたが、移転後は近隣の学校との交流及び共同学習として、鹿島小学校との学校間交流を実施する等、交流及び共同学習の在り方や交流先、打ち合わせ方法等の検討に取り組んでいる。

　本校新校舎は鷺内遺跡内にあり、建設工事の際には遺跡も発掘されており歴史に縁のある地域である。また、学校の近くには真野川が流れ、春には桜並木となる風光明媚な場所である。神社仏閣も多く、近くの男山八幡神社を校外学習で見学したり、万葉ふれあいセンター周辺では自然散策をしたり図書館の利用等もしている。同じく徒歩で移動可能な範囲にスーパーマーケット等の店舗や消防署、郵便局、JR鹿島駅等の公共施設もあり、買い物学習や産業現場等実習でもご協力いただいている。

※写真は本校ホームページより

2 福島県教育委員会の方針

　福島県教育委員会では、令和３年度より「交流及び共同学習推進事業」に取り組んでおり、田村市と会津坂下町の２地区をモデル地区として２年間継続して事業を推進している。

　この事業では、小・中学校において、特別な支援を必要とする児童生徒が共同学習（各教科等の学習）で、教科等の目標を達成できるよう、一人一人の障がいの状態等に応じた合理的配慮の提供を行い、共に学べる取組を進めることを目標としている。地域にスポットをあて、市町村教育委員会も交えて、市町村全体で、福島県教育委員会が基本理念として掲げる「地域で共に学び、共に生きる教育」の推進に取り組んでいる。

「特別支援学校の教育」交流及び共同学習の推進

○交流及び共同学習の積極的な推進：特別支援学校の児童生徒の経験を広め、社会性や豊かな人間性を育てるとともに、障がいのあるなしに関わらず共に学ぶことでお互いを理解し、多様性を尊重する心を育むことに努める。

○居住地校交流の実施：特別支援学校の児童生徒が、生活の基盤である地域の学校で交流及び共同学習を行い、集団での学びを経験し、地域で自立し社会参加することができる素地作りに努める。

○指導目標・指導計画の検討・実施：実施に当たっては、学校間で指導目標や指導計画について共通理解を図るとともに、市町村教育委員会や相手校と十分に連絡を取り合い、障がいのある児童生徒一人一人の実態に応じた様々な配慮について事前に検討し、実施するように努める。

（令和３年度福島県教育委員会「学校教育指導の重点」より引用）

---

3 居住地校交流を中心とした交流及び共同学習の実施状況（令和３年度）

【居住地校交流】

	学年	交流先	回数(実施月)	内容
小学部	5年1名	南相馬市立原町第二小学校	年2回（7月、12月）	特活、給食など
	6年1名	南相馬市立八沢小学校	年1回（11月）	一日を通して
	6年1名	相馬市立桜丘小学校	年1回（11月）	体育、給食など
	6年1名	南相馬市立原町第一小学校	年1回（11月）	体育、給食など
	2年1名	相馬市立飯豊小学校	年1回（12月）	特活、給食など
	1年1名	南相馬市立原町第二小学校	年1回（12月）	特活と給食
	2年1名	南相馬市立石神第二小学校	年1回（12月）	音楽、体育、給食

【学校間交流】

	交流先	内容
小学部	南相馬市立鹿島小学校 （年2回） ※新型コロナウイルス感染症の影響で年1回実施	・鹿島小4年生50名が本校に来校、鹿島小による「よさこい」の発表、8グループに分かれての本校小学部全児童とグループ活動を実施。
小学部	「鹿島地区音楽祭」へ参加 ※鹿島地区の小中学校対象	・音楽で取り組んでいる歌唱や器楽での演奏を映像に撮り会場で上映。本校児童代表2名が会場で紹介。
中学部	※令和3年度実施なし	
高等部	福島県立相馬東高等学校 （年2回）	・本校高等部2年 ・互いの学校紹介 ・学級での交流（スポーツ、クイズなど）
高等部	福島県立小高産業技術高等学校 （年1回）	・本校高等部1年 ・小高産業の「課題研究会」の参観と内容への質疑応答
高等部	福島県立相馬農業高等学校 （年2回）	・相農ショップへの参加（本校生徒2名、引率教員各1名）

4　特徴的な居住地校交流の事例

　本校小学部は、令和2年度からの実施を目指し、以下のような手続きで居住地校交流を実施した。

実施時期		実施内容
令和元年度	12月頃	・学部懇談や入学説明会時に居住地校交流について保護者に説明する。 ・希望調査として本人と保護者の意向を書面にて確認する。
	1月頃	・教頭より居住地校へ依頼し、実施の了解を得る。
	2月頃	・居住地校の窓口を確認する。（学級担任、特別支援教育コーディネーター、交流担当等）
	3月頃	・教育事務所、教育委員会、居住地校へ依頼文を発送する。
令和2年度	4月〜	・交流担当と居住地校で連絡・調整を行っていたが、新型コロナウイルス感染症の影響により実施を見送る。
	12月頃	・1年生の学級懇談で居住地校交流について保護者に説明をし、希望調査を行う。
令和3年	4月頃	・令和元年度及び令和2年度に希望した児童と保護者の意向を再度確認し、教育事務所、教育委員会、居住地校へ依頼文を発送する。
	5月頃	・本校の交流担当と居住地校の担当者間（代表者のみ）で年間の実施予定等の確認を行う。 ・実施計画案を作成し、居住地校に発送する。

	6月頃〜 1月頃	・対象児童ごとに以下の①〜⑥を繰り返し実施する。
令和3年度		①交流担当や学級担任、交流学級担任等の担当者間で事前打ち合わせを実施し、実施計画及び、授業日や具体的な活動内容、合理的配慮等について協議する。
		②保護者に連絡し、実施内容の承諾と送迎の依頼をする。
		③対象児童や交流学級の児童に事前学習を実施する。 （特に高学年の交流時には交流学級の児童向けにパワーポイントの資料を作成し、事前学習を実施した。）
		④交流直前に電話にて、最終確認を行う。
		⑤交流の内容について、連絡帳等で保護者にお知らせをする。
		⑥事後学習で礼状や手紙を作成し、居住地校に送付する。
		⑦2回目以降の実施に向けた連絡・調整を行う。
	12月頃	・学部懇談で1〜5年生の保護者を対象に居住地校交流について説明をする。
		・希望調査として本人と保護者の意向を書面にて確認する。
	1月頃〜	・令和4年度の実施に向けて、居住地校等に依頼をする予定。 （令和4年度の希望者：10名）

【事例1】 小学部低学年（児童A）

児童Aは本校小学部2年生男子で、B小学校では、学級活動、給食、昼休み、一斉清掃に参加した。学活では「Aくんとなかよくなろうの会」というお楽しみ会を準備してもらい、ドーンじゃんけんや爆弾ゲーム、ロンドン橋等のゲームを行った。事前打ち合わせでは、本児が活動に見通しをもつことができるよう黒板に活動の流れを掲示してほしいと依頼していたが、活動の流れだけでなく、児童全員分の名札やゲームのルールを文字で示す等の視覚的支援が多く準備され、本児も落ち着いて活動に参加することができた。また、近所に住んでいる児童や同じ保育園に通っていた児童、放課後等デイサービスが一緒の児童等、本児を知っている児童も多く、積極的に話かけたり、ゲーム等で困っている時にやさしく教えてくれたりする姿が見られた。さらに、給食では牛乳の配膳を任され、友達のお盆

に1つずつ牛乳を置いたり、一斉清掃で得意な雑巾がけを一緒に行ったりする等、いつも本校で行っている学習の成果を発揮する姿も見られた。

お別れの際にはたくさんの児童が「もっと遊びたい。」「また来てね。」と次の交流の機

会を待ち望んでいる様子が見られ、本児も「楽しかった。また行きたい。」と交流を振り返った。保護者からも継続して交流したいと希望があり、次年度以降は音楽や体育等、教科での交流を考えている。

【事例2】小学部高学年（児童C）

　児童Cは本校小学部6年生男子で、D小学校では、体育、学級活動、昼食（お弁当）、清掃に参加した。体育は、6学年約80名でマット運動を行ったが、本児も本校で履修した内容であったことや自分の技をゆっくり練習する時間があったこともあり、本児も自信をもって取り組める前転を何度も練習していた。また、学年全体の交流としてグループ対抗の横転リレーを取り入れたため、たくさんの友達が本児を応援したり、同じグループの友達が優しくハイタッチしてくれたりする場面もあり、本児も満足そうな表情で最後まで参加することができた。

　活動の途中でD小学校のある児童が「4年生の時にCくんと同じグループで交流したことあるよ。覚えてる？」と声をかけてくれた。D小学校は新築移転する前に長い間学校間交流を行っていた学校であり、現6年生が4年生だった時に本児と交流を行っていたため、事前学習で本校の様子や本児の写真を見て思い出したようだ。そして、「Cくん、アンパンマンが好きだったよね。」と言ってアンパンマンの手遊び歌を歌ってくれる場面があり、本児もとても嬉しそうな表情を見せていた。さらに、事後学習で作成した手紙をD小学校に届けた際に、担任から「児童達からもう1度Cくんと交流をしたい。」「次はいつ来るの？」「今度来たら、○○がしたい。」といろいろな提案があったことを伝えられた。D小学校との学校間交流はいつも年2回実施し、1回目でお互いについて知り、2回目で児童からの活動内容の提案等を行っていたため、そのような提案が自然と出てきたのではないかと推測される。また、年度当初は年2回の実施を目指して1学期から打ち合わせ等を行っていたが、新型コロナウイルス感染症の影響で11月の実施となってしまった。卒業も間近に控えているため、3学期の交流は難しいと思っていたが、児童からの提案を受けて3学期にもう1度交流する計画を立てた。しかし、再び新型コロナウイルス感染症の影響で実施することができなくなり、とても残念であった。

5 成果と課題

○学校として交流及び共同学習の必要性や実施方法等を保護者に説明する機会を設けた上で保護者の意向を確認したり、教育事務所や教育委員会を通して各校との連絡調整を行いながら居住地校交流の仕組み作りを行ったりしたことで、居住地校交流の良さを保護者や交流校等に伝えることができた。

○小学校高学年の交流では、交流学級の児童を対象として事前学習を行った。事前学習では、本校や本児の紹介だけでなく、障がいの特性や居住地校交流のねらい、共生社会等について学ぶパワーポイント資料を本校で作成し、居住地校の特別支援学級の教師（本校の旧職員）に事前学習をしてもらってから交流を行ったことで、障がいのある児童を受け入れる素地作りを行うことができた。

○担当者間の事前打ち合わせを行い、本校で履修した内容を取り入れたことで学習効果が上がったり、本児の自信につなげたりすることができた。

○年度当初は年に数回の交流を目指していたが、コロナ禍で実施が難しく、交流を積み重ねることができなかった。

○令和3年度の取組を引き継ぎ、交流を積み重ねながら、相双地区全体のインクルーシブ教育システムの推進・充実につなげていきたい。

6 本事例のポイント

研究推進委員　梅田　真理

　居住地校交流において重要なポイントは、本報告のように計画的に丁寧に取組を進めることではないでしょうか。本報告では、令和2年度からの居住地校交流の実施に向け、令和元年度から保護者を対象に学級懇談会等を活用しながら丁寧に説明を行いました。我が子にとって地域の児童生徒との交流は良いこととわかっていても、やはり「出向く」ことへの不安はあります。そのような不安を解消することは、居住地校交流の土台になると考えます。

　また、福島県立相馬支援学校では、保護者への説明はもちろんのこと、相手校との連絡や情報共有、実施に向けた計画の検討、内容の工夫などにも、かなりの時間をかけて行っています。相手校での事前学習については、交流のみにスポットを当てるのではなく、共生社会などについて幅広い学習が行えるよう資料を作成しています。これらの準備があってこそ、居住地校での質のよいかかわりが実現するのではないかと考えます。このような質のよいかかわりが実現できているからこそ、どちらの事例においても、居住地校の児童は自らかかわろうとしており、そのような児童の姿勢が障害のある児童のともに学ぼうとする意欲をさらに引き出しているのではないかと思います。

※写真は、本人・保護者の承諾を得て掲載しています。

9 | 多様な学びの場を意識した居住地校交流（支援籍）

埼玉県立越谷特別支援学校

校長 小池 八重子

1 学校概要

本校は昭和 52 年に埼玉県で 2 番目に開校した肢体不自由特別支援学校である。県の東部に位置し、所在地の越谷市はネギの特産地で田園風景が広がる中に延床面積約 18,000㎡の平屋の校舎が建っている。学区は東京都と千葉県に隣接する 8 市 1 町で、所在地が

学区の東の端に位置しているため、西の端、直線距離で 20㎞の範囲を 17 台のスクールバスで運行している。小学部・中学部及び高等部が設置されており、通学及び訪問教育を行っている。また、自立と社会参加できる実践力を身に付けることをねらいとして寄宿舎が併設されている。令和 3 年度の全校児童生徒は 233 名で、教職員は 216 名である。

2 教育委員会の方針及び支援

埼玉県では、「ノーマライゼーションの理念に基づく教育の推進」の取組として、障害のある子と障害のない子が一緒に学ぶ機会を拡大していくために、県独自の仕組みである「支援籍」を平成 16 年度に県内 2 校で試行したのち、平成 18 年度より全県に普及実施している。

支援籍はその目的や内容によって①通常学級支援籍、②特別支援学校支援籍、③特別支援学級支援籍の 3 つの種類がある。この 3 つの支援籍での学習の効果として、障害のない児童生徒にとっては、同じ地域に住む障害のある児童生徒と学級の一員として一緒に学ぶことにより「心のバリアフリー」を育むことができる。また、障害のある児童生徒にとっては、地域との関係を深めるとともに、「社会で自立できる自信と力」を育むことが期待される。

通常学級支援籍での学習の実施に当たっては、基礎名簿を作成することが定められている。これは、通常の学級での学習を円滑に実施するために、特別支援学校が 11 月末の時点で在籍する市町村別の児童生徒の名簿を作成し、各市町村教育委員会に送付する。市町村教育委員会は 1 月末時点で特別支援学校に新年度就学が望ましい者について支援籍校を定めて 3 月末までに特別支援学校に送付するとともに、小中学校の学区内に居住する特別

支援学校等の児童生徒の名簿が各小中学校に送付されるものである（さいたま市を除く）。これにより、希望すれば入学式で支援籍学習を実施することも可能になっている。

　なお、県立特別支援学校に在籍する児童生徒が、通常学級支援籍の前段階として特別支援学級での支援籍を有する場合がある。

　また、支援籍校までの送迎や付き添いなど、支援籍学習をささえる役割を担う特別支援教育支援ボランティアの制度が設けられている。

3　居住地校交流を中心とした交流及び共同学習の実施状況

年度	学部	実施人数	通常学級支援籍学習回数（平均回数）	主な授業内容	特別支援学校支援籍学習実施回数
30	小学部 中学部	37 6	101（2.7） 21（3.5）	音楽、図画工作、休み時間、給食、学級活動、朝の会等	
元	小学部 中学部	56 6	120（2.1） 16（2.7）		地域の小学校→本校 1名3回
2	小学部 中学部	51 5	75（1.5） 9（1.8）	音楽、休み時間、間接交流（手紙の交換等）等	地域の小学校→本校 1名6回
3	小学部 中学部	46 6	45（0.9）※ 5（0.8）※		

（　　　）内回数は一人あたり平均回数
※令和3年の実施回数は12月末現在

4　特徴的な居住地校交流の事例

（1）小学部3年生・児童A 『通常学級支援籍を経て、地域の小学校へ』

　この事例は、通常学級支援籍での学習を実施する中で、地域の小学校への転学が視野に入り、実際に転学に至った児童の取組である。

　Aは、小学部1年生から通常学級支援籍での学習を始め、1年生2回、2年生1回（予定していたもう1回は新型コロナウイルス感染症予防により中止）、3年生2回と、3年間実施してきた。参加授業は、主に音楽や図画工作、休み時間である。

　1年生の第1回では、音楽の授業で支援籍学習を行った。教室に入ったときは、初めての環境や、在籍校よりはるかに多いクラスの人数に緊張がみられたものの、本人も知っている歌や楽器の活動を通して雰囲気に慣れることができた。後半のリズムゲームでは近隣の友達と自然とタッチをしたり手をつないだりする場面がみられ、表情も生き生きとするようになった。交流後の写真からは、最初からクラスの一員であった

かのように、馴染んでいる様子がうかがえる。本人の感想には「友達がたくさんできました」とあり、保護者からは「クラスの友達が集まって歓迎してくれたことにホッとしました」と次回への期待につながる初回となった。

　その後も、年に数回ではあるが、定期的に実施した。本校とは異なる環境や、進むペースの速い授業に戸惑いはあったものの、支援籍校の友達が話しかけてくれたり、ときには助けてくれたりしたことで、学習に参加することができた。そういった中で、周りから助けられるだけでなく、A自身が小集団での簡単なルールを理解し、それに沿った行動ができるようになっていった。本校での文章の学習等、積み重ねてきた学習が支援籍校で活かされる場面もみられるようになってきた。また、本校では未経験の学習や、本校にはない広い校庭で休み時間に友達と鬼ごっこで遊ぶ経験も、本人にとって学習や社会経験を広げる機会ともなった。年度末の保護者アンケートでは、「大人数での活動が本人にとって良い刺激になっている」と感想が挙げられた。今までの学習がAの力となり発揮できるようになったこと、地域の小学校での学習が更にAの成長につながるのではないかということから、特別支援学級への転学が具体的に検討され始めた。このような通常学級支援籍での学習の経験を経て、Aは地域の小学校の特別支援学級に転学することになった。

（2）小学部3年生・児童B 『異なる立場になり、互いにわかってきたもの』

　この事例は、地域の小学校から特別支援学校支援籍での学習の経験を経て本校へ転学し、転学後も前籍校において通常学級支援籍での学習を実施した児童の取組である。すなわち、Bは障害のない子供たちと地域の小学校で"クラスの一員として"学ぶ経験と、"特別支援学校の児童として"、通常学級支援籍での学習で共に学ぶという2つの異なる立場を経験している。その中で、本人だけではなく、周りの児童も障害があるということの感じ方に変化がみられるようになった取組である。

　Bは、小学部2年生の時に地域の通常の学級より本校に転入し、現在3年生である。日常生活を車椅子で送っている。就学時には地域の小学校と本校を迷っていたが、本人と保護者の希望により、地域の小学校に入学した。何事にも懸命に取り組み、明るく友達と関わる性格ではあるが、学校生活を送るにつれて一斉授業のペースに合わせた学習や移動、体育の授業で活動すること等、徐々に難しさを感じるようになっていたという。まだ入学して1年に満たない初秋の頃で、学校生活の楽しさや自信を失いつつあり、毎朝泣いて登校を渋るわが子を心配した保護者から、本校に連絡があった。

　はじめは教育相談というかたちで個別に相談を行った。どのような支援や内容であれば学習しやすくなるかなど、Bの気持ちや状況を聴きながら相談を行った。その後、本校における特別支援学校支援籍の学習を3学期に数回行った。本校の集団でBが感じたことは"車椅子の友達が多くて嬉しい"であった。同じようなペースで生活する仲間との空間

は、過ごしやすさや一体感を感じることができたようだ。保護者は本人の希望もあり、次年度からの本校への転学を決めた。

　本校に転校してきた後は、前籍校で、通常学級支援籍の学習を行っている。「自分は受け入れられていない」と感じていた学校に行くことに本人は消極的であった。そこで、ポイントとなったのが「出前授業」である。これは、初めて支援籍学習に行く児童生徒の担任が、支援籍校の児童生徒に対し、本人や学校の紹介を行うものである。事前に実施する場合もあれば、参加授業の導入に行う場合もある。Ｂの場合は、事前に担任のみが訪問して行った。

　そこでは、小学校在籍時に友達から言われたエピソードについて触れた（図1）。車椅子の生活では遊具で遊ぶ、階段の昇り降り、狭い通路を通る等が難しく自分の思うようにいかないことがあることや、そういった困ったことがあるときに少し相手への思いやりの気持ちをもってもらえると嬉しいことを話した。

図1　出前授業で使用したスライド

　その後、出前授業を受けた支援籍校（前籍校）の児童全員が手紙をくれた。その手紙には、会えるのを楽しみにしているといった内容がたくさん書かれており、中には「あのとき、こう思ってたんだね」と本人のことを理解してくれる内容もあった。それに対し、本人も、嬉しさや期待を込めた返事を書いた。保護者からも「失った自信を取り戻したように見える」「気づいていないところでそれなりに受け入れられていたことがわかってよかった」と感想を寄せてくれた。

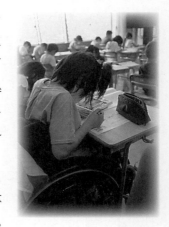

　同じクラスにいるときは友達との間に少し溝ができていたが、「出前授業」がそれを埋めるきっかけとなり、本人もクラス全体も前向きな気持ちで支援籍学習をスタートさせることができた。現在は年3回ほどの通常学級支援籍での学習を行い、自信をもって友達と一緒に勉強に励んでいる。

（3）中学部3年生・生徒Ｃ『特別支援学級支援籍学習を経て、通常学級支援籍学習へ』

　この事例は、通常学級支援籍での学習の前段階として特別支援学級での支援籍学習を実施し、段階的に通常学級支援籍での学習に繋げることで、生徒の実態に合った実践が可能になった生徒の取組である。

　本校では、小・中学部の保護者に向けて年1回「通常学級支援籍学習の説明会及び懇談会」を開催している。内容は、支援籍学習の概要説明と代表保護者による体験談の発表である。

　参加は希望制で、既に実施していて情報交換のために参加する保護者、今後の実施を検討するために参加する保護者がいる。Ｃの保護者は今後の実施を検討する理由で参加していた。学年は小学部６年生で、実際に支援籍学習を行うのは中学校の通常の学級ということであった。保護者は申込書を提出する際に、小学部の頃から支援籍学習に関心はあったが、入学時は泣いてばかりで、支援籍学習を始めるタイミングを逃してしまった。懇談会で体験談を聞いて申し込みを決めたと話し、「今からとても楽しみです」と笑顔で申込書を受け取った。

　本校としては、保護者の期待に応えるような実践ができるだろうかと、少し不安な気持ちで申込書を手渡した。なぜなら、県内の通常学級支援籍の実施者は、小学部は増加傾向にあるものの中学部からは激減している。こうした状況は本校も同様で「共に学ぶことができる授業の調整が難しい」ということが、大きな理由だからである。

　中学部になった初夏、支援籍校で打合せを行った。本校からは本人と保護者、担任、コーディネーターが、支援籍校は管理職と担任、特別支援教育コーディネーターが出席していた。実は、支援籍校の特別支援教育コーディネーターは、本校での勤務経験者であった。そのため、言葉で伝えることが難しいＣの気持ちを表情や仕草から読み取り、共に学び合える学習内容を適切に提案してくれた。それが、通常学級支援籍学習の前段階として特別支援学級で支援籍学習を行うというものであった。

　その結果、保護者の感想にもあるように、普段10人程度の集団で学んでいるＣにとって、初めての場所で共に学び合うには、特別支援学級での支援籍学習は最適な環境であった。メロディーベルの「ド」を担当し、温かい雰囲気の「花が咲く」に耳を傾けていた。

　その後、通常学級支援籍での学習にも取り組んだことで、40人の同級生と音楽で箏を奏で合ったり、より大きな場所で合唱祭の練習を見学したりすることができた。

　また、時にはＣの表情や仕草から計画した活動を急遽延長してくれたりもした。こうした急な出来事や、様々な理由で回数や活動が制限されることになったが、本人に合った取組を無理なく３年間続けることができた。

> 人数も距離感等も〇〇にベストだったと思います。私が思っていたより、ずっと緊張することなく楽しんでいたので、この学級のみなさんと関われてとても良かったと思いました。温かく迎えていただいて、演奏に母子でとても感動しました。ありがとうございました。
>
> 母より

A学級のみんなからカレンダーのプレゼントをもらいました！！
教室やおうちに飾っています☆
ありがとう！

5 ｜ 成果と課題

　児童Aの取組は、本人が地域の小学校で学ぶことのイメージを持ち、自信をもって「来年は、○○小学校に行きます。」と言えるようになったことにあり、これは大きな成果である。児童Bの取組は、2つの支援籍学習を通して、本人も地域の小学校の児童も支援籍のねらいである「心のバリアフリー」と「社会で自立できる自信と力」が芽生え始めていることが成果であると考える。児童Cの取組は、肢体不自由特別支援学校で学ぶ児童生徒についてよく理解している支援籍校の教員というキーパーソンの存在が大きい。

　肢体不自由のある子供たちと、障害のない子供たちが共に学び合うには、どのような支援があれば「心のバリアフリー」を養うことができるのか。「社会で自立できる自信と力」を養えるのか。対等な人間関係の形成ができるのか。その力をつけるためには、場所と時間を共有するだけでは難しい。そこには教員が介入することが不可欠であり、それは支援籍が取り組まれ始めてから変わらない引率担任の役割であり、支援籍校の担任の役割である。

　支援籍学習で知り合った子供たちが地域で声を掛け合うことは、障害のある子供たちと保護者にとって大きな喜びである。その喜びがその場に止まらず、共に生きる社会となる喜びにつながる支援籍学習にしたい。そのための課題は、子供同士が理解し合うことはもちろんだが、支援籍学習のねらいは、障害のある子供だけにあるものではないこと、交流及び共同学習としての支援籍学習であり、そのねらいは障害のない子供たちにもあるということを支援する教員が理解することも併せて推進されることであると考える。

6 ｜ 本事例のポイント　　　　　　　　研究推進委員　宇田川　和久

　ご紹介いただいた3つの事例どれもが支援籍の教育的意義を理解し、効果的に活用した事例と言ってよいと考える。まず、1つ目の小学部3年生、児童Aの事例である。児童Aは、1年生に入学した時点から地元の小学校（居住地校）における通常学校支援籍の学習を希望し、継続的に支援籍学習に取り組んだ。そのため、事例紹介にも、「交流後の写真からは、最初からクラスの一員であったかのように、馴染んでいる様子が伺える」といった表記がみられる。また、一人ひとりの障害特性を踏まえた、本校でのより専門的な指導の積み重ねが、支援籍校（居住地校）で活かされる場面もみられるようになってきたと評価している。さらに、「本校にはない広い校庭で休み時間に友達と鬼ごっこで遊ぶ経験も、本人にとって学習や社会経験を広げる機会ともなった」、保護者も年度末のアンケートで、特別支援学校とは異なる大人数での活動が本人にとって良い刺激となっているといった感想を寄せている。本児の限りない成長発達を願い、関係者が協働し、意図的、計画的に「通常学校支援籍」に取り組んだ成果が、地元の学校へのスムーズな転学に結びついたものと

考える。

　次に、２つ目の小学部３年生の事例である。この事例についても、児童Ａの事例と同様に、本校と支援籍校（居住地校）とが、本児のその時々の教育的ニーズを的確に把握し、持てる力を最大限に発揮できるよう適切な指導及び必要な支援を行ってきた事例であると言える。入学した地元の小学校で特別支援学校支援籍を活用した学習に臨み、本校に転校してからも、地元の小学校（居住地校）において通常学級支援籍を活用しながら学習活動を進めた。ただ、この事例での重要なポイントは、無理をしていないということである。双方の学校において、関係者が、いつも本児を中心に据え、本児の気持ちにしっかり寄り添い進めてきたことが大きい。「支援籍」のもつ役割が確実に果たせた事例であると言える。余談であるが、本県の特別支援学校の教員による「出前授業」については、他の特別支援学校でも、小学校や中学校だけでなく、高等学校でも取り組まれている。特に、高等学校においては通級による指導がはじまり、こうした取組に期待を寄せている学校も多い。特別支援学校のセンター的機能として是非とも進めていただきたい取組である。

　最後に、３つ目の中学部３年生の事例である。この事例は、通常学級支援籍の実施を目指しながらも、本生徒にとってより教育効果を高められるよう、まずは地元の中学校の特別支援学級において支援籍学習をはじめた事例である。こうした段階的な取組は、無理なく効果的に進めるために必要な取組であるが、本事例のように、中学校での取組については、中学校の教員にも理解が進むよう、より丁寧にきめ細やかに進めることが重要である。この事例がうまくいったのは、支援籍校（居住地校）の特別支援教育コーディネーターが、本校での勤務経験があったということも大きかったと言える。

　支援籍とは、障害のある児童生徒本人の可能性を最大限に発揮するために、その時々の教育的ニーズに応える連続性のある「多様な学びの場」を具現化する仕組みであると言える。この３つの事例は、こうした支援籍の意義を関係者が理解、共有し、障害のある児童生徒一人ひとりの持てる力を最大限に発揮させようと努力した、とても参考になる取組である。

※写真は、本人・保護者の承諾を得て掲載しています。

埼玉県立宮代特別支援学校

校長　神田　剛広

1 学校概要

本校は埼玉県の東部地区に2番目の肢体不自由の児童生徒が通う特別支援学校として、平成元年に開校した。通学区域は近隣の7市2町で、小学部から高等部まで計134名が在籍している。スクールバスは9便が運行し、児童生徒は毎日1時間前後の時間をかけて通学している。ま

た、通学が難しい児童生徒には、訪問教育を行っている。さらに、学区内に医療型重症心身障害者入所施設が設立されたことを受け、施設内でベッドサイドの訪問教育も実施している。

本校の学校教育目標は「生き生きと 心豊かに たくましく」である。自己の可能性を信じ、伸ばし、自立に向け生きる力をつけていくことや、人と人との関わりの中で豊かな心を育むこと、そして身体を鍛え、障害があっても毎日を明るく元気に生活する力を身に付けることを目指し、日々教職員が一丸となった指導に取り組んでいる。また、12年間の学びの系統性を意識した授業づくりと自立活動の学習に力を入れ、個々の障害特性を踏まえた指導に努めている。児童生徒一人一人の心身の障害の状況や、発達の状況に応じて4つの類型を基本とした教育課程を編成し、学習を行っている。

2 教育委員会の方針及び支援

埼玉県では、平成16年度より「ノーマライゼーションの理念に基づく教育」を推進している。社会の中で誰もが自立した生活を送り、共に生きることこそノーマルであるという考えを広めていくために、小さい頃から共に学び、共に育つ機会として実施してきた交流及び共同学習の仕組みが「支援籍」である。特別な教育的支援を必要とする児童生徒が、在籍してい

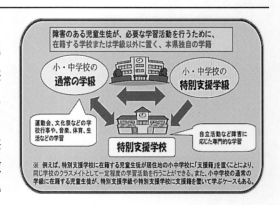

る学校（学級）の他に、居住地域の学校（学級）や特別支援学校にもう一つの「籍」を置くことで個々の教育的ニーズに応じた柔軟な学びを支える埼玉県独自の仕組みである。

　支援籍は、前頁に示したように、その目的や内容によって３つの形で実施されている。また、全ての児童生徒に「心のバリアフリー」を育み、特別な教育的支援を必要とする児童生徒には「社会で自立できる自信と力」を育むことをねらいとしている。地域の中で「共に学び、共に育つ」取組を継続していくことにより、国が目指す共生社会の実現を推進している。（参考：埼玉県教育委員会ＨＰ）

　埼玉県における「共生社会の形成に向けた特別支援教育推進事業」の柱の一つとして、支援籍を活用する児童生徒数を増やすとともに、全ての学校において柔軟な学びの場を整備することが取り上げられている。毎年、各市町教育委員会特別支援教育担当指導主事と特別支援学校の支援籍学習を推進する役割を担う教員（多くは特別支援教育コーディネーターが担う）が参加する実践研究協議会が県主催で開催され、実践報告とともに成果や課題を共有し合う場が設定され、支援籍学習の円滑な実施に結びついている。

3　居住地校交流を中心とした交流及び共同学習の実施状況

　本校における支援籍を活用した交流及び共同学習の取組も 16 年目を迎えた。右図は「通常学級支援籍」（特別支援学校の児童生徒が地元の小・中学校の通常の学級において共に学ぶ仕組み）の取組状況である。

　在籍数が大きく変わらない中、近年の大きな特徴として、①平成 31 年度から中学校での実施率が増加している②全体の実施者数が増加している、という２点が挙げられる。こうした状況が生まれているのは、支援籍が全県的な取組として実施されているといったことが大きな理由と考えられるが、本校の実践を通して次のようなことも大きいと考えている。１つは、保護者の力である。実施した保護者が参加した時の様子や経験の幅が広がった等の感想を他の保護者へ伝えている。もう１つは教員の努力である。実施した児童生徒の成長や変容といった成果を実感した学級担任が、支援籍の活用を未実施の保護者や児童生徒に勧めている。卒業後の生活をも見通し、地域で共に暮らす者同士の関係づくりの基盤となる支援籍学習は、着実に保護者の安心や期待につながっていると考えている。

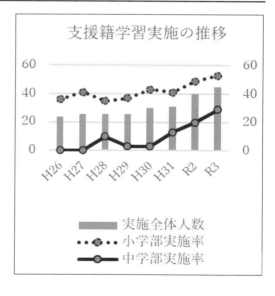

10　協働に支えられる居住地校交流

4　特徴的な居住地校交流の事例

（1）協働に支えられている支援籍学習

　地域での生活がこうでありたいという願いや思いの実現のために、支援籍学習でできる工夫を模索し続けている。「普段できない活動や行事に参加でき、生活経験を広げることができた」「近所の子供たちが声をかけてくれることが増えた」といった保護者の声や、「低学年での『お世話をする』かかわりから自然なかかわりへと変化があった」「支援籍学習での経験が学級内で困っている子にさり気なく声をかけることにつながり、成長を感じた」など、支援籍校の先生方からの感想がある。支援籍学習の実施に関わる様々な方の協力があってこそ、こういった成果を得ることができると考えている。

①　保護者との協働

　支援籍学習が円滑に実施できるように、また、本校と支援籍学習を実施する居住地域の小中学校（以下、支援籍校）相互のねらいに応じた教育活動となるよう事前の打ち合わせを丁寧かつ綿密に行っている（写真）。保護者、学級担任、特別支援教育コーディネーターで校内打合せを行い、毎年度のねらいの確認、ねらい達成のための内容や回数、配慮事項について共通理解を図っている。特に新規に実

施する場合は、支援籍校での打合せに実施児童生徒と共に訪問し、支援籍校の先生方に実態を知っていただくことに加え、実施に当たっての本人保護者の願いを直接支援籍校に伝えるようにしている。一方で、実施に当たり、当初計画したとおりに進めることが難しい年もある。様々な事情が重なることで希望通りにはならない実情を事前に理解していただき、長期的な成果を共に目指し、1回1回の実践を大切に積み重ねている。

②　本校教員との協働

　特別支援学校の教員は、担任する児童生徒の将来的な自立を目指す教育的ニーズに応じて、支援籍学習で身につけさせたい力を明確にし、そのための学習活動をどうするべきか具体化する役割を担っている。年度当初、支援籍学級担任と行う打合せでは、相互のねらいを達成するための学習活動を協議し、どう活動し展開することが望ましいか児童生徒の実態に応じて選択したり、提案したりしている。

　また、特別支援教育の専門性を生かし、地域の小中学校でその力を発揮する役割も担っている。支援籍学習では、本校の児童生徒の指導や活動時の支援に努めているが、支援籍校で、共に学び合うための環境づくりをアドバイスしたり、個別の具体的な配慮等を実際に行ったりすることで、支援籍校の小中学校の先生方にインクルーシブ教育の視点への気

づきを促すことにつながっていると捉えている。

　さらに、障害の理解につなげる取組として、毎回の支援籍学習後に作成し、支援籍校へ掲示いただいている支援籍学習通信がある。本校児童生徒の当日の様子に支援籍校の児童生徒が不安や疑問を持つこともある。そのため、理解を補ったり振り返ったりできるよう、実施後の通信で「少し緊張していたようです」「本当は手に触れてもらって嬉しかったんだよ」などと生活年齢に応じた表現で伝えている。支援籍校の児童生徒が今後どのようにやり取りをするとよいのか考えるきっかけともなっている。

③　支援籍校との協働

　年に数回の実施で双方の学習のねらいを達成するために、支援籍校には数多くの配慮をいただいている。本校の児童生徒が持てる力を発揮するための支援は引率する特別支援学校の担任がその役割を担う。一方、授業全体を進行し、教室の全ての子供たちにとって有効な学び合いとなるよう、場の設定、視聴覚機器の活用、自校の児童生徒への言葉かけなど多岐にわたる工夫は支援籍校の学級担任の専門性の中で展開されている。丁寧かつ綿密な実施日前の打ち合わせがなされることにより、限られた回数の限られた時間がとても充実したものとなっている。

　入学式、運動会、校外行事、卒業式など、年間の学校行事の中でもより重きのある活動に支援籍を活用して参加をしている。実施日当日は、校長先生自ら、地域の方々に向けて、本校の児童生徒のことや支援籍学習の意義などについて丁寧に話をしてくださっている。これらの行事は支援籍校のみならず広く地域への理解につながる大変貴重な機会となっている。

（2）支援籍を活用した実践〜令和2〜3年度の取組から〜

　支援籍学習においても、一昨年度末からの新型コロナウイルス感染症拡大による影響を大きく受けた。国及び県からのガイドライン等により、感染症対策に基づいた方法を工夫し実施してきた。Web会議システムを活用して行事や学習活動を紹介したり、ビデオ交換などを行ったりした。直接的ではないこうした間接的な学習でも、これまでに積み上げたつながりを途切れさせないために有効な手立てとなった。一方、直接関わり合う機会が持てなかったことで、表情の変化に気づくことや、話しかけられる声の方向を見ようとする様子など、お互いの児童生徒にとって感じ取ることが難しかったのではないかといった声が双方の担任から数多く挙げられていたことも事実である。

10　協働に支えられる居住地校交流

①　小学校４年生　校外学習活動での交流及び共同学習

社会科の単元で、ごみ処理場の社会科見学に参加した。普段、中規模商業施設を利用している本校の校外学習とは異なり、作動し続けている大きな機械を間近に感じ取ることができる処理場の見学はとても貴重な学習経験となった。また、教室を離れ数時間を共にし、段差の多い施設内を一緒に移動できたことは気づき合いの連続であり、両校にとってとても良い学び合いの場となった。

②　小学５年生　音楽の授業

音楽で行った支援籍学習が両校にとって成果が得られたという前年度の評価を受け、合奏の授業を行う計画を立て実施した。合奏に向けて、支援籍校の学級担任がいくつかの楽器を提示した。本校の児童と引率した担任は、その児童と相談しながらシンバルを選択した。物を握り続けることが難しい児童であったので、本校の担任は、音を鳴らして表現することができるよう工夫し、事前に本校で練

習を重ね支援籍校の学習に臨んだ。その甲斐あって当日の演奏は見事に大成功を修めた。本校の児童は、たくさんの友達の前で自分の力を発揮するという目標を達成することができた。支援籍校の児童にとっても、道具などの工夫で一緒に学習活動に取り組めることに気づけたようである。周囲からは自然と「上手だね」と声がかかり、豊かな交流の時間となった。

③　中学２年生　英語の授業、部活動での取り組み

支援籍学習をはじめた１年生の時、病気のこと、障害のことを、自分の言葉で伝えることから支援籍学習がはじまった。日頃は生徒３名の小集団で学習をしているのであるが、支援籍校では40人近くの友達が在籍していることから、１つの学習課題に対しても様々な考え方に触れることができる。話し合いの場面では、グループワークに慣れている周囲の友達が声をかけてくれて、自然と学び合うことができた。また、本校では経験できない部活動にも毎回取り組んだ。夏休みには普段より長い時間活動し、とても有意義な時間

を先輩や後輩と過ごすことができた。このように大きい集団での生活を経験することにより、相手や場に応じた態度や言葉遣いなどの社会性を伸ばす機会を得たことは大変大きな財産となった。

5 ｜ 成果と課題

　支援籍を活用することで、本校の児童生徒にとっては日常感じることの少ない大きな集団の中で、その雰囲気を感じながら自己の持てる力を発揮する貴重な学習が継続されている。また、支援籍校の児童生徒にとっても、様々な経験を通じて、障害のある人への理解やかかわり方を実感できる、良い機会となっている。

　インクルーシブ教育の視点がより地域に根付き、支援籍校内でも共生が更に身近に感じられるよう、特別支援学校と支援籍校とで協働する支援籍学習を通じた「共同学習」の実践を一つひとつ蓄積していけるとよいと考えている。

　どの子もその生活拠点で生き生きとのびのびと仲間と共に暮らしている、笑い声がきこえてくる、それが当たり前となる社会はそう遠くはないのではないだろうか。支援籍の制度が全県で開始されて16年、当初共に学んだ子供たちは大人へと成長している。彼らの心に共生の灯が燈り続けていることと願い、期待し、支援籍学習が一層の有意義な時間の積み重ねとなるよう、今後も丁寧な取組を進めていく。

6 ｜ 本事例のポイント　　　　　　　　研究推進委員　宇田川　和久

　本校の「通常学級支援籍」については、3の「居住地校交流を中心とした交流及び共同学習の実施状況」にも示されている通り、在籍数が大きく変わらない中、小学校での実施率に比べ、中学校での実施率の増加が顕著であり、そのため全体として増加傾向にあるということである。その理由として、本校では、「実施した保護者から参加した時の様子や経験の幅が広がった等の感想が他の保護者へ伝わり、実施希望につながっているようである。また、これまで実施した児童生徒の成長や変容といった成果を実感した学級担任から、支援籍の活用を未実施の保護者や児童生徒に勧めていることもまた、増加に結びついていると思われる。」としている。

　こうした要因もあるとは思うが、本校としての取組姿勢等について情報収集すると、4の「特徴的な居住地校交流の事例」の（1）のように、「協働」に支えられた支援籍の実践がこうした成果を生んでいるものと捉えている。具体的には、まずは①の保護者との協働である。本人の教育的ニーズを把握するだけでなく、保護者の思いというものを丁寧に聴き取り、それを支援籍校（居住地校）に丁寧に伝える努力を重ねている。こうした情報共有や情報連携は、結果として行動連携につながると考える。次に、②の本校教員との協働に述べられている特別支援教育の専門性を生かし、地域の小中学校でその力を発揮する

役割も担っているということである。「通常学級支援籍」の機会を活用し、本校の教員が、いわゆるセンター的機能を発揮しているということである。「共に学び合うための環境設定」や「個別の配慮等の実際」などに関するアドバイスは、支援籍校（居住地校）に在籍する発達障害などの特別な教育的支援を必要とする児童生徒の指導に役立っているとのことである。また、このことは、③の「支援籍校との協働」にも関係することだとは思うが、毎回の支援籍学習実施後に作成している「支援籍学習通信」の存在である。支援籍校（居住地校）に掲示していただき、共に学んでいる児童生徒が学習活動を振り返り、さらに学びを深めていくための教材として活用されているようである。実施後の余韻を残すためにも、こうしたきめ細やかな対応は、きっと支援籍校（居住地校）の児童生徒の心を揺さぶるものになると考える。本校の「通常学級支援籍」が増加傾向にあるのは、このような「協働」をキーワードとした、丁寧な実践の積み重ねが背景にあるものと捉えることができる。

　さらに、増加傾向を後押ししている理由が（2）の支援籍を活用した実践での双方の教員の意見に表れている。1つは、コロナ禍における Web 会議システムの活用や、ビデオ交換などの間接的な学習活動でも、これまでに積み上げてきたつながりを途切れさせないためにとても有効であったということ。そしてもう1つが、有効だったとはいえ、こうした間接的な学習では、お互いの児童生徒にとって、実際に相手の気持ちを感じ取ることが難しかったという声が多く挙がったという事実である。こうした意見が支援籍校（居住地校）の先生方からも出るということは、この支援籍の意義を十分に理解し、丁寧に取り組んでいる結果であると捉えることができる。双方にとってとても良い取組が進められていると感じた。本校の今後の実践に期待したい。

※写真は、本人・保護者の承諾を得て掲載しています。

11 居住地校交流の実践（オンライン交流等）と高校内分校の実践

埼玉県立大宮北特別支援学校

| 校長 | 山口　伸一郎 |

1　学校概要

　本校は、昭和62年に開校した知的障害のある児童生徒が学ぶ特別支援学校である。小学部・中学部・高等部があり、通学区域は、さいたま市のうち、概ねJR高崎線の西側半分となっている。児童生徒数は一貫して増加傾向にあり、特に、ここ数年は毎年約20人の増加が続いている。現在の全校児童生徒数は317人（令和4年1月31日現在）、県内でも有数の過密な学習環境の学校である。

　本校には、小学部・中学部・高等部とは別に「自立支援部」という部署が設けられており、そこには自立活動専任の教員（3人）・特別支援教育コーディネーター（2人）・進路指導主事（1人）が配属されている。このメンバーは担任外で、全校的な視点から自立活動の指導の充実や関係諸機関との連携による生活面も含めた支援、生徒一人一人の進路実現などに奮闘している。

　平成20年には埼玉県立大宮武蔵野高等学校内に、「大宮北特別支援学校さいたま西分校」が開校した。こちらは、高等部（普通科）のみで、各学年8人×2学級、計48人の生徒が学ぶ小規模な学校である。高校内分校にはスクールバスはなく、公共交通機関や自転車・徒歩で自力通学ができる生徒が対象となっている。高校内分校の生徒たちの多くは、卒業後の企業等への就労を目指して学んでいる。

2　教育委員会の方針及び支援

　埼玉県では平成16年から「支援籍」制度をスタートさせている。「支援籍」とは、ノーマライゼーションの理念に基づく教育を推進する観点から、障害のある児童生徒と障害のない児童生徒が一緒に学ぶ機会の拡大を図るとともに、障害のある児童生徒に対するより適切な教育的支援を行うため「個別の教育支援計画」及び「個別の指導計画」に基づき必要な支援を在籍する学校又は学級以外で行うための仕組みである（埼玉県支援籍学習実施要領より）。

　「支援籍」には、通常学級支援籍、特別支援学校支援籍、特別支援学級支援籍があり、通常学級支援籍については、小中学校学区内に居住する特別支援学校児童生徒の名簿（基

礎名簿）を作成し送付することとなっている。各支援籍校には、該当児童生徒の机やいす、下足箱などの措置や教科用図書の貸与等の対応が求められている。支援籍学習に当たって、通学や送迎の際には、可能な限り福祉制度やボランティアの活用も図られている。

　本校の学区は、さいたま市１市である。政令指定都市であるさいたま市では、埼玉県の支援籍制度自体は実施していない。しかし、さいたま市教育委員会では、「交流及び共同学習」という制度を実施している。埼玉県の「支援籍」制度とほぼ同様の取組である。

3 居住地校交流を中心とした交流及び共同学習の実施状況

年度	学部	居住地校交流	学校間交流
H30	小学部 中学部	95（2.7） 20（1.8）	3 1
R 1	小学部 中学部	69（2.4） 25（2.2）	2 2
R 2	小学部 中学部	65（2.1） 4（1）	2 1
R 3	小学部 中学部	69（1.9） 15（1.3）	2 1

（　）は一人あたりの平均回数

※ R2、R3 については「間接的な交流」が主流。（通信、動画、作品交換など）

4 特徴的な居住地交流の事例

（1）小学部・中学部
【コロナ禍における交流の在り方と「GIGA スクール構想」に基づく ICT 活用の一環として Web 会議システムを活用した交流及び共同学習の事例】

　ソーシャルディスタンス、マスク着用等、コロナ禍における新しい生活様式を意識した活動が学校生活でも行われる中、充実した交流及び共同学習を行うために、Web 会議システムを活用した交流を実施した。令和３年度は、交流及び共同学習を実施するケース（小学校は23 校、中学校は９校）からモデルケースを４校選出した。また、令和２年度本校から市内小学校に転学した児童についても、転学後の後フォローを含めてオンライン交流の対象とした。

　モデルケース以外の学校から、オンライン交流の依頼があり実施したケースも含め、小学部では２校３名、中学部では３校５名、転学児童１校１名の実施となった。

① 実施方法
　オンライン交流の実施方法については、児童生徒の実態、相手校との調整のもと、

　　① 直接交流又は間接交流を実施してから事後学習としてオンライン交流を行う。

　　② オンライン交流を実施してから直接交流につなげる。

　　③ オンライン交流のみを実施する。

の３つの方法から選択して実施した。

② 実施状況

	本校	交流校	実施方法	交流内容
小3	男	通常の学級	①	直接交流（自己紹介、歌、ゲーム） オンライン交流（振り返り）
小6	男	通常の学級	③	オンライン交流（自己紹介、ダンス）
中1	男2名 女1名	特別支援学級	②	オンライン交流（自己紹介クイズ） 直接交流（音楽）
中1	男	特別支援学級	③	オンライン交流（自己紹介、学校紹介クイズ）
中1	男	特別支援学級	③	オンライン交流（自己紹介、写真でかくれんぼ）
小4	学年全員	特別支援学級	③	オンライン交流（歌、ダンス）

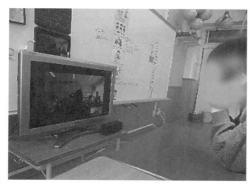

③ 交流後の声

ア 受け入れ学級担任（小中学校）からの感想

・クラスの子供たちにとって、大変貴重な体験ができました。事前にWeb会議システムで練習（接続テスト）ができたので安心しました。

・直接交流後、オンラインの交流という流れは、とてもよかったです。また、日をあまり空けずに2回目ができたので、気持ちがつながっていて交流できたこともよかったです。

・コロナ禍でオンラインという新たな交流会の形を模索することができた。今回は機材トラブルやWi-Fiの不調もなく、進行は順調に行えた。音声をきれいにとれるとさらによかったと思う。

・本校の生徒がWeb会議システムというものに慣れていなく、映像の前で表情が硬くなったり、コミュニケーションの取り方がぎこちなくなったりした生徒もいた。今後

の反省材料は多くあるものの、生徒も教員も楽しむことができてよかった。

・通信環境に心配はありましたが、概ね画像も音声も安定した状態で交流することができてよかったです。生徒は「楽しかった」「久しぶりに話せてよかった（小学校の同級生）」「初めてだったので緊張した」等、オンライン交流を充実した時間にできたようです。レクで行ったビンゴや絵しりとりも、楽しそうな表情で、よい雰囲気の中で取り組んでいたのが印象でした。

・お互いに会話のキャッチボールができ、とても良い時間になった。

・久しぶりに会うクラスメイトや前担任の顔を見て、うれしそうな表情を見せていたのが印象的だった。活動にも普段より積極的に参加していた。

イ　本校担任や保護者からの感想

・画面をよく見て参加できていたと思います。普段の教室だからか、直接交流の時よりもリラックスしているように見えました。

・初のリモート実施ということもあり、事前の打ち合わせや通信確認に予想以上に時間を要し、大変であった。また、児童の実態を鑑みると事前練習が必要であり教員（クラス担任）の負担感も大きかった。交流自体は事前打ち合わせを丁寧に行えたことと、練習を積み重ねたことでお互いにとって良き経験となったと思う。

・画面越しでしたが、久々に知っている友達と話すことができ嬉しかったようで家庭でも交流の様子が話題となった。

・交流中は緊張している様子だった。始まる前に「○○さんに会いたいな」と期待感を持って臨むことができた。テレビ画面に注目して観ることができ、知っている生徒が画面に登場すると教員の促しで手を振ることができた。

・交流学習を楽しみにしていました。小学校の同級生には、コロナ対策もあり、卒業してから会えていなかったので、とても嬉しかったようです。

・画面越しとはいえ、初めて顔を合わせての交流だったが、終始笑顔で楽しむことができた。写真をつかったかくれんぼでは、「見つけました」「机の下です」など、言葉で適切にコミュニケーションをとることができ、成長を感じることができた。急に何かを披露することになっても、慌てることなく教員の話を聞き、ダンスなどを見せることができたことも、大きな成功体験となった。

④　Web会議システムを活用した交流及び共同学習の成果と課題

　本校で初めて交流を行う児童にとっては、普段と変わらない環境の中でWeb会議システムを活用した交流を活用することで、落ち着いて参加することができた。また、次の直接交流への意欲につなげることもできた。さらに、本校への転学をフォローする事例などでは、対象児童の成長が実感できたり、担任同士の交流の場として広げたりすることができたといった報告がある。その一方で課題も挙げられた。さいたま市立小中学校で活用するアプリケーションと県立学校で活用するアプリケーションが異なっていることで、Web会議システムのスムーズな活用が難しいこと、事前打ち合わせや通信確認に時間を

要し教員の負担が大きくなること、交流を行う児童生徒のコミュニケーション力を必要とすること等である。

　こうした課題は、一気に解決するのは難しいかもしれない。しかし、今回、新型コロナウイルス感染症のことがあって取り組み始めたオンライン交流だが、本校側・小中学校側の双方に大きな手応えがあった。今後、新型コロナウイルス感染症が収束したとしても、直接交流（本校の児童生徒が小中学校に行く）とオンライン交流を適切に組み合わせることで、お互いが「同じ地域で暮らす仲間」を深く実感できる仕掛けを創っていくことができると考えている。

（２）さいたま西分校（高等部）

　さいたま西分校は、高等学校内に設置されていることを生かし、開校以来、様々な形で県立大宮武蔵野高等学校との交流及び共同学習を展開している。そして、それは年々深化している。以下にいくつかの例を紹介する。

①　高校体育祭、文化祭への参加

　高校側のきわめて前向きな意向もあり、「高校の体育祭に参加させてもらう」のではなく、一昨年より「合同開催」となっている。「開会式ではさいたま西分校の校長があいさつし、閉会式では高校の校長があいさつする」「賞状は両校校長の連名とする」などのことから始まり、お互いの生徒が正々堂々と各種目で競い合い、がんばっている姿には惜しみなく拍手や声援を送っている。そこに、高校・特別支援学校の心理的な隔ては全く感じられない。

②　高校マラソン大会への参加

　今年度も、11月、男子・女子10ｋｍの高校マラソン大会に分校生徒全員が参加した。高校生徒を上回り、上位に入賞する分校生徒もあり、高校の生徒及び教職員からも絶大な賞賛を浴びていた。

③　生徒会の交流お弁当を食べながらの懇談会、高校文化祭の正門ゲート共同制作、等の協働的な活動を行っている。

④　交流授業

　分校の「職業」（木工・手工芸・食品・農園芸）の授業に、大宮武蔵野高校の生徒が体験的に参加する（２日間程度）。両者とも緊張した中で始まるが、「分校生徒が高校生徒に作業手順やコツなどをていねいに教える」場面が各所で見られる。

　当然のことながら、高校と特別支援学校高等部は教育課程がちがい、授業も別々である。しかし、同じ校舎内で高校生徒と特別支援学校生徒が日常的に学校生活を送っている、お互いの姿を日常的に見ていることの意義はきわめて大きい。さいたま西分校の実践は、もはや「交流」と言うより、「共同学習」の先駆けとなっていると考えている。

5 ｜ 本事例のポイント　　　　　　　　研究推進委員　宇田川　和久

　大宮北特別支援学校においては、通学区域がさいたま市にあるため、政令指定都市であ

るさいたま市の教育委員会の方針により、支援籍制度での交流及び共同学習は実施していない。国の方針にしたがい、「交流及び共同学習」として取り組んでいる。その中で、このコロナ禍での特徴的な取組として、「GIGA スクール構想」に基づく ICT 活用の一環として Web 会議システムを活用した事例と、本校の高等学校内に設置されている分校の取組について紹介していただいた。

　まず、Web 会議システムを活用した事例である。成果と課題については、事例紹介の中で述べられている通りであるが、成果として、特に自閉症の児童生徒にとっては、Web 会議システムを活用した交流を活用することで、普段と変わらない環境の中での学習が進められるということである。「落ち着いて参加することができた。」また、「次の直接交流への意欲につなげることもできた。」といった感想も紹介されていた。課題の中で大きかったのが、さいたま市立小中学校で活用するアプリケーションと県立学校で活用するアプリケーションが異なっていたということであろう。Web 会議システムのスムーズな活用が難しく、事前打ち合わせや通信確認に時間を要し教員の負担が大きくなったことなどについては、もしかしたら想像以上にお互いの教員の負担感につながってしまったかもしれない。ただ、こうした課題については、私たち教員のスキルの問題でもあるので、「新型コロナウイルス感染症のことがあって取り組み始めたオンライン交流ではあるが、本校側・小中学校側の双方に大きな手応えがあったのも事実」といった評価を大切に、今後、新型コロナウイルス感染症が収束したとしても、直接交流とオンライン交流を適宜、適切に組み合わせて実施することで、お互いが、「同じ地域で暮らす仲間」を意識し、深く実感できる仕掛けを創っていくことができるものと確信した次第である。

　次に、さいたま西分校での取組である。さいたま西分校は、県立大宮武蔵野高等学校内に設置されている大宮北特別支援学校の分校である。開校以来、様々な形で県立大宮武蔵野高等学校との交流及び共同学習を展開している。それは年々深化している。今回紹介していただいた事例であるが、大宮武蔵野高等学校体育祭や文化祭への参加では、高校の体育祭に「参加させていただく」といった認識ではなく、開会式でのさいたま西分校の校長の挨拶、閉会式での大宮武蔵野高等学校校長の挨拶、また、体育祭や文化祭などの学校行事での賞状は両校校長の連名とするなどのことから始まり、お互いの生徒が正々堂々と各種目で競い合い、頑張っている姿が示している通り、高校と特別支援学校の心理的な隔ては全く感じられない状況になっている。学び合いの土壌が醸成されているのである。

　さいたま市との交流及び共同学習の取組については今後も各学校間との取組の充実に期待するところである。また、高等学校内に設置された分校の取組については、着実に高校における特別支援教育の推進に繋がっている。特に平成 30 年度から制度化された高等学校における通級による指導については、特別支援学校が果たすべき役割が極めて重要になると考える。更なる大宮北特別支援学校の取組に期待する次第である。

埼玉県立深谷はばたき特別支援学校

校長　矢島　誠

1 学校概要

　本校は、埼玉県北部深谷市にある県立高等学校跡地に平成23年度に開校した知的障害特別支援学校である。全校児童生徒在籍数は283名（小学部85名、中学部74名、高等部124名）、教職員数は120名で県内でも大規模校の一つである。本校の大きな特色の一つに「ポニー飼育」が挙げられる。埼玉県内の特別支援学校として唯一ポニーを飼育している学校である。ポニーの飼育が豊かな人間性の育成に大きな役割を果たしている。

　学校教育目標を「みらい、かがやき、そして未来へ」と掲げ、目指す学校像である「社会的自立を目指して、児童生徒の主体的に生きる力を育む学校」の実現に向け、児童生徒一人一人の個性を大切にし、個のニーズに応じた教育活動を展開している。

　さらに、学校重点目標の一つとして「地域・社会と共に歩む学校づくりの推進」を掲げ、開校以来、地域の特別支援教育の推進拠点としての役割を果たしてきた。交流及び共同学習として地域の小中学校との学校間交流、特別支援学級在籍児童との合同学習会への参加、支援籍学習（小中学部児童生徒における居住地学校での学習）及び特別支援学校支援籍学習を積極的に実施している。

2 教育委員会の方針及び支援

　埼玉県教育委員会では、「支援籍」を平成18年度より実施している。「支援籍」とは、障害のある児童生徒が必要な学習活動を行うために、在籍する学校または学級以外に置く埼玉県独自の学籍である。

（1）支援籍の定義

　支援籍とは、ノーマライゼーションの理念に基づく教育を推進する観点から、発達障害を含む障害のある児童生徒と障害のない児童生徒が一緒に学ぶ機会の拡大を図るとともに、障害のある児童生徒に対する、より適切な教育的支援を行うため、「個別の教育支援計画」及び「個別の指導計画」に基づき必要な支援を在籍する学校又は学級以外で行うた

めの仕組みである。

（2）支援籍学習の目的

　ノーマライゼーションの理念に基づく教育の推進は、児童生徒に、障害者に対する差別や偏見といった心の障壁を取り除く「心のバリアフリー」を育むとともに、障害のある児童生徒に「社会で自立できる自信と力」を育むことを目的とするものである。支援籍学習によって、障害のない児童生徒にとっては、同じ地域に住む障害のある児童生徒と学級の一員として一緒に学ぶことにより、「心のバリアフリー」を育むことができる。また、障害のある児童生徒にとっては、地域との関係を深めるとともに、在籍校（学級）以外の学校（学級）において学ぶことにより、「社会で自立できる自信と力」を育むことができる。

（3）支援籍の種類

①　通常学級支援籍

　県立特別支援学校に在籍する児童生徒が、地域とのつながりを図るという観点から、居住地を学区とする公立小中学校において学習する機会を設けるために通常の学級に置く支援籍である。

②　特別支援学校支援籍

　公立小中学校の通常の学級及び特別支援学級に在籍している障害のある児童生徒が、教育的ニーズに応じたきめ細かな支援や、より専門的な学習を受ける機会を確保するため、必要に応じて、県立特別支援学校に置く支援籍である。

③　特別支援学級支援籍

　公立小中学校の通常の学級に在籍している障害のある児童生徒が、教育的ニーズに応じたきめ細かな支援や、より専門的な学習を受ける機会を確保するため、必要に応じて、特別支援学級に置く支援籍である。形態的に学校教育法施行規則第 140 条及び第 141 条による通級指導に類似する仕組みとして実施が可能となる。

　なお、県立特別支援学校に在籍する児童生徒が、通常学級支援籍の前段階として特別支援学級での支援籍を有する場合がある。　　　　　　　（埼玉県教育委員会ＨＰより引用）

3　居住地校交流を中心とした交流及び共同学習の実施状況

（1）令和元年度通常学級支援籍の実施状況

①　実施者数　　　　　　　　　　　　　　　　　　　　　　　　　　　　（人）

	小1	小2	小3	小4	小5	小6	中1	中2	中3
在籍数	12	13	13	14	11	16	25	21	25
支援籍実施数	2	4	5	6	6	10	10	7	9

② 実施回数　　　　　　　　　　　　　　　　　　　　　　　　　　　　　　　（人）

	1回	2回	3回	4回	5回	合計
小学部	6	16	9	1	1	33
中学部	7	14	3	1	1	26
合計	13	30	12	2	2	59

③ 実施内容　　　　　　　　　　　　　　　　　　　　　　　　　　　　　　　（回）

	生活単元	学級活動	音楽	体育	図工・美術	朝の活動	給食	帰りの会	その他
小学部	10	18	13	20	9	4	8	1	12
中学部	3	3	6	9	7	2	15	0	42
合計	13	21	19	29	16	6	23	1	54

（2）特別支援学校支援籍の実施状況　　　　　　　　　　　　　　　　　　（人）

H23	H24	H25	H26	H27	H28	H29	H30	R元
6	13	10	7	9	8	14	9	13

4 特徴的な居住地校交流の例

　「共生社会」の実現に向けた、インクルーシブ教育とは、障害のある子供と障害のない子供が共に教育を受けることである。支援籍学習を通してお互いの良さを生かし、保護者の願いも含め地域とのつながりをさらに深めていくことが期待されている。以下に掲載する（1）（2）の事例は地域とのつながりの深化に向けた特徴的な取組である。さらに、（3）では特別支援学校支援籍の取組を、（4）ではコロナ禍におけるオンラインでの支援籍（交流及び共同学習）について紹介する。

（1）通常学級支援籍の事例①

　発達障害（自閉スペクトラム症）のある小学部2年生の児童が学校行事に参加した事例である。本児童は障害特性から初めての活動に見通しを持つのが難しく、見通しが持てていない場合には、活動への取り組みが消極的になってしまう傾向があるため、本児童の障害特性に配慮し、活動に見通しが持てるよう本番だけでなく練習も含めて運動会に参加した。運動会本番前に当日出場する種目の練習において支援籍を実施した。事前に学習を行うことで、児童自身もやるべき活動への理解が深まり、自信を持って運動会当日を迎えることができた。本番は、開会式からの参加であったが、練習していない活動も友達からの働きかけや周囲の様

子をよく観察しながら行動することができ、徒競走、玉入れなどの競技への参加や友達の応援等を行うことができた。本事例での大きな成果は、該当学年だけでなく他の学年も含めた全校児童生徒と共に同じ場で同じ学習をする機会を得たこと、さらに地域の方々や大勢の保護者の前で支援籍学習を実施できたことであり、障害のある子供と障害のない子供が共に教育を受ける機会（仕組み）があることを知ってもらえたことである。

（2）通常学級支援籍の事例②

　本事例はダウン症で知的障害のある児童が卒業式に参加した事例である。本児童は、小学4年生まで地域の小学校の特別支援学級に在籍していた。本校へ転入学後も5年次、6年次と学期1回程度継続して支援籍学習を実施していた。卒業式への参加は、令和元年度当初より計画していたが、年度途中にコロナ禍になってしまったこともあり、卒業式への参加は本校および保護者としては難しいと考えていたところ、支援籍校から卒業式への参加を打診され、卒業式に参加することができた。予行練習にも参加し、流れに見通しを持つことができ、歌の自主練習を家で行うなど児童自身も期待感を持って当日を迎えることができた。卒業式本番は、流れに沿って行動することができ、呼名に対しても大きな声で返事をすることができた。また、周囲の子供たちも自然に参加を受け入れ、入退場や証書授与のタイ

ミングなどを合図等で教える姿が見られた。本事例の大きな成果は、支援籍校からの参加の打診と本児童の参加を自然と受け入れた支援籍校の児童の姿勢である。本校の児童からの働きかけを待っているといった姿勢でなく、支援籍校の児童の多くは本児に対して積極的にかかわっていた。そして、そのかかわりも、お客様をもてなすといった感じではなく、

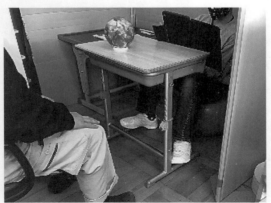

以前からの友だちのように非常に自然体でのかかわりであった。共生社会の実現に向けたインクルーシブ教育システムのモデルケースとなり得る事例であると考える。

（3）特別支援学校支援籍の事例

　本事例は、発達障害のある中学1年生の生徒が月に1回程度（1回につき50分）本校に通学し、自立活動の時間における指導（以下、自立活動）の授業に取り組んだ事例であ

る。対象生徒は、国旗や国名に大きな興味があり、タブレット端末の操作が得意である。反面、姿勢の保持やコミュニケーション面に課題がある生徒である。特別支援学校支援籍を実施するにあたり、本校で活用している「はばたき版自立活動の指導計画」を作成し、所属校においても継続的に同じ目標で自立活動の授業を展開できるよう連携を図った。さらに、支援籍学習時には、中学校の担任の先生にも同席していただき、より専門的な学習内容や場の設定方法を共有した。双方の教員の連携した取組により、お互いに、より専門性が高まったと捉えている。

　継続した支援籍学習の取組により、本校の担当教員にも慣れ、また、見通しを持って本校の「自立活動」の学習に取り組めるようになった。学習に対する意欲も生まれ、自分の目標が明確になると、落ち着いてやるべき課題に集中して取り組めるようにもなった。苦手なことばかりをクローズアップするのではなく、得意なことを中心に学習課題を設定することで、達成感や自己肯定感を高め、苦手な部分をカバーし、苦手な学習にも前向きな気持ちで取り組めるようになったと感じている。在籍している中学校においても、同様の学習を継続して取り組んでもらった。その結果、普段の生活においても、落ち着いて取り組む姿勢が見られるなどの変化が現れた。この学習に取り組んだ大きな成果である。

（4）コロナ禍における支援籍の事例（小学部）

　昨年度来のコロナ禍により、本校の支援籍も大きな影響を受けた。感染予防の観点から、居住地の学校へ、また居住地の学校からの登校に大きな制限がかかってしまった。そこで、本校では、GIGA スクール構想により導入された通信環境とタブレット端末を活用し、オンラインでの支援籍を実施した。短時間、画面越しではあったが、直接コミュニケーションをとることのできる貴重な機会になると同時に、その後の支援籍学習を進めるにあたってとても有意義な学びとなった。

5 成果と課題

　まず成果であるが、本校の支援籍実施率については、令和元年度が40％（小学部42％、中学部36％）、コロナ禍となった令和2年度が30％（小学部37％、中学部21％）であった。さらに、支援籍学習の一つとして、児童の実態等から直接同じ場で学習を行うのではなく、手紙などのやりとりを行う間接的な形態で実施する支援籍学習を、令和2年度は小中学部合わせて26名の児童生徒が実施した。昨年度はコロナ禍の影響から実施率が下がったが、開校以来概ね30～40％の児童生徒が支援籍を実施し、地域の学校で障害のない児童生徒と共に学ぶ機会を得ている。一概に数が多ければ良いというわけではないが、このことは、障害のある児童生徒の理解促進に大きな役割を果たし、障害のある子供とない子供が自然な形で触れ合い、学習の場を共有することのできる素晴らしい機会となっている。また、上記の事例のように、学校全体や地域が一体となる行事を一つの学習機会とすることで、限られた学級の子供たちだけではなく、多くの方が障害のある子供に対する理解を深めることへの一助となっている。さらに、支援籍学習を通して地域社会とのつながりが深まることで、児童生徒の世界観が広がり豊かな生き方にもつながっていくことが期待できる。

　次に、課題である。支援籍学習に行うにあたり、手続き上の煩雑さや双方の学校の様々な事情から、年間の回数や学習内容等が限定的になる傾向がある。学校間での交流学習についても小中学部で近隣の小中学校と実施しているが、年間で計6回程度であり十分な回数とは言えない現状である。様々な制約等がある中でインクルーシブ教育システムの構築に向けて、もっと気軽に本校の児童生徒が地域の学校で授業を受けたり、児童生徒と交流したりする機会を得ることが必要である。その実現に向け、本校がさらに地域に開かれた学校となるべく積極的な情報発信に努め、高等部生徒も含めた地域社会とつながる場をより多く創造し、障害がある児童生徒について知っていただく機会を意図的に増やしていき人権意識の高揚を図る必要がある。さらに、地域での活動に積極的な参加を促すとともに、地域活動へより多く参加できる仕組みづくりについても地域社会と一体となって検討していくことも今後の課題である。

6 本事例のポイント

研究推進委員　宇田川　和久

　ご紹介いただいた4つの事例は、知的障害特別支援学校の特徴を踏まえた共生社会を目指す典型的な事例である。

　まず、1つ目の小学部2年生の自閉スペクトラム症のある児童の事例である。こうした児童については特性にもよるが、普段の授業に継続的に参加していくことはなかなか厳しいものがある。まずは、居住地校の学校行事から取り組みはじめるといった、無理をせず

継続的に取り組む工夫が必要である。ただ、学校行事に参加するといっても、いきなり学校行事本番というのは、児童にとっては大いにストレスのあることである。自閉スペクトラム症の児童の特性として見通しが持ちにくいということがある。本児のように見通しが持てないと活動が消極的になってしまうことから、見通しを持って積極的に活動できるよう、本番だけでなく練習段階から計画的に参加することが重要である。結果として、「児童自身もやるべき活動への理解が深まり、自信を持って運動会当日を迎えることができた」ことは大変良かった。自己肯定感を高める取組となったと考える。また、こうした学校行事については、「該当学年だけでなく他の学年も含めた全校児童生徒と共に同じ場で同じ学習をする機会を得たこと、さらに地域の方々や大勢の保護者の前で支援籍学習を実施できたこと」とあるように、上手に進めることで、正に共生社会を目指す取組につながるということである。

　次に、2つ目のダウン症の児童の事例である。この事例についても、前事例と同様、共生社会を目指す取組として非常に効果的な取組だと考える。通常学級支援籍を活用した学習については、入学式にはじまり、卒業式に終わるのが理想だと考えている。実践を重ねていく中で、特別支援学校側だけでなく、通常学級支援籍を実施する学校にとっても、その学校に在籍する児童生徒にとって教育効果が高まるという気づきが生まれ、入学式、卒業式を意識して取り組む学校も増えている。こうした学校では、校長先生が、支援籍を実施する児童生徒の紹介、そして支援籍の紹介を、あいさつ（式辞）の中で行っている。地域の方々が多く集まる場を意識して、意図的にこうした紹介を行っているのである。

　次に、3つ目の発達障害のある中学1年生が月に1回程度（1回につき50分）本校に通学し、自立活動の指導に取り組んだ特別支援学校支援籍の事例である。得意なタブレット端末を活用して、コミュニケーションスキルの向上に取り組んだ事例である。得意なことを中心に課題を設定して取り組ませ、達成感や自己肯定感を高めながら、担当教員が意図的にやりとりを行い、苦手な学習にも前向きな気持ちで取り組ませるといった活動である。

　次に、4つ目のコロナ禍での取組である。オンラインでの支援籍である。短時間、画面越しではあったが直接コミュニケーションをとることができ、その後の支援籍を進めるにあたってとても有意義で効果的な学習になったということである。

　最後に、埼玉県の支援籍の取組の特徴を紹介させていただく。支援籍については、制度設計段階から、地域ぐるみで取り組むことが重要であるという視点を大切にし、社会福祉協議会と協働して支援籍を支えるボランティアの育成にも取り組んできた。ボランティアの方々には、支援籍校で、また本校で、障害のある児童生徒と共に活動していただいている。

千葉県立八千代特別支援学校

校長　香取　聖子

1 学校概要

　本校は、昭和54年に創設され、知的障害を主とした教育と肢体不自由への支援機能を持つ特別支援学校である。八千代市と習志野市を学区とし、児童生徒数は185名である。小学部から高等部まで3つの学部を通して、教育目標である「自ら学び生きる力を高める児童生徒の育成」を目指している。学校経営の重点として、「センター的役割と共生社会の実現」を掲げ、地域社会や教育諸機関との連携の強化を推進している。

　本校の交流及び共同学習は、児童生徒の社会性や豊かな人間関係の育成、地域社会への情報発信や障害理解の推進を目的とし、「学校間交流」、「居住地校交流」、「近隣地域との交流」として取り組んでいる。学校間交流の内容としては、八千代市内小中学校との交流、近隣県立高等学校との読書交流（高校生による読み聞かせ）、近隣市立特別支援学校とのスポーツ交流、県立特別支援学校との作業班交流、県内大学とのパラスポーツ交流等を行っている。近隣地域との交流の内容としては、生徒会による挨拶運動や清掃等の奉仕活動、近隣福祉施設での文化交流会、高等部と地域自治会との清掃活動を行っている。学校間交流や近隣地域との交流は、生活年齢や発達段階に応じて様々な交流に取り組んでいたが、新型コロナウイルス感染症拡大のため、令和2年度より、中止または間接的な方法で行っているところである。居住地校交流については、本校においては平成20年頃より始まり、児童生徒の経験を広げるとともに地域でより豊かに生活する基盤をつくり、好ましい人間関係を育むことをねらいとし、希望する児童生徒が居住する地域の小中学校において、同世代の児童生徒と共に活動している。

本校正門から校舎全景を臨む

本校正門前
新しい住宅が次々に建ち、変化が大きい地域

2 | 教育委員会の方針及び支援

　千葉県教育委員会では、第2次千葉県特別支援教育推進基本計画（平成29年）の中で、地域で共に学び育つ教育の推進として、優良実践事例の紹介による学びの機会の提供、交流及び共同学習を相互に楽しめる障害者スポーツの普及促進等の取り組みを掲げている。

　また、第3期千葉県教育振興基本計画「次世代へ光り輝く『教育立県ちば』プラン」（令和2年）を踏まえ、各学校・園において重点的に取り組む事項として、「共生社会の形成に向けた特別支援教育の推進」の施策を挙げている。その中で、地域で共に学び育つ教育の推進として、特別支援学校と近隣の小中学校等の幼児児童生徒との交流及び共同学習の促進を掲げている。

3 | 居住地校交流を中心とした交流及び共同学習の実施状況

		居住地校交流	学校間交流
平成30年度	小学部	6名（2.5回）	5回
	中学部	2名（2.5回）	4回
	高等部		4回
令和元年度	小学部	5名（3.4回）	5回
	中学部	7名（3.4回）	4回
	高等部		4回
令和2年度	小学部	5名（1回）	2回
	中学部	4名（1回）	1回
	高等部		1回
令和3年度	小学部	6名（1〜2回　予定含む）	2回
	中学部	3名（1〜2回　予定含む）	1回
	高等部		1回

※令和2年度と令和3年度は間接交流（リモート交流含む）
（　　　　　）内回数は一人あたり平均

4 | 特徴的な居住地校交流の事例

（1）小学部〜リモート交流で関係をつなぐ〜（令和2年度・令和3年度の実践）

① 事例児童及び希望理由について

　コロナ禍前より交流を行っていた、小学部4年の男子児童Aさんと小学部6年の男子児童Bさんである。AさんとBさんの2名は、小学部低学年時から市内の同じ小学校特別支援学級と交流を行っており、令和2年度よりリモートでの交流を同時に行っている。どちらの児童の保護者も、地域の友達と共に活動してほしい、いろいろな経験をしてほしいという願いがあり、居住地校交流を希望していた。コロナ禍となり直接の交流は難しくなったが、これまで複数の児童が交流を積み重ねてきた経緯、また交流校や担当者の理解と協力があり、リモートでの交流を行うこととなった。

② リモート交流（令和２年度）

初めてのリモート交流では、ＡさんＢさんともに、テレビに映った自分の姿、また交流校のにぎやかな友達の姿に不思議そうな表情で、テレビをじっと見つめる姿が見られた。交流校の特別支援学級は、人数が多くにぎやかな学級であり、ＡさんとＢさんのことを覚えてくれている児童もおり、画面越しに「○○くんいるね！」「久しぶりだね！」と言葉を交わしていた。

最初に、自己紹介とともに、お互いに「好きなものクイズ」を行った。大きなイラストを用意し画面に映しながら、「ぼくの好きなものは何でしょう？」とクイズを出し合い、画面に映ったイラストを選びながら答えるようにした。交流校からクイズを出された場面では、食べ物や乗り物等馴染みがあるイラストが多く、ＡさんとＢさんが選択するときに、興味を持って画面に近づく姿が見られた。本校からクイズを出す場面では、ＡさんとＢさんの好きなものに対して、交流校の児童が「えーそうだったんだ！」「知らなかったね！」と、ＡさんとＢさんについて改めて知ってもらうこともあった。

近況報告として、ＡさんとＢさんは、本校の文化祭での取組を紹介した。Ａさんは、文化祭のステージ発表で取り組んだボールを使った的当て、Ｂさんはゴールにシュートする活動をカメラの前で行い、紹介することができた。

③ リモート交流（令和３年度）

前年度に続き、２回目のリモート交流となった。テレビに映る交流校の友達の姿に、４年生のＡさんは緊張した表情、６年生のＢさんは前年度に比べるとリラックスした表情でスタートした。

本校の児童２名は、頑張っていることや学習の成果の発表として、Ａさんは大縄跳び、Ｂさんは卓上ベルや太鼓の演奏を発表した。

交流校からは、今年度入学した１年生の紹介、事前に録画した動画を画面共有することにより、特別支援学級でのハンドベルの合奏を紹介していただいた。交流校の体育館で演奏された壮大なハンドベルの合奏に、ＡさんＢさんともに、真剣な表情で聞き入り、知っている曲なのか微笑むような様子が見られた。事前に録画した動画を一緒に見ることで、カメラの前の限られた空間での活動だけでなく、交流校の児童の意欲や充実感につなげながら、スケールの大きな活動を共有することができた。この交流は、リモート交流を実施する時間の確保や内容の充実等、交流校の担当者の理解と協力が大きく、双方の学校の児童にとってより深みのある取組ができた。

リモート交流において、特に小学部段階の本校の児童の実態を考慮すると、画

友達が映る画面に注目する様子

面の向こうの友達をどこまで意識できているか、また互いのやりとりを深めるような関わりができているか等、直接関わり合う交流ができない中での課題があると思われる。しかし、本校と交流校双方においてリモート交流でのねらいや成果を整理しながら、コロナ禍前より積み重ねてきた関係を途切れさせず、今後へつなげていく必要がある。

（2）中学部〜リモートにて交流スタート〜（令和3年度の実践）

① 事例生徒及び希望理由について

　市内小学校特別支援学級から本校中学部に入学した、中学部1年の男子生徒Cさんである。通っていた保育園や小学校の同級生が交流校に通っており、地域の同世代の友達との関わりを途切れさせたくないとの保護者の願いがあり、居住地校交流を希望した。当初は、通常学級と特別支援学級を交互に交流という希望であったが、コロナ禍で直接の交流が難しく、まずは特別支援学級と間接的な交流を行うところからのスタートとなった。

② 1回目のリモート交流（令和3年11月）

　事前の打ち合わせにおいて、交流校の担当者がリモート交流に意欲的なこともあり、内容についていろいろな意見が出された。双方の生徒にとって実りある交流を目指し、また交流校生徒からの発信を取り入れながら、ねらいや内容について検討した。初めてのリモート交流では、自己紹介や互いの活動紹介を行った。

web カメラに向けて作業班の活動を紹介する様子

　Cさんは、作業学習で取り組んでいる園芸班の作業として、育てているビオラの花やポット入れの活動をカメラの前で実演し、紹介した。本校担任は、Cさんが緊張して固まってしまうのではという心配もしていたが、終始笑顔で穏やかな表情が見られ、普段取り組んでいる作業の内容を落ち着いて行うことができた。交流校からは、事前に生徒自身が作成したパワーポイントデータを共有しながら、生徒一人一人の自己紹介や学校の紹介をしていただいた。交流校の担当者によると、総合的な学習の時間の中で、それぞれが自己紹介のパワーポイントデータを作成したとのことで、間接的に行うこととなった居住地校交流をきっかけに、生徒の学習に広がりと意義を持たせ、取り組んでくれている様子であった。交流中を通して、交流校の生徒がCさんの名前を繰り返し呼び、あたたかく声を掛けてくれる場面が多く、Cさんがそれをうれしそうに聞いている様子が印象的であった。この交流は、初回からリモートでのスタートであったが、交流校の特別支援学級にもともと関わりのある生徒が多く在籍していること、交流校の生徒が交流を前向きに受け止めてくれていること、交流校の担当者が細やかに準備をしてくれていること等、リモートでの交流を進めやすい状況であった。

②　２回目のリモート交流（令和４年２月予定）

　今後、２回目のリモート交流を予定している。事前の打ち合わせの段階で、１回目の交流の互いの生徒の様子を見て、それ以降の交流の実施について検討することを確認していた。１回目の交流において、Cさんが終始笑顔で穏やかな表情が見られ、交流中の写真を見せたところ保護者の了承もあり、また交流校の生徒から次にやってみたい活動へのアイデアが出たこと等、互いに２回目のリモート交流に前向きであり、現在内容について検討しているところである。

（３）中学部〜特別支援学級から通常学級へ〜（平成 30 年度の実践）

①　事例生徒及び希望理由について

　市内小学校特別支援学級より本校中学部に入学した、当時中学部１年の男子生徒Dさんである。通っていた小学校と、ほぼ隣接している中学校との交流を希望した。Dさんが通っていた小学校と交流校である中学校は、特別支援学級同士で定期的に体育の授業交流を行っており、慣れ親しんだ活動を通してかつての友達と触れ合えることを期待し、特別支援学級との居住地校交流を積極的に希望した。

②　１回目・２回目の交流（特別支援学級）

　交流校の特別支援学級は少人数の学級であり、細やかな対応のもと、交流を進めることができた。隣接する小学校の特別支援学級との「体育」では、数ヶ月前まで共に学習した友達に歓迎され、ランニング、体操、鬼ごっこを楽しんだ。また「美術」では、専科教員より「何が好き？」「これはどう？」と声を掛けられながら、紙粘土での作品作りに取り組んだ。Dさんが廊下に出ると、通常学級の生徒より「あっ○○だ！」と名前を呼ばれ声を掛けられることがあり、うれしそうに手を挙げて応じる姿が見られた。

③　通常学級との交流へ

　特別支援学級の担当者より、通常学級での総合体育祭に向けた取組を紹介された。また保護者より、同じ小学校の出身であれば、通常学級の生徒もDさんに声を掛けてくれるとの話があった。ほがらかで、初めてのことにも前向きに取り組もうとするDさんの性格もあり、保護者が背中を後押しする形で、３回目からの交流を通常学級で行うことにした。

　交流校にも、通常学級での交流の受け入れを理解していただき、特別支援学級とは人数や雰囲気が大きく異なるため、Dさんの負担が少なくなるように、交流する日にちや学級を比較的好きな技能教科がある曜日や時間帯で設定するようにした。

　また、交流校と相談の上、登校後は一度特別支援学級の教室に立ち寄り、かばんを置いてから通常学級の教室に向かうようにした。授業の途中で疲れてしまったり、適応できなくなってしまったりしたときに、戻ることができる場所として残しておいていただきたい旨をお伝えしたところ、交流校は快く応じてくださり、安心して３回目の交流を迎えることができた。

④　３回目の交流（通常学級）

　登校後、特別支援学級で着替えを済ませ、２校時の「英語」から参加した。プリントに

書かれた単語を発音したり、グループで会話をしたりする場面では、同行していた本校担任が急いでふりがなをふる等の配慮が必要であったが、Dさんは楽しそうに活動に参加した。3校時の「体育」はマット運動であり、周囲の生徒の働き掛けに応えたり、手本の模倣をしたり、Dさんなりに活動することができた。その後、特別支援学級で給食を食べる予定であったが、そのまま通常学級で食べることになった。

⑤　4回目の交流（通常学級）

　2校時は「国語」書道、3校時は「体育」柔道、4校時は「美術」デザインの授業であった。「体育」では、周囲の生徒の支援を受けながら道着を付けたり、隣の生徒の動きを模倣して体を動かしたりしていた。柔道の内容については、手首の返しや腕の位置等、交流校の職員に丁寧に支援を受けながら取り組んだ。身体を動かすことが好きなDさんは、「やった！」というようにガッツポーズをとる姿が見られた。

　このように、特別支援学級から交流をスタートし、段階を踏み、必要な支援をその都度確認しながら通常学級での交流に移行していき、Dさんの経験や人間関係を広げ、多くの同世代の生徒と共に活動し交流を深めることができた。

5 　成果と課題

○　交流校の担当者や管理職と事前の打ち合わせを行い、実態、ねらい、活動の内容等について丁寧に確認するとともに、交流に関わる職員同士で顔の見える関係を築くことで、交流校や担当者の理解を促進し、双方の児童生徒にとってより意義のある交流とすることができる。

○　交流を実施するにあたって、交流校の理解が不可欠であり、指導の姿勢が学校や学級内の児童生徒に大きく影響することに配慮し、互いの特徴を認め合いながら、交流の意義や在り方について、理解啓発を図る必要がある。

○　交流を実施するにあたって、児童生徒の負担に十分配慮した、主体的に活動に取り組む姿、自分から歩み寄る姿を目指し、児童生徒同士の自然な関わりが望める交流計画を検討する必要がある。

○　本校と交流校双方にとって意義のある交流とするために、事前の打ち合わせや連絡を取り合う中で、互いの成長や課題について確認しながら進めていくことが肝要である。

○　年度の初め、居住地校交流の希望を確認後、本校と交流校が直接やりとりをする前に、本校管理職を通して各市教育委員会から交流校へ交流希望の旨を連絡することで、交流校の理解を促進するとともに、その後のやりとりを円滑に進めることができる。

○　コロナ禍がいつまで続くか先が見えない中、間接交流を行いながら、交流を積み重ねてきた関係を途切れさせず、今後へつなげていきたい。また、直接の交流ができなくても、同世代の友達と関わってほしい、地域との関係をつなげたいという保護者の願いに応えていきたい。そのためには、本校と交流校双方にとって無理のない交流内容や交流

時間の確保について、細やかに検討する必要がある。

○　リモート交流において、児童生徒にとって、画面の中から自分の名前を呼ばれ声を掛けられることは、視覚的に注目しやすく、興味を持ちやすい活動であった。

○　リモート交流においては、活動場所が本校の児童生徒が普段生活する慣れた場所であり、児童生徒にとって安心感があり、交流校に日頃の学習の成果や活動の様子を見ていただくことで、児童生徒についての理解を深めていただくことができた。

○　従来の居住地校交流において、交流中保護者は子供の付き添いを必要とされており、保護者によっては負担となっていた。リモート交流においては、保護者の負担が少ない形で交流を行うことができる。

○　交流校の担当者より、交流校の児童生徒にとって、コロナ禍で交流以外にもリモートでの活動が増える中、画面の中に自分たちがいながらやりとりの中心となり、また交流後に本校児童生徒のことを話題にしている様子が見られ、活動として印象に残っているとの意見をいただいた。

6　本事例のポイント　　　　　　研究推進委員　宮﨑　英憲

(1)　本事例校の千葉県立八千代特別支援学校は、開設当初、自然豊かな地域だったとのことだが、近年、都市化が著しい地域（学区域は、八千代市と習志野市）にあり、様々な課題もあげられていた。

　　交流及び共同学習は、開校間もない頃から教育課程に位置付けられ、「学校間交流」、「居住地校交流」、「近隣地域との交流」等、様々な交流形態で取り組まれているとのことであった（概要紹介参照）。

(2)　千葉県教育委員会は、特別支援教育指導資料（令和２年度版）の中に、「交流及び共同学習を位置付け」ており、「交流及び共同学習」は、障害者の人権を守る国際的な流れの中から、我が国の重要な取組として進められているとして「交流及び共同学習」は、文部科学省が進めるインクルーシブ教育システム構築の中で大変重要な位置を占め、千葉県においても、特別支援教育の重要な施策としていることに言及されている（第4章連続性のある「多様な学びの場と支援の充実」参照）。

(3)　こうした千葉県教育委員会の方針等もあり、本事例校の学校間交流の内容は豊富であり、八千代市内小中学校との交流、近隣県立高等学校との読書交流（高校生による読み聞かせ）、近隣市立特別支援学校とのスポーツ交流、県立特別支援学校との作業班交流、県内大学とのパラスポーツ交流等多岐にわたっての交流が行われている。但し、ここ2年間のコロナ禍にあって、多くの学校が遭遇したように、この活動に関しては、とりわけ苦労の連続だったことが語られた。

(4)　報告していただいた事例は、「居住地校交流」の一例であるが、コロナ禍にあって、極めて困難を抱えた実践であったことは論を待たない。極めて優れた特別な実践事例と

して取り上げたわけではないが、着実にできることから実践された好事例として、多くの学校が参考に取組事例として活用いただけるものと思われる。

(5)　特に、成果と課題に記載されている内容は、改めて、「交流及び共同学習」「居住地校交流」を進めていく上で、学校が念頭に置かねばならない基本的な事項が示されていることに注目したい。コロナ禍で学んだ課題については、次のステージで克服できていくことを期待したい。

※写真は、本人・保護者の承諾を得て掲載しています。

東京都立調布特別支援学校

校長　原田　勝

1 学校概要

　本校は、東京都調布市にあり、調布市、三鷹市、狛江市を学区域とする、知的障害の特別支援学校である。東京都立調布養護学校として、昭和51年に開校し、令和3年度で創立46年目を迎える。平成20年に東京都立学校設置条例及び同条例施行規則の一部改正に伴い、東京都立調布特別支援学校と校名を変更した。小学部、中学部を設置しており、今年度は、小学部22学級、中学部15学級、児童生徒167名の教育を、79名の教職員が担当している。学校経営計画では、「社会に開かれた教育課程」の推進を掲げており、教職員、保護者、地域、関係機関が一体となって共生社会の実現を図ることを目指し、「『地域』に生き、ともに伸びる学校」をテーマに広く都民の期待に応える教育活動を進めている。

　本校の交流及び共同学習は、平成16年11月に策定された東京都特別支援教育推進計画により、平成17年度に調布市が副籍モデル事業の指定を受け、本校でも平成19年度から副籍制度が導入されたことに始まる。当初は、在籍児童生徒の保護者に、副籍制度を利用した交流について希望調査を取り、希望のあった児童生徒について、居住市の小学校、中学校に副籍を置き、交流（活動）を行ってきた。平成27年度の新入生からは、原則として在籍する児童生徒全員が副次的な籍をもつこととなり、交流活動については、希望を確認した上で実施している。

2 | 東京都教育委員会の方針及び支援

　東京都教育委員会は、昭和63年から「心身障害児理解教育推進事業」を実施し、学校間交流の推進を図ってきた。その後、平成15年12月に心身障害教育改善検討委員会を設置し、居住地校交流について検討を行い、翌、平成16年9月から居住地校交流を開始した。また、平成16年11月に策定した東京都特別支援教育推進計画により、副籍制度について示した後、平成17年4月に本校のある調布市のほか、北区、八王子市、あきる野市で副籍モデル事業の試行を開始した。平成19年以降、東京都全域で副籍制度が始まり、副籍ガイドラインが作成・配布された。

3 | 居住地校交流を中心とした交流及び共同学習の実施状況

年度	学部	在籍児童・生徒数	副籍制度に基づいた交流（直接、間接交流合計）			学校間交流
			実施児童・生徒数	延べ回数	1人当たり平均	回数
平成28年度	小学部	92	46	177	3	10
	中学部	49	2	36	3	2
平成29年度	小学部	96	63	192	3	10
	中学部	46	10	33	3	2
平成30年度	小学部	97	63	90	2.7	10
	中学部	52	19	15	1.5	2
令和元年度	小学部	96	63	115	20	10
	中学部	58	21	3	3	2
令和2年度	小学部	93	55	37	1.3	10*
	中学部	69	24	14	1.4	2*
令和3年度	小学部	96	1	1	0	10*
	中学部	71	1	1	0	2*

＊令和2・3年度の学校間交流の回数はオンラインによる交流を含める。

14　共生社会をめざす居住地校交流

4　特徴的な居住地校交流の事例

（1）小学部

- 小学部4年生のAさん。1学期の交流は「学級活動」で行った。最初に挨拶をした後、まずビンゴ大会を行った。数字の確認は、友達も一緒にしてくれて、Rさんも無事にビンゴとなり、かわいい景品をもらった。次はダンス「パプリカ」で、事前打合わせで、Aさんが「パプリカ」を好きだと話したところ、クラスでも人気があることが分かり、この日は小学校の児童と一緒に踊ることができた。その後行ったハンカチ落としでは、Aさんも2回鬼になり、友達の応援を受けながら、走って逃げることができた。最後にはみんなとハイタッチをして別れたが、プレゼントをたくさんもらい、笑顔で帰った。

- 1年生の時から直接交流を続けてきたBくん。打合せの際は、担任の先生が温かく迎えてくれ、Bくんの好きな電車の話をしたり、5年生の教室を案内してくれたりした。交流当日、クラスの友達は、交流のテーマ「Bくんと一緒に楽しく遊ぼう!!スマイル」を掲げ、内容を自ら考え、笑顔で迎えてくれた。みんなと一緒に朝の会に参加した後は、体育館で体育の授業に参加した。最後の障害物リレーで、Bくんの番になると、同じチームの友達が一緒に回りながらサポートをしてくれた。ゴールではクラスのみんながアーチをつくり、Bくんもスマイルでゴール、ハイタッチして、とても嬉しそうだった。

- 1年生の時から直接交流を続けてきたCくん。5年生になり、一段と身体も大きく成長し、顔見知りの小学校の先生方も「大きくなったね」と声をかけてくれた。クラスの友達は、交流の内容を自分たちで考えたり、熱心に教室を飾り付けたりして迎えてくれた。自己紹介から始まり、みんなでゲームなどを行った。今年はクラス替えもあり、初めての友達もいる中だが、周りの様子を見て真似したり、少し手伝ってもらったりしながら、楽しい時間を一緒に過ごすことができた。

- 地域指定校の学習発表会（作品展示）では、6年生が子供学芸員を務め、会場に展示されている作品の紹介をしていた。Dさんが副籍交流しているクラスの友達から、「ぜひDさんの作品を紹介したい！」との申し出があり、絞り染めのハンカチとマスキングテープの絵を出品した。当日は、Dさんの見学の時間に合わせて、クラスの友達が学芸員となり、Dさんも展示作品について、説明や案内を受けながら見学することができた。

（2）中学部

- 中学部1年生のAさんは、本校の小学部を卒業した。小学部4年生から直接交流を重ねてきた地域指定校である小学校も同時に卒業となる。小学校の特別支援教育コーディネーターの先生から「卒業証書はどうしましょう」という嬉しい問い合わせがあった。保護者の方にお伝えし、卒業証書（番号なしのもの）をいただくことになった。春休みに小学校の校長先生から直接、卒業証書を受け取ったAさん。とても嬉しそうだったと保護者の方からうかがった。

・中学部３年生のＢさんは、小学部５年より継続して副籍交流に取り組み、水墨画には３年間取り組んできた。交流当日は、地域指定校の校長先生や先生方、講師の水墨画の先生から、「待っていましたよ」と声をかけていただいた。１年時には作品が途中までできあがったが、２年生の交流では「今年はその続きに取り組み完成させましょう！」とのお話をいただき、２年計画で完成することができた。そして今年度は、「竹」の作品を色紙に描き、堂々と完成させた。授業終了後の挨拶では、「今年は、中学３年生で卒業ですね。来年交流で会えないのは、ちょっと淋しいけれど、これからも元気に頑張ってくださいね。近くですから学校の行事などに顔を見せてくださいね」と、声をかけていただいた。

・地域指定校の中学校で、２名の生徒が直接交流を行った。どちらの生徒も、１学期は「国語」の時間、そして２学期は「美術」の時間に交流を行った。昨年から継続して交流を行っている生徒は「友達や先生も知っているし、学校にも少しずつ慣れてきたよ」と話してくれた。また、保護者からは「ほどよい緊張感がありましたが、それは学びの上で大切ですね」との感想をいただいた。

・今年度から調布市に転居したＣさん。地域の友達と知り合えたらと、副籍交流を行っている。１学期の初めての交流では担任が同行し、交流クラスである６組のお友達に、引っ越しのこと、調布特別支援学校の場所、Ｃさんの好きなことや苦手なことなどを紹介したあと、美術の授業に参加した。２学期の交流の時に、クラスの友達が「１年生は初めての合唱祭で緊張しますが、みんながんばるのでぜひ見に来てください」と、Ｃさんが読みやすいように考えて振り仮名をふってくれたメッセージを添えた、合唱祭のプログラムを渡してくれた。合唱祭当日は、朝のクラス練習から合流して参加し、書いてきたクラスへのメッセージカードを渡し、応援の気持ちを伝えることができた。

5 成果と課題

（１）成果

　本校では、居住地校交流を中心とした交流及び共同学習について、保護者、関係市教育委員会、地域指定校の理解協力や関係する教職員の取組に向けた努力などにより、「3. 居住地校交流を中心とした交流及び共同学習の実施状況」で示したとおりの実施を行ってきた。特に、副籍は、平成16年11月に策定された東京都特別支援教育推進計画により平成17年度に調布市が副籍モデル事業の指定を受けたこともあり、本校においても、積極的な取組が行われ、特に、小学部においては、平成28年度以降、直接交流、間接交流合わせて、約60％の実施率を達成してきた。

（２）課題

① 短期的な課題

・副籍（直接交流）については、令和２年度以降、新型コロナウイルス感染症の発生等に

より、中止や延期の措置をとらざるを得なくなっている。本校の児童生徒の中には、マスクの着用が困難な者もおり、実施を躊躇する保護者も出ている状況である。

・新型コロナウイルス感染症の終息の兆しが見えない中、本校と地域指定校、交流校との情報共有を深め、オンライン等での交流が、もっと気軽にできるような環境整備に努めることが重要である。

・中学部での副籍に基づく直接交流実施は、小学部に比べ、長期にわたり低い水準にあり、今後、保護者や地域指定校等の理解協力を得るため、今後、一層の取組の工夫が必要である。

② 　長期的な課題

副籍制度は、今年度、導入開始から 15 年目を迎えた。当初からの積極的な推進もあり、新型コロナウイルス感染症の拡大防止のため実施できなかった令和 3 年度を除き、小学部では直接交流、間接交流合わせ、60％前後の実施率を達成してきた。本校では、将来の共生社会の実現に向けた基盤の形成を目指して、副籍の実施率の向上に努めてきたが、これまでは、ともすれば、実施率にとらわれがちであった。15 年目を迎えた現在、副籍が、児童生徒にとって、真の共生社会実現に向けた基盤となるように、交流内容・方法の見直しを図り、地域指定校や関係市教育委員会等に対し、副籍の在り方を問い直すことが求められている。

そこで、本校では、保護者への理解啓発の充実を図る一方、副籍（直接交流）のための担任教員等の付き添いを原則として取りやめることとした。副籍について、今後、保護者をはじめ、地域指定校、関係市教育委員会等に、より一層、丁寧な説明や働きかけを行うことにより、実際に、児童生徒が、将来、生きていくであろう「共生社会」への関心を深め、主体的な参画をしてほしいとの願いをこめての見直しである。

よって、本校における今後の課題は、これまでの副籍の取組を振り返るとともに、共生社会実現に向け、意義のある副籍の実施ができるように取組の改善を図ることである。

6　本事例のポイント　　　　　　　　　　　　　　研究推進委員　杉野　学

東京都教育委員会の方針に基づき地域指定校の小・中学校等との副籍制度による交流及び共同学習（以下、副籍事業）を実施しており、その特徴的な取組について述べる。

1. 「学校・地域いきいきプロジェクト」の推進

「地域に生き、ともに伸びる学校」をスクールテーマとして、「学校・地域いきいきプロジェクト」を立ち上げて、教職員・保護者・地域・関係機関と一体となって社会に開かれた教育課程の実現に取り組んでいる。また、地域における特別支援教育のセンター校として地域指定校の小・中学校等との学校間交流や副籍事業を通して障害理解啓発に努めている。

2. 教育委員会主催特別支援教育コーディネーター会議等で副籍事業の説明

本校特別支援教育コーディネーターが、通学区域の教育委員会（調布市、三鷹市、府中市）主催の特別支援教育コーディネーター会議で副籍事業について説明を行い、地域指定

小・中学校と本校小・中学部児童生徒が継続的に副籍事業を推進できるように努めている。

3．地域指定校と連携協力し交流事業の計画を練る

交流打ち合わせ会では、地域指定校管理職も同席し実情に応じた活動内容となるように計画している。地域指定校児童生徒に対し事前に本校児童生徒の状況を説明している。

4．児童生徒相互の声を大切にしながら交流活動をより豊かなものにする

地域指定校児童生徒が副籍事業の活動を計画する際には、本校児童生徒の「○○さんは△△ゲームならば一緒にできそう」などの声を大切にしながら、参加しやすい交流活動（ゲーム等）となるように工夫している。また、交流活動の際は、作成した自己紹介カードを基にして、児童生徒同士の関係づくりや相互理解が円滑に進むように努めている。

5．リーフレットの作成・活用

地域指定校小・中学校児童生徒が障害や支援を理解しやすいように、理解推進パンフレットを作成している。

6．ICT を活用した教材作成・活用

隣接している電気通信大学学生と本校教員が ICT を活用した教材を共同開発し、タブレット端末を用いた授業で個に応じた指導を充実している。交流事業では、GIGA 端末を利用したビデオレターを検討している。

副籍事業以外にも、神代植物公園植物多様性センターと連携した植物の調べ学習を実施している。また、授業で栽培したスミレの花（300 苗）を調布市へ提供し「調布駅前花いっぱいおもてなしイベント」の際、地域の方によって花壇に植えられた。

このように本校が、地域において長らく培ってきた障害児・者への理解と支援に関する活動は、地域における障害児・者への理解を推進するとともに、地域指定校との副籍事業を円滑にすすめる上での基盤となっている。副籍事業は、地域の中で子供を育んでいくという共生社会の理念を具現化する活動である。本校が地域における特別支援教育に関するセンター校として、家庭・地域社会と連携しながら副籍事業や教育相談等を、今後とも計画的、組織的に推進していくことを願ってやまない。

東京都立城東特別支援学校

校長　佐藤　亜紀子

1 学校概要

　本校は、「東京都特別支援教育推進計画」に基づき、都立知的障害特別支援学校の在籍者の増加に対応及び都立特別支援学校の規模と配置の適正化を図るために、東京都立江東特別支援学校から小・中学部が分離し、東京都立江東ろう学校の跡地に平成28年4月に新たに校名を東京都立城東特別支援学校として開校した、知的障害特別支援学校小・中学部設置校である。東京都立江東特別支援学

校は、その時に高等部普通科単独校となり、平成30年には職能開発科を開設し、現在は2つの教育課程をもつ高等部単独校である。

　校舎は江東区大島にあり、東京都立大塚ろう学校城東分教室と校舎の一部を併用している。周囲を高層住宅に囲まれ、江東区立第四大島小学校が本校敷地に隣接している。

　令和3年度の児童生徒数は、小学部が142名（29学級）、中学部は64名（13学級）であり、教職員は教員系74名、行政系9名である。

　本校は、「知的障害のある児童・生徒一人一人の人権を尊重し、障害の状態に応じた教育を推進するとともに自立と社会参加に向けて、能力を伸長し、豊かな人間性や社会性を育成する」ことを教育目標に掲げ、「共に学び　共に伸びる」ことを校訓としている。そして開校当初より、2つの交流を実施している。

　1つ目は「学校間交流」で、開校当初より校舎の一部を併用している大塚ろう学校城東分教室、隣接している第四大島小学校と交流を行っている。2校は本校の開校前から長年交流をしており、校舎の間には「友情の門」があった。現在でも本校と第四大島小学校の隣接部分に交流の象徴として残っている。

　また、近隣の江東区立砂町中学校との交流も実施している。開校当初は近隣の都立高等学校との交流を行っていたこともある。2つ目は副籍交流である。これについては後述する。また、地域の小・中学校からの依頼を受けて、理解啓発授業も実施している。

2 教育委員会の方針及び支援

　東京都教育委員会では、平成16年度「東京都特別支援教育推進計画第一次実施計画」の中で、共生社会の実現に向け、副籍モデル事業（平成16,17年度）として取り組みを始め、平成18年3月「副籍制度の円滑な実施に向けて（ガイドライン）」を作成し、全都に副籍制度を導入した。都立特別支援学校及び区立小中学校の特別支援教育コーディネーターが、特別支援教育の理解推進を図るとともに副籍交流の組織的な取組の中心的な役割を果たしている。また、平成20年代に「副籍制度推進リーフレット」「副籍ガイドブック」「副籍交流事例集」等も作成し啓発してきた。平成27年度からは、都立特別支援学校に入学する全ての児童生徒が副籍をもつことが原則となった。

3 学校間交流の実施状況

（1）交流校

対象学年	学校名	これまでの主な交流内容
小学部2年	江東区立第四大島小学校	出前授業、ダンス・歌など
小学部4年		出前授業、くつしたまいれなど
小学部5年	都立大塚ろう学校 城東分教室	しっぽ取り、リレーなど
中学部2年	江東区立砂町中学校 特別支援学級	ダンス、楽器演奏など
全校	都立城東高等学校	鉄道研究部より鉄道模型の贈答

（2）交流活動での工夫

　実際の交流の前に本校教員が出前授業を行ったり、学校見学を行ったりし、互いの環境面について知ることができるように、学年に応じて理解を深められるようにしている。

　"同じ"、"違い"をお互いに知り、一緒に楽しい時間を過ごせるような内容に取り組んできた。「くつしたまいれ」や「いたいっス」は「ゆるスポーツ（一般社団法人世界ゆるスポーツ協会）」の競技から取り

入れた。ゆるスポーツの「年齢・性別・運動神経に関わらず、だれもが楽しめる新スポーツ」という観点と、障害の有無に関わらずに楽しい時間を過ごしたいという交流の観点が合致している。

（3）コロナ禍における交流

　感染症予防のため、直接的な交流は控えてきたが、手探りで何らかのつながりを維持していきたいという思いでオンラインでの交流に取り組み始めている。また、お互いの舞台発表を録画したものや授業で制作した作品を鑑賞し合うなど、また会える日に向けて取り組んでいる。

4 副籍交流の実施状況

（1）主な内容

直接交流	間接交流
学校行事、授業やホームルームへの参加 （あいさつ訪問、出前授業）	学校だより、学年だよりの交換 行事の間接的な参加（出展や見学）
これまでの交流事例	
・音楽、体育、図画工作などの授業 ・給食 ・休み時間の遊び　・読み聞かせ会 ・学年集会で挨拶　・学芸会に参加 ・プロフィール表の掲示	・お手紙やカードの交換 ・展覧会への出展 ・学芸会の鑑賞、運動会の見学 ・プロフィール表の掲示

① 副籍パンフレットを配付

　児童・生徒を対象に交流のポイントや本校の環境などを紹介することで、交流の事前学習等に活動できるようにしている。

② プロフィールの掲示

　写真、好きなこと、手伝ってほしいことなどを保護者が記入し、地域指定校に掲示してもらう。交流の事前に児童生徒のことを知ってもらうことができ、共通点を見つけておくこともできる。

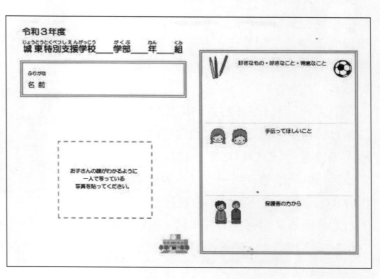

（２）交流希望の推移

		平成 29 年度	平成 30 年度	令和元年度	令和２年度	令和３年度
小学部	直接交流	35.8%	[*1]45.3%	28.8%	実施なし	[*2]9.1%
	間接交流	22.4%	27.3%	28.0%	26%	30.1%
中学部	直接交流	5.1%	5.8%	6.8%	実施なし	（オンライン希望なし）
	間接交流	42.4%	30.8%	20.3%	19%	23.4%
全体	全体	54.9%	62.2%	47.3%	24%	34.4%

※令和２・３年度の直接交流は新型コロナウイルス感染症予防のため中止とした。
※オンラインでの交流は令和２年度に試行し、令和３年度は本格的に実施した。
＊１小学部１年生の希望者が多かった。
＊２直接交流希望者のうちオンラインでの交流を希望し、地域指定校の了承が得られ、実施につながった割合。

5 特徴的な副籍交流の事例

（１）小学部

　近年、就学前機関に通いながら、地域の幼稚園・保育園・こども園に通園する児童が増加傾向にある。特別支援学校に入学したことで地域との結びつきが薄れてしまうことを残念に思う保護者も多く、副籍交流を通して地域とのつながりを維持し続けることが期待されている。以下に、本校で行われている小学部１年生の副籍交流の実践について記載する。

＊事前打ち合わせ

　児童生徒、保護者、担任、コーディネーターが地域指定校を訪問し挨拶。初回の打合せや年間の交流計画を立てる。

＊出前授業（初回）

　交流初回にはコーディネーターが出前授業を行い、特別支援学校の紹介や児童の紹介をスライドを用いて実施している。

＊直接交流の事例

≪お楽しみ会≫地域交流校の児童が、児童の好きなものや得意なことを理解した上で、お楽しみ会を計画し、児童が一緒に参加できるように工夫してくれている。リラックスした雰囲気の中での交流が行うことができた。

≪休み時間≫授業に一緒に参加した後、休み時間になると校庭に誘ってもらい、一緒になって鬼ごっこに参加した。「簡単

なルールを設定すれば一緒に遊べるね」という自然な気づきのもと交流を行うことができた。

≪音楽≫一緒に歌ったり演奏をしたりした。事前にどんな曲を扱うのか情報をもらい、学校でも聴いたり練習したりすることでスムーズな交流をすすめることができた。音楽会の舞台に一緒に参加させてもらった事例もあった。

≪図画工作≫一緒に制作をした。地域指定校の児童が描く描画を嬉しそうに見つめて、自分もやってみたいと意欲的に取り組み交流をした。展覧会に一緒に作品を展示してもらい、一緒に鑑賞タイムを過ごす交流も行った。

≪学芸会≫学芸会の配役を与えてもらい練習やリハーサルにも参加し、児童鑑賞日の場で一緒の舞台に立つことができた。地域指定校の児童らと同じ衣装を用意してもらい、楽しく舞台に立つことができた。ダンスの振付けを教えてもらったり、一緒に練習したりする中で自然な関わりや交流を行うことができた。

（2）中学部

中学生になると、教科担任制ということもあり、授業に参加しての交流機会は減ってくる。中学生向けの出前授業を改めて実施することで理解啓発を深めることができた。

≪美術≫絵の具を使ったアート作品を制作したり、鑑賞し合ったりした。

≪給食交流≫おしゃべりを楽しみ、和気あいあいとした雰囲気の中で交流した。

※コロナ禍での交流

令和2年度以降、地域指定校に直接訪問しての交流が行えず、その代わりにオンラインでの交流を行っている。ZoomやTeamsを使い、地域指定校とオンラインでつながり互いの学校の紹介をし合ったり、スライドを使用して児童の紹介をしたりした。地域指定校からは、歌や合奏の発表があり、本校の児童も興味深く画面をのぞき込んでいた。

6 | 成果と課題

○副籍交流で知り合えたことで、街中や公園で声をかけてもらえることが増え、地域参加の機会が増える。

○特別支援学校では体験することのできない行事（合唱コンクールなど）にも触れることができ貴重な経験となる。

○保護者が一緒に参加することで、児童生徒への接し方や地域の子供たちへの紹介の様子などを垣間見ることができる。保護者と地域を結ぶことにもつながっている。

○地域指定校の児童生徒にとってもよい機会となっている。総合的な学習の時間にユニバーサルデザインや障害理解について学んでいる学校も多く、その単元の中で交流へとつないだ事例もある。地域指定校にいる教員らにとっても理解啓発の機会となっている。

●東京都では特別支援学校に通う全ての児童生徒に地域指定校に副次的な籍があるが、交流の希望は保護者に委ねられている。保護者に向けた理解啓発も課題となっているが、あくまでも保護者の希望によるものであり、交流数を増やすことが目的ではないというのが現場の教員が感じているところである。

●中学生年代の交流は、交流内容を検討することが難しくなってくる。授業に参加することが目的なのではなく、地域の中の一員として迎え入れてもらうことをねらい、中学生向きの出前授業などを改めて行い、理解啓発を行う工夫が必要である。また、同じ地域の小・中学校が連携することで、さらなる工夫ができると考える。

※コロナ禍で実践してきた、オンラインによる交流は今後も活用機会が増えると考える。

7　本事例のポイント　　　　　　　　研究推進委員　杉野　学

　本校の玄関には、ダウン症の書家金澤翔子氏による「共に学び、共に伸びる」という校訓の書が掲げてある。これを見ると、地域の特別支援学校として、本校児童生徒が関わるすべての人々の中で、共に学び共に伸びていくという教育方針を伺うことができる。

　さて、本校では、東京都教育委員会の方針に基づき本校小・中学部に在籍する全ての児童生徒は、地域指定校である小学校や中学校に副籍をもっている。この副籍制度を活用した交流及び共同学習（以下、副籍事業）の特徴的な取組について、以下 5 点述べる。

1．学校教育目標の重点に位置付ける

　学校教育目標の一つに「自分の仲間を大切にし、ともに活動する力を育てる」を掲げ、江東区立小・中学校等との学校間交流や副籍事業を通して、センター的機能を強化するとともに、地域における特別支援教育推進の要となる方針を示し地域から信頼され期待される学校となるよう努めている。

2．区教育委員会との交流教育推進

　特別支援教育センター的機能発揮事業として、本校特別支援教育コーディネーター 2 名を中心に、通学区域 5 区の教育委員会（江東区、中央区、千代田区、墨田区、台東区）とそれぞれ年度当初に交流打ち合わせを行い、地域指定小・中学校と本校小・中学部児童生徒、保護者、教職員が継続的に副籍事業を推進できるように運営している。

3. 地域指定校への出前授業やオンラインによる副籍交流などの実施

　本校特別支援教育コーディネーターが、地域指定校小・中学校児童生徒に向けて障害理解や子供たちへの関わり方などに関する学びやすい教材を作成した。令和2年度は、ICTを活用して出前授業（8回）、副籍交流（オンライン3回）、学校間交流ではフープリレー、ボッチャ、ダンス、学習発表会での作品交流などを実施した。事前・事後の担任同士の連絡を密にし、児童生徒間の話合いを経るなどして互いに顔の見える交流を実施している。

4. 理解推進リーフレットの作成・活用

　副籍パンフレット「ともにまなびともにのびる」を作成し、障害のある子供たちと仲良くなるためのヒント、教室環境や教育の概要、副籍制度、交流スケジュール、保護者感想、共生地域の形成などについて述べてある。外国語のパンフレット作成を検討している。

5. 地域との連携

　地域の高齢者施設訪問やビデオレターでの交流、行事等での地域商店街や町会との交流、地域の園芸業者と共に公園の花植え、アートパラ深川出品等を行っている。

　副籍事業は、地域の中で子供を育んでいくという共生社会の理念を具現化する活動であり、特別支援教育のセンター的役割を果たす基盤となる活動でもある。さらに、いじめを生まないために、自分や友達の良さに気づき互いに尊重し合い支え合う心や、優しさや思いやりをもって接する心情などの豊かな心を育成するという教育効果がある。副籍交流を通して、子供たちが地域とのつながりを維持し続けることが期待されている。今後とも学校・家庭・地域社会が連携し副籍事業の一層の充実を願ってやまない。

神奈川県立秦野養護学校

校長　佐藤　雅己

1 学校概要

　本校は昭和33年に、結核などで療養している児童生徒（現在では気管支喘息・腎臓病・糖尿病・肥満・結核・自律神経失調症、その他慢性疾患のある児童生徒（Ａ課程））が、隣接する国立療養所神奈川病院（現独立行政法人国立病院機構神奈川病院）で療養生活を送りながら教育を受けられるようにと病弱教育部門の学校として開校された。昭和54年度から重症心身障害児者（Ｂ課程）に対する訪問教育が開始された。

　平成10年度には、県立伊勢原養護学校より神奈川リハビリテーション病院内かもめ学級（Ｃかもめ）が移管され、更に平成16年度には同じく県立伊勢原養護学校から訪問教育弘済学園（Ｄ弘済）が移管された。

　Ａ課程、Ｃかもめには小学部・中学部が配置され一人ひとりの症状や特性に応じた教育計画のもとに、病気欠席による学習空白を補いながら基礎学力の充実を図っている。病気回復後は前籍校への復帰はもちろんのこと、本校での進級、卒業、中学校・高等学校への進学ができるように学習能力の維持向上を図り、かつ個々の実態に適した進路指導に努めている。また、心身の障害の状態が重複している児童生徒（Ｂ、Ｃ、Ｄ）に対し、教員が病院や施設に出向いて教育する訪問指導の形態をとっているのも特色である。

　平成22年度より秦野市内の中学校の知的障害がある生徒の進学先として、「自立した社会生活に必要な力をつける」学習を中心に行う知的障害教育部門高等部（Ｅ高等部）を開設、平成28年度からは秦野市立末広小学校の敷地内に、知的障害教育部門小学部・中学部（Ｆ末広）を開設し、Ｄ弘済を知的障害教育部門に改めた。

　このように、社会や地域、時代のニーズに応じて部門・課程を開設してきた。平成31年4月には知的障害教育部門高等部を拡充するとともに、肢体不自由教育部門（Ｇ部門）を開設し、3つの教育部門（病弱・知的障害・肢体不自由）・4つの教育の場を持つ神奈川県内唯一の特別支援学校となった。令和の時代を迎え、関係機関との協働、多職種との連携、地域との共生という歴史とともに培った特色を「強み」として活かし、地域に根ざし地域に開かれた「ともに歩む総合的な特別支援学校」を目指している。

2　教育委員会の方針及び支援

　神奈川県教育委員会では、児童生徒が地域とのつながりを持つとともに、共生社会の実
現に向けて、特別支援学校小学部・中学部に在籍する児童生徒を対象に「居住地校交流」（神
奈川県では「居住地交流」という。以下同じ）を実施している。この取組では、保護者と
連携して作成する「個別教育計画」において実施の必要性を確認し、児童生徒の居住する
地域の小・中学校と相談をし、合意を得て実施をしている。内容については在籍校での教
育活動と交流校での教育活動に連続性を持たせたり、真のふれあいの機会となるように配
慮したりしながら発展的な内容となるよう計画・実践を進めている。

3　居住地校交流を中心とした交流及び共同学習の実践状況
　　（2019年度）

		居住地校交流	地域との交流 ※地域の方の学習ボランティア含む
病弱教育部門	小・中学部	実施なし	16回（1.3回）
知的障害教育部門	小学部 中学部	9回（0.2回） 2回（0.1回）	23回（1.1回） 22回（2回）
肢体不自由教育部門	小学部 中学部	10回（0.7回） 1回（0.5回）	実施なし　実施なし

（　　　）内回数は1人当たり平均

4　特徴的な居住地校交流の事例

（1）知的障害教育部門　　小学部の事例
○交流内容、児童の様子、子供同士でのやりとりの様子や成果

　小学部5年生の児童で入学前には地域の幼稚園に在籍しており、1年生から継続して通
常級、支援級と交流をしている。創作活動が好きなため、通常級との交流では1年時から
図工の授業に参加する形で行っている。

＜図工での交流の内容＞
　・ペンで着色したペットボトルの中に水を入れ、暗室で光をみて鑑賞をする
　・粘土工作で動物を作る
　・粘土工作で自分の思い出の場面を作る
　・紙粘土で花びんを作る
　・ストローで動くおもちゃを作る

　粘土工作が好きだという実態から、楽しみながら交流できるよう相手校と内容を調整し
粘土を題材としたものが多くなっている。また、クラスでの記念写真を撮っていただいた
り、クラス全員から折り紙のプレゼントをもらったりする場面を作っていただくことも

あった。プレゼントを一人ひとりからもらう場面では、自分から手を伸ばして受け取る様子も見られた。

　入学前に地域の幼稚園に通っていたため、毎年交流を継続してきたことで顔なじみの児童も多く、はじめての交流の際は、同じ幼稚園の児童を集めたグループにしていただいていたおかげで、スムーズにそのグループに入ることができた。

　また、創作活動中には、他の児童と道具を共有する際に本児が選ぶのを待ってくれる場面や、片付けの際に数人で一緒に片付けをしてくれるような場面も見られた。

　交流の最後には「ありがとう」「さようなら」とクラスの児童に挨拶をすることができた。

○配慮した点
- ・慣れない場所や活動に不安を持つことが多いため、交流で行う活動を事前にクラスの図工の時間で複数回取り上げ、活動内容に見通しが持てるようにした。
- ・制作するものの見本と手順書を事前に提示し、当日も活用した。
- ・相手校の校内の木彫のカブトムシの置物が気に入っており、活動後にその置物を見る時間をとることで楽しい場所である印象を持たせることができた。
- ・時間に見通しが持ちにくい場面では、タイマー等を活用し、時間の区切りを意識させるようにした。

○課題点
- ・相手校の授業が単元の1時間目であると説明の時間が長く、本児にとっては苦しい場面も見られた。数時間扱いで行う単元であれば2時間目以降で交流を実施する方がよいと感じた。
- ・交流相手と全く同じ工程でなくても、見本の示し方や簡略化等工夫の必要がある。

（2）肢体不自由教育部門　　小学部の事例

○交流内容、児童の様子、子ども同士でのやりとりの様子や成果

　小学1年生と年2回実施（9月、12月）。1回目と2回目で違うクラスで活動に参加した。読書タイム（絵本の読み聞かせ）、朝の会、1時間目の学級活動の授業に参加。

　1回目の交流では教室に入ると友達が本児の周りに集まってくれたが、緊張で表情が強張っていた。「はじめましての会」ではボール送りゲーム、じゃんけん大会、合唱の活動を行った。ボール送りゲームでは、左隣の友達にボールを渡そうと一生懸命手を伸ばし、本児にボールがきた時には自己紹介をした。慣れたようで緊張は少なく、笑顔も多かった。じゃんけん大会では女児とペアで活動した。勝つと「やったね！」と言われ、ハイタッチ等の関わりが持てた。優勝すると、「おめでとう」「すごいね」「最強だね」と言われ誇らしげだった。帰る際は寂しそうだったが、「またきてね」と言われ笑顔を見せた。

　2回目の交流では学級活動で「昔遊びをしよう！」に参加。朝の会の前に挨拶をした。前回よりも緊張が緩み、交流クラスが違っても挨拶の時から笑顔が見られた。「昔遊びをしよう！」では、花いちもんめ、かごめかごめ、たろうさんの3つを行った。花いちもんめでは、はじめはただ動くことを楽しんでいたが、ルールがわかると友達と手をつないだ

時や、ほしい人を決める時の相談時に笑顔が多くなった。かごめかごめでは鬼になった。後ろにいた児童の声が聞こえ、引率教員が「○○さん？」と確認すると無表情（＝違う）、「△△さん？」と確認すると笑顔になり（＝合っている）、見事当てることができ嬉しそうだった。今回も帰り際は寂しそうな表情だったが「またね」と言われ、笑顔でお別れできた。

　交流後にありがとうの手紙のやりとりや、本児が体調を崩すと心配してくれた友だちから手紙が届いた。直接的なやりとりだけではなく手紙という形でも交流することができた。

○配慮した点

・医療的ケア児のため、保護者同伴が必須。また、体温調整が苦手であるため教室空調調整の依頼を事前にした。また、保護者に保冷剤の持参をお願いした。

・車いす移動のため、教室等の動線確認をおこなった。校舎入口が２階にあり、駐車場からだと階段になってしまうため、校舎２階とつながっているグラウンドで保護者と待ち合わせるようにした。駐車場の確保を学校側にお願いした。

・車で来校だったため通学時間に重ならないように来校時間を調整した。（危険回避のため）

・自己紹介カードを持参し、本児の名前と好きなものを知ってもらえるようにした。

・本児も参加可能な活動内容になるように、担任の先生とやりとりを重ねた。

○課題点

・事前に確認しても２回目の活動内容だと車いす操作での安全面の注意がさらに必要だと感じた。他の児童が動くので、注意が必要である。

（3）病弱教育部門　分身ロボットの活用事例

○対象：病弱教育部門（準ずる教育課程）中学部３年生

○分身ロボット活用のきっかけ：中３の進路選択のために、進学先候補の学校見学をする際、生徒の実態として、初めての場所に行くことへの不安が強く、見学に行くことに抵抗感があったため、教員が分身ロボットを持参する（本人の顔が見えない状態でもリアルタイムで見学ができる）方法で見学を実施した。

分身ロボット　Ori Hime

○教育課程上の扱い：総合的な学習の時間（進路学習）

○授業のねらい：高校の授業や登校場面を見学することで、学校の雰囲気を感じる。

　今まで収集した情報に加えて、自分にとって重視したい情報を、質問してメモを取る。

○配慮事項：生徒が担任と共に自分の教室でタブレット端末を用いて見学できる設定とした。分身ロボット（と Wi-Fi）を持って学校に出向く教員は、日頃生徒と日常的に接している教科担当で、中継先とのやりとりも普段通りにできるように配慮した。見学先の学校には、何ヶ月か前に分身ロボットでの学校見学について管理職より打診し、了承を得た上で依頼文書を送付し当日を迎えた。

＜授業の流れ＞

1　はじまりの挨拶

2　本時の説明

3　中継先の教員と挨拶

4　登校場面を見学（最寄りのバス停からの
　　風景を分身ロボットの目線で知る）

5　学校見学（挨拶 ⇒ 授業体験 ⇒ 学
　　校案内 ⇒ 質疑応答 ⇒ 挨拶）

　　　高校担当者に挨拶し、生徒が傍観者で

　　なく、主体的に見学できるように対話できる機会を設定した。

6　感想（中継先の本校教員と感想を話し合う）

7　まとめ

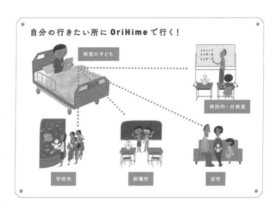

○見学を終えて：病弱教育部門で、長く地域の学校から離れて学んでいる生徒にとって、進路選択のためとはいえ、初めての集団の中に出向くことに抵抗がある。該当生徒の実態も考慮して、分身ロボットを活用することで、安心できる環境で見学が実施でき、自分の知りたい情報について、自ら質問をすることができた。また、自分の顔は見せないで、相手の顔は見えるため、実際に検査を受けにいく際も、顔のわかる先生を頼りに高校に向かうことができた。

○居住地校交流での活用の可能性について：病弱教育部門の入院児童生徒は、発病（受傷）後の自分の姿を見せたくない、居住地の学校と交流することにためらいがある場合がある。分身ロボットを活用することで、交流への抵抗感を減らし、ロボットを通して自分を受け入れてくれる雰囲気を感じることができれば、復学への意欲を持つことが期待できる。そのように、児童生徒の交流に向けての心理的負担を軽減するために、分身ロボットの活用は大変有効である。

5 成果と課題

　特別支援学校に在籍している児童生徒は、普段かかわる人がある程度限られてしまい、同世代の子供同士のかかわりもどうしても少なくなってしまう。地域の小・中学校で交流を行うことで同世代の子供同士のかかわりの経験を深め、そのやりとりの中で社会性を育むことにもつながる。大人からの刺激よりも子供同士で刺激し合うことで驚くほどの成長や反応を目にすることも多くある。相手校の在籍児童生徒も、障害のある同世代の子供と直接かかわることで、多様な人々に対する理解が深まり、話しかけたり手を差し伸べたりすることが自然にでき、そのことが「ともに学び」「ともに育つ」インクルーシブ教育、さらには「ともにくらし」「ともに生きる」共生社会の実現につながっていくと考える。

　現在は新型コロナウイルス感染症の流行により例年どおりの交流が難しい状況にある。

しかし、ICT 機器を活用したり、ビデオレターという形でやりとりしたりしながら相互の
つながりを切らすことなく、特別支援学校に在籍している児童生徒も居住する地域で様々
な人とともに支え合い、尊重し合いながら豊かに暮らしていく姿を目指していきたい。

6　本事例のポイント　　　　　　　研究推進委員　岩井　雄一

　神奈川県立秦野養護学校は、昭和 24 年に設置された病弱教育の特殊学級から引き続き
50 年にわたり、病弱教育を担ってきた。現在、病弱教育部門は、隣接の国立病院機構神
奈川病院、神奈川リハビリテーション病院内の「かもめ学級」において全国から入院して
くる児童生徒が在籍している。本校は教室での授業のほかに、病状等によっては病院のベッ
ドサイドでの学習等を実施している。

　また、市内にある鉄道弘済会総合福祉センター弘済学園に訪問教育部門を設置している。
地元秦野市には知的障害、肢体不自由の教育を行う特別支援学校がなく他の地域に通学し
ていたため、この児童生徒も含め、地元の子供は地元で教育をしたいという秦野市の思い
を受け、秦野市立末広小学校の敷地内に神奈川県立秦野養護学校末広校舎を設置した。

　神奈川県、秦野市の協力により同一敷地内に小学校と特別支援学校を設置することによ
り学校生活や学校行事等においては日常的に自然な形で交流が行われている。特別支援学
校と小学校等が同一敷地内に設置される例は増えてきているが、市立の学校同士の場合が
多く、このように県立と市立の学校が同一敷地内にある例は少なく、神奈川県と秦野市の
連携協力の結果と考える。秦野市立末広小学校と神奈川県立秦野養護学校末広校舎（知的
障害教育部門）は、学校生活や行事、学習活動等を通して自然に交流が行えるようにして
いる。また、末広小学校は、この地域に住んでいる特別支援学校の児童には、居住地校と
して交流及び共同学習を行っている。

　平成 31 年には、知的障害教育部門の高等部の拡充とともに肢体不自由教育部門小学部・
中学部を開設し、地元の肢体不自由のある子供たちへの教育を担当することとなった。また、
これらの児童生徒たちの居住地との関係を維持するため、居住地校交流を実施している。

　秦野養護学校は病弱教育部門から始まっており、入院している児童生徒の前籍校との交
流及び共同学習にも熱心に取り組んでいる。

　今回の報告においては、地域の特別支援教育の拠点としての役割を果たしている秦野養
護学校の交流及び共同学習の取組から各障害教育部門の事例を報告する。特徴としては、
3 つの障害教育、4 つの教育の場という環境を生かした多様な交流及び共同学習の紹介と
なっている。

　もちろん秦野市の地元の子供に対する思いとそれを受け止める地元教育委員会及び小・
中学校との連携によって、県立養護学校の交流及び共同学習の取組が促進され、子供たち
が共に学び、育っている姿を実感することができた。これはまさに共生社会の形成を目指
している地域の姿であろう。

17 | コーディネーターがつなぐ副学籍交流

長野県飯田養護学校

校長　浦野　憲一郎

1 | 学校概要

　本校は昭和60年、長野県下伊那郡喬木村に、飯田・下伊那地区の知的障がいがある子供たちのために設立された下伊那地区唯一の知的障がい特別支援学校である。小学部、中学部、高等部と各部に在籍し健康面で特別の配慮が必要な重度重複障がいがある児生のあおぞらグループがある。知的障がいのある児童生徒に加え、肢体不自由がある児童生徒や医療的ケアが必要な児童生徒も在籍する。令和3年度は小学部61名、中学部42名、高等部68名、合計171名の児童生徒の教育を137名の教職員が担当している。

　長野県の特別支援学校の目指す学校像「地域や企業等とつながり、インクルーシブな社会をリードする学校」を受け、令和3年度飯田養護学校経営ビジョンでは、副学籍による交流の充実を掲げ、交流及び共同学習の推進に力を入れている。

　また、「近隣の諸学校および地域社会の人々と活動を共にすることにより、児童生徒の経験を広め、社会性を養い、お互いに尊重し合う大切さを学ぶ機会とすること」をねらいとして、交流提携校と学校間での交流を続けている。小学部は喬木第一小学校、喬木第二小学校、中学部は喬木中学校、高等部は下伊那農業高校と交流し、小学部では、相互に行き来し、提携校の児童がペアを設定して一緒に活動したり、ゲームコーナーを作り共に楽しんだりする活動を行ってきた。中学部では、提携校の1年生が来校し、各クラスでレクリエーションやゲームを行ってきた。高等部では、開校当初から本校の作業学習を共に行ったり、グループに分かれて提携校の農作業の活動を一緒に行ったりするなど相互理解につなげる実際的、体験的な活動を行ってきている（令和2年度、3年度はコロナ禍のため直接的な交流は行えていない）。下伊那地区の市町村では、平成28年度より飯田市、高森町、豊丘村で「副学籍」が制度化され、その数は年々増加している。令和3年度には本校に在籍する上伊那地域の飯島町、中川村と合わせて現在13市町村で副学籍が制度化されている。そのうち、副学籍交流をしている児童生徒は小学部61名中41名、中学部42名中16名で合計57名である。実際の交流事例は後に述べるが、朝の会に参加する、給食を一緒に食べる、学級活動や授業に参加するといった日常的な生活場面での交流活動から音

楽会や運動会、遠足、修学旅行など学校行事等に参加するなどその子の実態や本人、保護者の思いや願い、副学籍校の考え等に応じて交流校と打合せを行い交流及び共同学習を実施している。

2　教育委員会の方針及び支援

　長野県教育委員会では、第2次長野県特別支援教育推進計画の中で「副次的な学籍（副学籍）」について、「既に実施している市町村の取組を全県へ発信する」こと、また、「課題に対する支援策の検討」を進めることを明記しており、平成29年には、合理的配慮実践事例集を発行し、先行地域の副学籍の好事例を掲載し、副学籍交流の推進に向けて情報を提供している。また、平成31年度には、特別支援学校副学籍コーディネーター配置事業が始まり、年間引率回数が100回を超える特別支援学校に、副学籍コーディネーターが配置された。副学籍の交流計画や交流準備、連絡調整、児童生徒引率を行うなど副学籍交流の推進を行っており、本校を含め4校に配属されている。本校児童生徒が最も多く居住する飯田市では、「飯田市に住む子供は飯田市で育てる」の理念を制度としてより明確に示し、副学籍の目的の具現をより推進するため、令和3年度より希望選択型副学籍（制度利用希望者の居住地の小・中学校を副学籍校としていたもの）を、教委指定型副学籍（全員が居住する地域の小・中学校を副学籍校と指定し、交流及び共同学習を行うか否かを保護者の選択とする）に見直しを行い、副学籍交流の充実による共生社会づくりを推進している。

3　居住地校交流を中心とした交流及び共同学習の実施状況

飯田養護学校　令和元年度　交流状況

		居住地校交流	学校間交流	地域製品販売
知的障害教育部門	小学部	319（9）	4	0
	中学部	46（4）	2	1
	高等部	0	2	2

（　　）内回数は1人当たり平均

4　特徴的な居住地校交流の事例

　長野県下伊那地区では、居住地の学校で行う交流のことを副学籍交流と呼んでいる。飯田養護学校には副学籍コーディネーターが在籍しており、児童生徒の副学籍交流の引率もしている。ここで紹介する事例は、副学籍コーディネーターの目から見た交流の様子であり、雑誌『信濃教育』に掲載した文書に加除修正したものである。

【令和2年度　飯田市立M小学校2年生の話】

揺さぶられる価値観

　飯田養護学校小学部2年生のAさんは、初めての副学籍交流に行きました。副学籍校のお友だちとの初対面です。あっという間にAさんは人なつっこい小学校2年生の児童たちに取り囲まれました。自己紹介の前からもう大人気です。「まずはご挨拶からだよ」なんて副学籍校の先生が声をかけてくれて交流がスタートしました。

　挨拶をするとすぐに質問タイム。発語のないAさんに代わってお母さんが答えてくれます。「車椅子に乗っているんだけど、寝るときにはどうするんですか？」「お母さんが抱っこしてお布団に寝かせます」「そうだよねー、腰がいたくなっちゃうもんねー」、なんて児童は自分の価値観で感じたことを口にしながら質問タイムは続きます。
「どんなものを食べるんですか？」「お母さんが作ったものを食べています」「どうやって食べるんですか？」「おなかに穴をあけてあってそこから食べます」「えーそうなの？」と驚きの声をあげる児童にお母さんが優しく微笑んでくれます。そんな中「どんな食べ物が好きですか？」というよくある質問が出ました。

　するとお母さんは、しばらく考えてから「・・・昔はイチゴをおいしそうに食べていました」と答えられました。教室が静まり返りました。

【平成30年度　飯田市立M小学校6年生の話】

今大事に考えたいことは何？

　中学部Bさんは、小学校1年生の時から副学籍交流をしています。小学校6年生の修学旅行にも行きました。その時の出来事です。

　国立科学博物館の見学終了時刻が近づいてきました。Bさんのグループは集合場所よりも少し遠くにいました。間に合うように走り出そうとする男子児童たち。「走っちゃダメだよ。Bさんのペースで歩かなくちゃ」という女子児童たち。でも遅れちゃったら大変なことになる、次の行動に支障が出る、でも走っちゃダメなんだ。大きな選択を迫られています。

　するとBさんのグループの女子児童がさっとBさんをおんぶしたそうです。そのまま階段を上って何とか集合場所に到着しました。

　両方大事にしなければならないとき、どんな決断ができますか？大人だったら携帯電話ですぐに連絡を取り合うでしょうが、児童ではそうはいきません。
修学旅行先で窮地に立たされた小学校6年生児童らはこういう決断をしたんです。

【令和元年度　飯田市立M中学校1年生の話】

中学校での副学籍交流はうまくいかない？

　居住地の小学校を卒業して、中学部から飯田養護学校に入学したCくん。居住地の中学校へ初めての副学籍交流に行きました。この中学校は3つの小学校から生徒が集まってくる大きな中学校です。Cくんは玄関でその人数と生徒の体の大きさに圧倒されていました。

　その日の交流は給食交流でした（コロナ禍前です）。クラッチ（杖）を使って足を踏み外さないようにゆっくりと階段を上るCくん。そこへ大きな足音を立ててエプロンをきた男子生徒が駆け下りてきました。ぶつかる！そう思ったそのとき、男子生徒は慌てて止まっただけでなく「おーい、今から階段を下りてくる人、ゆっくり歩いてきて。端によれよ」と声をあげてくれました。

　教室に入ると入り口付近にいた生徒が席に案内してくれました。小学校のようにみんなが集まってきてくれたりしません。給食当番以外の人は黙って席に座っています。初めまして、なので、何の共通の話題もありません。Cくんの存在は気になるけど、どうしよう。そんな感じです。目の前の優しそうな女子生徒からは緊張感を感じます。食事が始まったって教室全体のうっすらと張り詰めた空気はかわりません。私は「Cくんはウサギを飼ってるんだよね」などと話題を振ってみましたが、もちろん話は広がらず、ぽつりぽつりと話は途切れてしまいます。誰もかれもが話しかけようとしてくれ、でも何を話していいかわからない、そんなもどかしい時間が過ぎていきます。

　そうこうしているうちに「ごちそうさま」の時間になりました。食事のゆっくりなCくんはまだ食べ続けています。遠くの席の生徒の机や椅子は、この後の掃除のために教室の後ろに運ばれています。するとCくんの周りの席の生徒たちは何やら小声で話し始めました。「Cくんの机だけ残すのは失礼だよね」そんなやり取りが聞こえました。Cくんの周りの机はそのままになりました。そればかりか、その席の生徒たちは立ち上がらずにそのまま座っていました。

　そのうちCくんの隣の席の男子生徒の席に人が集まってきました。その男子生徒たちのやり取りを見てCくんが笑うと、今度は遠巻きに見ていた女子生徒たちが「男子たち何やってんの」と集まってきました。隣の席の男子生徒に会話を振るという手段でやり取りが始まりました。Cくんは笑っています。

　そのうちに「こいつ、隣のクラスの○○くん。Cくんと小学校が一緒」とこれまた話しかけるわけではないけれど聞こえるような大きな声で話す男子生徒が現れました。隣のクラスからわざわざ友だちを連れてきてくれたようでこちらを見て笑っています。「Cくん覚えてる？」と私が尋ねると「うん。○○くん」と答えてくれました。満面の笑顔です。

　教室を見回すと、誰もどこかへ遊びに行ったりしないで教室の中にいます。中学校生活の中で少ししかない休み時間にこの場にいてくれています。

　よく見るとほかの人の食器だけは先に返却してくる

ことを先生に伝えている生徒や、後で僕がCくんの食器を返しに行ってくると、目配せしている生徒がいます。

　そんな中、男子生徒がCくんに声をかけてくれました。「給食おいしい？」「どれがおいしい？」

　Cくんもそれに答えて話し始めました。「うん」だけではなくてお話を始めました。けれど、昼休みの雑踏にCくんの小さな声はかき消されてしまいます。男子生徒はCくんの声を聞き取ろうとして耳を近づけて一生懸命聞こうとしてくれています。でも聞き取れません。男子生徒は「ごめんな。ぼく耳がよくなくて。うまく聞き取れなくてごめんな」と自分のせいにして話をしてくれました。

　中学校での交流は小学校のように和気あいあいと、という雰囲気ではありません。一見すると沈黙の多いもどかしい交流です。でもどの生徒もみな自分自身と向き合い「自分には何ができるだろうか」と一生懸命考えてくれます。

　時間になり「さあCくん、帰ろうか」と振り返ると、さっき目の前で給食を食べていた女子生徒が、Cくんに「ウサギの名前、何ていうの？」と話しかけてくれていました。

【令和元年度　豊丘村立T小学校3年生の話】
居ることが当たり前

　小学部3年生のDくんは、毎朝副学籍校に通っています。朝の会まで一緒に過ごしてから養護学校に来ます。朝の会では、今日の予定の確認の時に「Dくんは養護学校で何をする日ですか？」と聞いてくれます。Dくんに代わってお母さんが「プールに入るので楽しみです」と答えます。朝の会が終わると「それじゃあね、プール頑張ってね。行ってらっしゃい」と大勢に見送られてDくんは養護学校へ向かいます。

　私がDくんの交流に同行させてもらった日は、朝読書の日でした。教室につくとすぐに児童がDくんの車いすを押して教室を出ていきました。着いたのは図書館です。「ねえ、Dくんが好きそうなカラフルな本を見つけたよ」と本を目の前で広げて「これでいい？」と聞いてくれています。「気に入ったんじゃない？この本じっと見てるから」ともう一人の女子児童。お母さんも「ほんとだ。よく見てる。はっきりした色だから喜んでるよ」と教えてくれます。そのうち「その本貸して」と横から手が伸びてきました。男子児童が受け取ってDくんの図書カードを書きはじめました。書きながら「まだぼく自分の本借りてない」とつぶやくと図書委員さんが近づいてきて無言でDくんの図書カードを受け取り、判を押してくれました。やらされているでもなく、やってあげなきゃでもなく実に自然。

　「いつもこうやってくれているの？ありがとう」という私に「別に普通じゃん」と一言言ってみんなさっさと教室に戻ってしまいました。

　もうすぐ音楽会。あちらこちらのクラスから歌声が聞こえてきます。Dくんのクラスでも合奏曲が決まったという話題が上がりました。すると前の席の女子児童が振り返って「Dくんは鈴がいいんじゃない？」と提案してくれました。

　帰り道、お母さんに「Dくんが音楽会に参加するのは当たり前だと思ってくれてい

るんですね」と話しかけると「先生に『Dは声が出ちゃうもんでそれが申し訳ないから参加を悩んでます』って話したら、担任の先生が『Dくんの声が出たら音楽会は大成功！』って言ってくれて参加する覚悟ができたの」と話してくださいました。

　音楽会は学校ごとにねらいがあります。学級で曲を作り上げる、その過程のなかで学級がまとまっていき、子供たちが成長します。そうやって作り上げた歌や演奏に賞をつけて児童生徒の気持ちを高めている学校もあります。とても大切にしたい活動です。

　もし、副学籍交流としてそんな重要なところに参加してしまったら、これまで一生懸命歌や合奏を作り上げてきた副学籍校の児童ががっかりしてしまうんじゃないか。そういう思いから、音楽会に関しては、積極的に参加を勧めるのではなく、保護者の方、副学籍校の先生とよく話をしてから参加の有無を決めています。

　Dくんの副学籍校でも、全ての児童が音楽会に向けて一生懸命取り組んでいます。先生の合図があるまで音を出さないように細心の注意を払っています。真剣です。

　でも、そこにDくんの鈴の音が違うタイミングで入ってもいいんです（実際にはDくんは見事な演奏をするんですが）。

　手加減をしてくれたり、合わせてくれたり、というのはとっくの昔に終わっていて、そして「あーあ、思いっきりできなかった」なんてことも全くなく、思いっきりやって、真剣に取り組むことを楽しんで、そして、そこにDくんがいる。それが当たり前、なんです。

5 　成果と課題

＜本校の児童生徒にとってのよさ＞

・副学籍校の同じクラスの友だちが新しい友だちを呼んでくれ、存在を知っていてくれる児童生徒の数が増えた。

・町で声を掛けてもらえるようになった。声をかけてもいいということを伝えることができた。

・かかわってくれる先生や友だちが増えた。
　自分の出した指示が通ることを経験できる。

・副学籍校の児童生徒の様子を見て真似をすることができる。（ルール　マナーなど）

＜副学籍校の子供たちにとってのよさ＞

・新しい価値観をもつことができる。

・どうしたらよいのか考え、悩み、実行しようとする。

・自分にできることは何かと考えて実行しようとする。

・自分は自分でいいんだと実感できる。

・コミュニケーションの方法を知る。
　コミュニケーションをとることに対しての遠慮が取り払われる。

＜コロナ禍における交流の課題＞

・ICT 機器を使うことの技術面の不安（今年度の実施は 2 回）。

・画面の中だけで時間を共有することの難しさがある。

・直接会って、声や雰囲気を肌で感じることの価値を強く感じる。

6 本事例のポイント

研究推進委員　樋口　一宗

（1）各事例が教えてくれること

① Aさんの事例

　成長真っ盛りの児童にとって、未来とは自らの成長や進歩を意味している。しかし、友達の中には「できていたことができなくなっていく」、つまり障害が進行する場合もあることを初めて知ったのがこの時だったと考えられる。彼らは「Aさんがかわいそう」ではなく、重い事実として「そうなんだ」と胸の奥で感じたことだろう。多様性という言葉は、単なる知識ではなく、こうした実感を積み重ねることで理解されていく。

② Bさんの事例

　「自分にできることで友達の力になりたい」、「集合時刻を守ることも、友達と共にいることも、どちらも大切にしたい」という児童の気持ちが痛いほど伝わってくる。おそらくBさんも背負ってくれる友達の背中の温かさを感じるとともに、できる限り背負ってくれる友達が歩きやすいようにじっとつかまっていたことだろう。大人がいなかったために児童の素晴らしい判断が生まれた。これはBさんとの行動を児童に任せてよいと教師が判断できるほど、共に活動した経験が積み重なった結果ともいえる。

③ Cさんの事例

　学年が上がる程、発達の差は拡がっていく。また、中学校では、小学校の時とは集団の構成メンバーが大きく変わる。そのため中学校で交流及び共同学習を躊躇する保護者も多いと聞く。しかし、この事例は、中学生段階になって初めて分かること、生まれる気持ちもあることを教えてくれる。生徒たちのぎこちなさは、障害を理解した上で自分の行動を決めようとするようになった変化を表している。中学生段階の交流及び共同学習として何ができるのか、学校は工夫を重ね、更に推進すべきであることを示している。

④ Dさんの事例

　通常の学級に安心して居場所を得ている感動的な事例である。毎日、いることが当然という状態になるには、地理的な好条件もあるのかもしれない。しかし、周囲の人々の心遣いがあることを強く感じる。知的障害のある児童生徒にとって、障害のない児童生徒と共に活動できる内容は、経験によって想像以上に増えていくようだ。そのことをDさんの

成長していく様子が教えてくれる。

（2）副学籍コーディネーターの存在

　長野県では、年間の交流及び共同学習の回数が多い特別支援学校に、副学籍コーディネーターを配置するというユニークな取り組みをしている。飯田養護学校の副学籍コーディネーターの主な役割は、副学籍校に交流及び共同学習に出かけていく児童生徒を引率することである。

　本事例の副学籍コーディネーターはもと飯田養護学校の教員で、ある程度、児童生徒の様子は分かっている。また、時間のある時には児童生徒の指導の様子を観察するなど情報収集にも心がけている。とはいえ、担任程うまくその児童生徒に対応できるわけではない。その状態で副学籍校に赴くことのプレッシャーにはなかなか慣れることはないそうだ。

　しかし、そのドキドキ感を保護者と共有し、児童生徒だけでなく保護者も支え、時には保護者の声を担任に伝える。県内に副学籍コーディネーターを配置する特別支援学校は他に3校あり、年に4回の連絡会を設けているとのことだが、どの学校の副学籍コーディネーターも同じように悩みながら業務に取り組んでいるそうだ。特別支援学校の担任は授業に専念したい気持ちがあり、担任自身が副学籍校に出向く機会をあまり多くは取れない。居住地校の児童生徒ともっと一緒に活動したいという保護者の願いと、学校同士の事情もありなかなか進まない状況との間で、保護者のもどかしさをぶつけられることもあるそうだ。

　特別支援学校では「副学籍コーディネーターが推進役を果たしてくれるから、これだけの回数の交流及び共同学習を行うことができる」と高く評価しているが、まだ知名度は低い。居住地域の学校と交流していく上で力強い存在である副学籍コーディネーターが更に多くの学校に配置され、相互理解が進んでいく未来を願っている。

長野県須坂市立須坂支援学校

校長　竹村　信之

1　学校概要

　本校は、「障がいがある子も障がいのない子も地域の子供は地域で育てる」という地域の思いを受け、平成22年に長野養護学校小学部須坂分教室として開室し、翌23年、長野県下で唯一の市立の特別支援学校となる須坂市立須坂支援学校として須坂市立須坂小学校の校舎内に開校した知的障害特別支援学校である。開校当初は小学部のみであったが、平成25年に中学部が開設された。令和3年度は、29名の児童生徒の教育を28名の教職員が担当している。

　学校運営の重点に「地域における特別支援教育の充実と共生・共育の推進」を掲げ、交流及び共同学習と開かれた学校づくりの推進に力を入れている。中でも、須坂小学校とは同じ校舎内で生活しており、日常生活の中で関わる場面があるほか、運動会・音楽会等の行事を合同で行っている。中学部は、隣

「１つの校舎に２つの学校」
両校の校名が掲げられている校門

接する須坂市立常盤中学校との交流及び共同学習として、生徒会対面式・文化祭・体育祭等の行事への参加や特別支援学級との交流を継続している。また、副学籍制度を利用して居住地校との交流及び共同学習を行っている児童生徒も多い。

　読み聞かせグループによる本や紙芝居の読み聞かせ、「土笛の会」の方が参加しての音楽の授業、地域の企業で働く体験「ぷれジョブ」（現在はコロナ禍で休止中）等、地域との交流も活発に行われている。

2　教育委員会の方針及び支援

　須坂市教育委員会では、平成30年度より「須坂市立小学校及び中学校における副学籍による交流及び共同学習」を実施している。この「副学籍制度」は、特別支援学校に在籍する児童生徒と、当該児童生徒が居住する地域の小・中学校に在籍する児童生徒が、地域で共に学び、共に育つことができる体制づくりを進め、将来において共に社会生活ができる仲間意識を育むことを目指している。

須坂市の「副学籍」とは、特別支援学校在籍の児童生徒が、居住する地域の小学校及び中学校に副次的な学籍を置くことであり、希望する児童生徒について、学校行事（入学式・卒業式・運動会・音楽会・文化祭・学年行事等）への参加、交流及び共同学習（活動可能な教科学習や総合的な学習の時間等への参加）、学校だより・学級だより等の配布、地域行事や地区単位での行事への参加、教室の机やロッカー・下駄箱の設置等を行っている。

3　居住地校交流を中心とした交流及び共同学習の実施状況

（　）内回数は一人あたり平均

		居住地校交流	学校間交流	地域との交流
知的障害教育部門	小学部	50 回（3 回）	須坂小と日常的に実施 常盤中と5回	○読み聞かせ（どんぐりころころ） ・小学部：月1回 ○読み聞かせ（読み聞かせの会） ・中学部：月1回 ○土笛の会（地域の音楽愛好グループ） ・中学部：月1回
	中学部	15 回（5 回）		

4　特徴的な居住地校交流の事例

（1）本校と同じ校舎内にある須坂小学校に副学籍を置くA児（小学部2年）の交流

① 日常的な交流の積み重ね

○業間休み（なかよしタイム）に同じ場（前庭、中庭等）で自由遊び

　本校と須坂小は、日課表を同じ時間にそろえており、業間休みも同じ時間帯に設定している。20分間の業間休みを両校では、「なかよしタイム」と呼び、前庭や中庭などで両校の児童が入り交じって、自由に遊んでいる。

○プレイルーム交流

〔プレイルーム交流とは〕 6月と11月の「なかよしタイム」では、本校の小学部が主に使っているプレイルームに、須坂小の1〜4年生を招待して交流する。プレイルームのトランポリンや、ブランコ、滑り台、大型ブロックなどの遊具を使って共に遊ぶ。

〔プレイルーム交流の事前準備〕

・両校の教員間の打合せ：本校で実施計画を立案し、月1回開催している両校代表者（校長、教頭、教務主任、部長、学年主任）による連絡会で協議。両校の児童が共に育つ交流となるよう意見交換する。実施計画を検討した後、交流する担任同士で打合せを行う。

・本校担任による事前の説明：交流する須坂小の全学級に担任が出向き、支援学校の児童の紹介（好きなことや得意なことなど）や、学校生活で頑張っている活動などを中心に、支援学校について理解を深める授業を行う。

・児童の事前準備：プレイルーム交流の前の週に、Ａ児は、自分の交流学級である２年松組の朝の会に行き、プレイルーム交流の案内ポスターを代表児童に手渡した。あわせてＡ児のこの時期の学校生活の紹介も写真を使って行い、お互いに期待感を高めた。

〔プレイルーム交流の実際〕

　早めにプレイルームに行き、自分の学級の友だちと遊びながら、２年松組の友だちを待つＡ児。２年松組の児童は毎回、４〜５人ずつ参加する。挨拶をし、プレイルームの使い方のきまりを再確認した後、自由遊び。一緒にトランポリンで跳ねて揺れを楽しんだり、長ブランコに一緒に乗って別の友だちに押してもらったりと、自然に関わり合いが生まれている。両校の教員は児童と一緒に遊び、楽しさを共有しながら、言葉で十分に伝えきれない本校の児童の思いを推察して周囲の児童に伝えたり、遊びに誘ったりする。大好きなぐるぐる回る地球ブランコに乗って担任に押してもらっていたＡ児。両校の児童に人気の地球ブランコの順番を待っていた須坂小のＢ児が、いつの間にかＡ児の乗る地球ブランコを押している。しばらくして教員が、「Ｂさんも一緒に乗ってみる？」と声をかけ、Ｂ児はうれしそうにＡ児の乗る地球ブランコに乗り込んだ。Ａ児、Ｂ児が乗る地球ブランコを、今度は須坂小のＣ児が押す。「わー、ぐるぐる回るよ」と言って、満面の笑顔のＢ児。その横でＡ児もにこにこ笑う。楽しく遊ぶ20分はあっという間に過ぎる。

〔プレイルーム交流後〕

　須坂小の児童は各学級でメッセージカードに感想を記入する。カードには「支援学校のお友だちと一緒にブランコに乗って楽しかった」「ブランコを押したら笑ってくれてうれしかった」「また一緒に遊びたいな」「プレイルームに招待してくれてありがとう」などと綴られていた。交流の写真を見ながら、感想を担任に読んでもらったＡ児は「楽しかった」と笑顔。メッセージカードは廊下に掲示し、保護者や教員にも読んでもらっている。

○おたより配り

　隔週に発行される学級だよりを、Ａ児は２年松組に配達している。おたよりには、小学部や学級の活動の様子が分かる写真がふんだんに掲載され、児童にも楽しい様子が伝わりやすくなっている。２年松組の担任の先生や児童から、「楽しそうだなあ」「僕も、ここ（遊び場）で、遊んでみたい」「おたよりを届けてくれて、ありがとう」などと声をかけられ、笑顔のＡ児。毎回、自ら進んでおたより配りに出かけている。

② 生活単元学習の遊び場に交流学級を招待して交流

　６月、中庭で行った生活単元学習「すなみずらんどへ　ようこそ」、10月、視聴覚室で行った生活単元学習「まほうのくにで　あそぼう」などの遊び場を、業間休み「なかよしタイム」に須坂小の児童に公開。１〜６年生まで、希望する児童が本校の児童と場を共有し、思い思いに遊んだ。本校の生活単元学習は３校時から始まるので、遊びに来た須坂小の児童が、準備を手伝ってくれることもある。須坂小１・２年生や、特別支援学級の児童が、存分に

遊ぶ機会も設けている。

③　合同の運動会や音楽会に共に取り組む

　小学部低学年は、8～9月に前庭で、「わくわくどきどき　みにみに運動会」の生活単元学習を実施。毎日、自分のめあてに向かって精いっぱいに取り組む生活を積み重ねた後、須坂小と共有の校庭で、須坂小の運動会の練習に参加した。A児は、交流学級の児童とともに、2年生かけっこ、2・3年生の表現、支援学校の単独種目に出場。2・3年生の表現「須坂小・支援学校盛り上げ隊」は、支援学校の児童も含めて、みんなが楽しくダンスを踊るにはどうしたらよいか、須坂小の児童が考え、踊りやすい「パプリカ」の曲を選定した。

　A児は、全力でかけっこを走り抜き、須坂小・支援学校の友だちと一緒に楽しくダンスを踊ることができた。支援学校の単独種目「ぺろぺろどんちゃん」では、須坂小の児童の盛大な応援を受けながら、本校のイメージキャラクター、どんちゃんの口にボールを入れる競技を楽しんだ。

　10月後半の生活単元学習は「音楽会で『アイタイ！』」。単元終末に位置付けた須坂小と合同の音楽会では、須坂小の児童の大きな手拍子を受けながら、「アイタイ！」の曲に合わせて手作り太鼓を打つ、リズムに合わせ踊るなどして、のびのびと「アイタイ！」の世界を表現した。須坂小の児童からは、「みんな自分で作った楽器で演奏していてすごいな～。すごく楽しかった」「みんなとてもノリノリで、こっちも元気が出てきました！もう1回聞きたいです」などの感想が寄せられた。

（2）　本校の近隣にあるD小学校に副学籍を置くE児（小学部3年）の交流

①　通常の日課の中で行う交流

　E児は、須坂支援学校から1kmほど離れたD小学校に副学籍を置き、1年生のときから交流を積み重ねている。本校が居住地から近いので、交流がある日もいつもと同じように登校し、業間休みに保護者の車でD小学校に移動。5分ほどで到着し、D小学校の3・4校時の授業に参加した後、本校に戻って給食。生活を大きく変えることなく交流している。他の児童も同様で、本校が、須坂市の中心に位置するからこそ可能である。

②　E児の得意な活動・伸びてきているところが生きる交流

〔事前の打合せで、交流を通した双方の児童に期待する育ちを両担任が共有〕

　　工作が大好きで、作りたいものを自分なりのやり方でどんどん作るE児。3年生になって、図工の学習への興味関心は更に強くなった。また、夢中で工作に取り組みながら、担任のアドバイスを制作に採り入れるようになってきた。そこで担任は保護者とも相談し、年度当初の担任同士の打合せの際、交流学級の担任に、E児の大好きな図工の授業で交流したいことを伝え、図工を中心に年間交流計画を作成した。双方の児童に願うこと（E児：同年代の友だちの作品も参考にし、周囲のよいものを採り入れながら、工夫してよりよいものを作る姿を伸ばしてほしい。D小学校の児童：夢中になって図工に取り組む姿や、工夫して制作する姿などE児のよさを知り、E児への理解を深めてほしい）も確認した。

〔交流の実際〕

・10月、D小学校に出かけ、ペットボトルと粘土を使った工作に取り組んだ。ペットボトルの骨組み部分はあらかじめ作っておき、E児は粘土を骨組み部分に付けるところから開始。D小学校の児童は骨組み作りから始めたので、E児は遅れていると焦ることなく、自分の作りたい「怪獣」になるよう、粘土付けの活動に没頭できた。D小学校の児童が粘土を付ける工程に入ると、落ち着いて友だちの制作の様子を見て回る姿も見られた。出来上がった作品をみんなで鑑賞。「かっこいい恐竜だね」「Eさん、すごいなあ」という児童の言葉をE児はにこにこして聞いていた。

・1月、新型コロナウイルス感染症の感染警戒レベルが上がったため、オンラインで実施。「マグネットマジック」（台紙に色紙で自分の好きなコースを作り、マグネットを付けた車などをそのコース上で動かす）の制作に取り組んだ。授業の前日、D小学校の児童が作る予定のコースをE児に紹介し、E児はそれらも参考にしながら、「むしコース」を作ると決めた。交流当日、D小学校の児童が制作している様子が映るタブレットを前に置いて、E児の制作スタート。テントウムシ作り、カラフルなジグザグコース作りに熱中するE児。途中で、お互いの制作の様子を見合う場面を設けた。友だちの制作途中の作品にじっくり見入るE児。その後、E児は、D小学校の児童が作っていた「タイトルの看板」を自分の作品の中に採り入れ、赤い色紙を使って「むしコース」と書いた看板を作り、台紙に貼り付けた。最後の作品発表では自分の作品をタブレットのカメラの前に差し出して映りやすいようにし、同じようなジグザグコースの上にトンネルを立体的に付けた作品を身を乗り出して見入っていた。画面の中の児童に、「楽しかったよ」「またね」「ばいばい」と笑顔で手を振り、この日の交流は終了した。

5 　成果と課題

（1）　本校と須坂小が同じ校舎内にあり、日常的に触れ合う中で、双方に育ちが見られる。

育ちの姿と、その姿につながった要因を整理し、多様性の中での学びのよさを積極的に発信していきたい。〔事例（１）より〕

（２）　児童のよさや双方の児童のねらいを共有したうえで、双方の担任が連携して支援にあたり、直接交流とオンライン交流を組み合わせながらコロナ禍でも交流を継続していることで、児童が楽しみになる交流、学びのある交流となった。今後は、こうした好事例を地域の小・中学校に発信し、どの児童生徒も、充実した交流を行うことができるよう、組織的・計画的な交流学習の運営を目指していきたい。〔事例（２）より〕

6　本事例のポイント　　　　　　　　　　研究推進委員　樋口　一宗

（１）　物理的距離の近さ

①　須坂小学校と須坂支援学校の距離

距離が近いというより重なり合っているので活動を共にする機会が無理なく、自然に発生する。須坂小学校を居住地校とするＡ児のような児童が交流活動をスムーズに進めることができるだけでなく、他の児童生徒も各自の居住地校において、違和感なく交流先の活動に入っていくことができる。

②　周囲の小学校と須坂支援学校の距離

須坂支援学校に在籍する児童の交流先のほとんどが２km以内に存在している。特別支援学校は郊外に設置されることが多いが、それは、小・中学校への移動に時間を要することを意味する。歩いていくことができる場所での交流ならば、児童も安心するだろう。

③　連続性のある学びの場の視点から

多様な学びの場には連続性が求められる。実際に須坂支援学校から須坂小学校特別支援学級に学びの場を変更する児童もいる。その際、体験的な入級、入学を繰り返すことができる。安心して学びの場を移行できることはインクルーシブ教育システム構築に向けても重要な意義をもっている。

（２）　設置者が同一教育委員会であること

学校間の活動に教育委員会の壁が存在していないため、様々な手続きが簡素化される。両校がストレスなく活動を共有できることのメリットは計り知れない。更に、須坂小学校の学校長が須坂支援学校の学校長を兼務する。これも設置者が同一であるから可能なことで、一心同体な学校が共生社会のシンボルとなっている。

須坂支援学校は須坂小学校の空き校舎に必要最小限の施設・設備改修をし、小学部単独で設置された。教育活動が拡充するにつれ環境整備の更なる充実が必要で、市教委と検討しながら改善を進めているそうである。しかし、この学校には施設・設備・環境面の課題を上回るよさが数多い。このような学校はもっと増えてもよいのではないだろうか。

※写真は、本人・保護者の承諾を得て掲載しています。

19 オンライン交流や作品交流などを活用した交流及び共同学習の充実

京都府立舞鶴支援学校

校長　山本　直之

1 学校概要

　本校は京都府北部に位置し、舞鶴市を居住地とする児童生徒が通学している。平成17年4月、舞鶴市堀地区に「京都府立舞鶴養護学校」の名称で知的障害と肢体不自由を就学の対象として設立され開校した。その後、平成23年4月に「京都府立舞鶴支援学校」に名称を変更し現在に至っている。設置学部は、小学部、中学部及び高等部があり、小・中・高等学校等の教育課程を基本として、「よく学び、より鍛え、よりよく挑む」児童生徒の育成を学校教育目標に掲げ、生活を豊かにするための基本的生活習慣や教科等の基礎的な内容を体験的・総合的に指導している。本校の教育課程上の特徴として、キャリア教育の観点を踏まえ、社会性を育むとともに生活に生かせる力の育成、小学部「働く生活を見通した学習」、中学部「作業学習」、高等部「職場体験学習」など、よりよい社会参加の実現及び生活の質を高めるための指導を重点としている。また、小学部、中学部に自閉症学級、知的障害学級を設置し、特性に応じた指導を行っている。高等部では、12年間の系統性を踏まえ、卒業後の社会自立に向けて、スムーズに移行できる力を育むことを大切にしている。そして、高等部では、生活自立コース・職業自立コースの2つを設けて、働く生活に必要な意欲や態度を育て知識・技術を身に付けるよう、作業学習などの職業教育にも力を入れ、社会的自立を目指している。

　交流及び共同学習については、地域の学校と継続的で特色のある「交流及び共同学習」を進めるとともに、地域行事等への参加や社会貢献の活動を積極的に進め、地域とのつながりを深めることを重要な柱として、教育課程に位置づけ取り組んでいる。

　令和3年度は、小学部は56名、中学部は47名、高等部は62名の児童生徒が在籍している。コロナ禍において、同じ市内で暮らす同世代・異世代との直接的な交流の実施が困難な状況であるが、新たな形態での交流及び共同学習ができないか常に考えながら、またGIGAスクール構想で新しく整った学校環境を組み合わせながら何ができるか日々模索している段階である。この後、今まで本校が行ってきた交流及び共同学習からこれからの時代に応じた新しい取

組に挑戦しようとしているものまで各学部の事例で紹介していく。

交流及び共同学習においては、障害のある人もない人も共に生き生きと暮らせる共生社会を実現するために、障害者理解・啓発の基盤と捉え、この時代に応じたいろんな実施の形態の可能性をこれからも探っていきたい。

2 教育委員会の方針

京都府教育委員会では、年度ごとの課題や現状・成果をもとに、一人一人の自立と社会参加のために、交流及び共同学習における指導の方向性を示している。下記の事項を踏まえながら、本校では交流及び共同学習が充実するよう進めている。

【京都府教育委員会令和3年度指導の方向性】
インクルーシブ教育システムの構築を推進する交流及び共同学習の推進
ア 相互の触れ合いを通じて豊かな人間性を育むことを目的とする交流の側面と、教科等のねらいの達成を目的とする共同学習の側面による交流及び共同学習の実施
イ コンピュータや情報通信ネットワークなどを活用した交流及び共同学習の展開
ウ 障害者スポーツ、文化芸術活動の啓発・普及（生涯学習の推進）

3 居住地校交流を中心とした交流及び共同学習の実施状況

（1）令和元年度　居住地校交流を実施した相手校の総数（18校）

実施状況	0回	1回	2回	3回	4回	5回以上	在籍児童生徒数
小学部	5	6	19	16		3	49
中学部	28		15				43
高等部		59					59

（2）令和2年度　居住地校交流を実施した相手校の総数（20校）

実施状況	0回	1回	2回	3回	4回	5回以上	在籍児童生徒数
小学部		53	3				56
中学部	28				10		38
高等部	28	43					71

（3）令和3年度（予定を含む）　居住地校交流を実施した相手校の総数（20校）

実施状況	0回	1回	2回	3回	4回	5回以上	在籍児童生徒数
小学部				56			56
中学部	25	22					47
高等部	62						62

4　特徴的な居住地校交流の事例

（1）小学部

　小学部では、同じ地域にある市立池内小学校をはじめ、居住地校（池内小学校を含む18校）と交流及び共同学習に取り組んでいる。京都府教育委員会の方向性を踏まえ、情報通信ネットワークを活用した交流及び共同学習の在り方を工夫して実施してきた。情報通信ネットワークを活用することで舞鶴市内の小学校と容易に結び・つながることができ、共生社会の実現のために必要な障害者理解・啓発の充実を目指して取り組んでいる。

　居住地校との交流では、保護者に希望を確認した上で取り組んでいる。ここでは、同じ地域にある池内小学校との交流を紹介する。池内小学校との交流及び共同学習は、開校した17年前から継続して行ってきているものである。本年度は、池内小学校の5年生（6名）と本校小学部4学級（21名）とで取組を始めた。交流及び共同学習を円滑に進めるために、小学部の管理職が学校を訪問し、池内小学校の児童に舞鶴支援学校や在籍する児童の紹介について動画を交えながら事前学習を実施している。

　第1回目は、1学期にリモート接続してテレビ画面を通して顔合わせを行った。お互いに自己紹介や、自己アピール、さらに質疑応答といった内容で取り組んだ。特に盛り上がったのは、好きなアニメの質疑応答であった。お互いに興味関心のある話題であるために、アニメのタイトルを聞いたり答えたりするたびに、両校の児童から歓声が起こっていた。同じ共通の話題で会話でき、心の距離が縮まった時間であった。

リモートを活用した交流の様子

　第2回目は、2学期に池内小学校から「学校祭への応援メッセージ」を届けていただいた。これまでリモートでの交流であったが、直接顔を見て渡したい！と、5年生6名が来校してくれた。すてきなメッセージカードとともに「また、希望ヶ丘にいっしょに登りましょう！」など、一人ずつから挨拶もあり、心がつながる機会となった。また舞鶴市立小学校の児童に対して、本年度の小学部の学校祭の取組内容を学級ごとに動画に編集しYouTubeの限定公開で配信した。今後、交流及び共同学習がより一層の充実を目指す上で、本校の児童の様子について、動画を活用して発信していくことは有効な手段と考えている。

　第3回目は、小学部の3学級が今までと同様にリモートを使って交流及び共同学習を行った。今回は、「♪WAになっておどろう」の曲に合わせてダンスの振り付けをＡメロ・

Bメロ・サビなどに分けて、覚えやすい振り付けを児童が中心となって考え、画面を通して伝え合うという内容で交流した。まずは池内小学校の6人が、次に本校の児童が「手をつないで輪になります」「ここでじゃんけんをします」など、画面に向かい解説しながら手本を示して教え合った。最後に復習ダンスを踊り、振り返りでは「ダンスが楽しかった！」「また、お話がいっぱいしたいです。」など、交流の感想を伝え合った。

　前述の活動のように本年度はリモートを活用した交流及び共同学習を進めてきた。リモートになると、児童相互の活発な交流につながるのかと不安があったが、心配をよそにリモートでも心と心をつなぐ可能性を強く感じる機会となり、今後一堂に会して対面で交流を深める機会も大切にしながらより充実させていきたいと考える。

（2）中学部

　中学部では、地域の関係機関と連携し、生徒に「生きる力」を育み、意欲をもって活動させ、主体的に活動する生徒の姿や可能性を積極的に発信できるようにと学習を進めている。その取組の一つとして、居住地または居住地校（舞鶴市内7中学校）との交流及び共同学習について紹介する。

展示の様子

　本校生徒が授業等で作成した作品を、舞鶴市内の各事業所や中学校にお届けし『作品交流』を行っている。病院やファストフード店の方からは、「みなさん作品をよく見ておられますよ。」や「来年もまたお願いします。」などと好意的な返事をいただき、生徒の励みになっている。昨年度、生徒が商品紹介として製作した食品サンプルをファストフード店に展示してもらうといったつながりがある。また各中学校には、学校祭等の行事や校内の一部のスペースをお借りして作品展示をお願いしている。中学校側からも美術部の作品やクリスマスメッセージ等が届き、お互いに感想を交流するなど、生徒の創作意欲につながっている。コロナ禍以前には近隣中学校と共同作品を作るなど、生徒にとって見通しのある取組の一つである。

　令和3年度、舞中8（「まいちゅうえいと」、本校を含む8中学校で行う合同の取組）では、「医療従事者の方々に感謝の気持ちを届けよう」というテーマで取り組んだ。コロナ禍で大変な思いをしている医療従事者の方々に各学級で様々な形の感謝や応援の気持ちを表現し、市内の病院に届けた。この作品を見た何人もの看護師さんが涙を流して喜んでいたという連絡があり、私たちが思っている以上に医療従事者の方々は大変な思いをされているのだと気づくことができた。この取組を通して、自分や家族など身近なところだけに目を向けるのではなく、地域や社会の問題として考えることができるなど、視野を広げることができる交流及び共同学習となっている。

（3）高等部

　高等部では平成 25 年度に京都府立西舞鶴高等学校（以下、西高）の書道部と本校の太鼓組が合同で発表する取組を行ったことをきっかけに、毎年（中止の年もあり）、日頃の学習の成果を発表し合うことによりお互いの理解を図り、豊かな人間関係を形成することをねらいに、交流及び共同学習を行っている。

　平成 30 年度には、西高の生徒を本校に招き、本校太鼓組と西高書道部との合同パフォーマンスを行った。この日に向けて太鼓組の生徒は夏休みにも登校して練習を積み重ねてきた。当日は、練習の成果を発揮し、西高生と太鼓組が一体となった素晴らしいパフォーマンス（写真）へとつながった。またグループ等に分かれ、卓球バレーやボッチャ、音楽等で交流を深めた。

　西高文化祭に参加する取組も行った。ステージ発表の音楽やダンスを中心とした発表や作品展示を鑑賞した。作品展示では、生徒たちから「すごい、写真みたい！」と驚きの声があがるほどの精巧な絵画やアニメの作品などをじっくり見る機会となった。最後に西高の生徒が企画した「クイズ」や「じゃんけんゲーム」を楽しみ、その中で、自然に会話もはずみ交流を深めることができ、有意義な機会となった。

　令和 2 年度は新型コロナウイルス感染症の感染拡大の影響で、直接の交流が難しくなったため、リモートに切り替えて交流を行った。リモートでの交流では、お互いわかりやすいように、ボードに記入して見せるなどの工夫をし、あらかじめ伝えておいた情報から考えて、クイズを出題しあった。普段の教室であるため、安心して積極的に交流できる様子が見られた。

　今後も地域の高校生との交流を深め、お互いを理解し、社会をともに支える存在となるよう取組を続けていきたいと考えている。

5 ｜ 成果と課題

○工夫の余地を残しながらも、共生社会の実現のために、舞鶴市内の他校種と継続して居住地校交流を行うことができている。

○京都府のコンピュータや情報通信ネットワークなどを活用した交流及び共同学習の展開といった方針を踏まえ、障害のある人もない人も共に生き生きと暮らす共生社会の実現のために、リモートによる交流が成立する見通しがもてたことは成果と考える。今後、時代に応じた多様な実施形態の可能性を探っていく。

●居住地校との交流を望んでおられない保護者もあり、全児童生徒が参加できる交流及び共同学習を進めていく工夫が必要である。

●年齢が上がるにつれて、同世代の交流及び共同学習は、心理的ハードルが高くなるように感じている。どのような取組が必要か他校の実践や最新の取組に学びながら今後も検討していく。

●リモート接続による交流及び共同学習を実施する場合は、場の雰囲気や集中力が削がれることのないよう十分な通信環境及び準備、さらにはトラブルへの対応等、お互いにICT環境を整備しておくことが必要と考える。

6　本事例のポイント　　　　　　　　　　　研究推進委員　丹羽　登

　京都府立舞鶴支援学校は舞鶴市を通学区域とする特別支援学校で、知的障害者と肢体不自由者を対象としている。また、独立行政法人国立病院機構舞鶴医療センターに入院する病弱者及び京都府立こども療育センターに入所する肢体不自由者を対象とする行永分校も、医療センター等に隣接して設置されている。分校に在籍する入院中または入所中の児童生徒にとっても、居住地である前籍校（原籍校）の児童生徒との交流及び共同学習は重要であるが、ここでは本校の児童生徒の交流及び共同学習に絞って紹介している。

　本校の児童生徒は舞鶴市内に居住しており、小・中学校等との交流及び共同学習の実施は、居住する舞鶴市教育委員会や舞鶴市立の小・中学校の校長会などと連携がとりやすい状況であり、学校設立時から連絡を密にとり合いながら、積極的に行われてきている。

　本校は、舞鶴市の南西部の高速道路（舞鶴若狭自動車道）の舞鶴西IC出口すぐのところで遠方からの交通の便は良く、周囲を山林に囲まれた自然環境の良い場所に位置している。しかし、児童生徒の多くが居住する舞鶴市街地からは少し離れているため、居住地校交流を実施するには、児童生徒の希望や保護者の希望に加えて、移動手段や教員の派遣等についても計画的に行う必要がある。そこで、年度当初に保護者に希望を確認してから計画を立てるようにしている。

　居住地校交流は、主として小学部と中学部で行われている。また近隣の小・中学校や高等学校等と行う学校間交流は、全ての学部で行われている。

　中学部での居住地校との交流及び共同学習は、舞鶴市内の7つの中学校と実施しており、中学部生徒が制作した作品を使っての「作品交流」や7つの中学校との合同作品作りなどの間接交流を中心に行われている。生徒の中には、居住地校の生徒と直接会って実施する居住地校交流を嫌がるまたは辞退し、全ての年度で実施回数が0回という生徒が25～28人おり、実施率は50％以下になっている。これは、舞鶴支援学校だけに限ったことではなく、多くの特別支援学校でも中学部の実施率は小学部の実施率に比べて低くなる傾向が見られる。

　それに対して、小学部の令和元年度・令和2年度、令和3年度の居住地校交流を中心

とした実施状況は中学部に比べると 2 回以上の児童が多い。3 年間の実施状況を比較すると、新型コロナウイルス感染症の感染拡大とその対応により、実地状況が大きく変化していることが見て取れる。令和元年度は年間 2 回以上実施している児童が約 78%（38 人）を占めていたが、令和 2 年度は新型コロナウイルス感染症の関係で約 5%（3 人）と激減したが、令和 3 年度は全ての児童（56 人）が 4 回実施するようになった。これは、学校概要にもあるように、新型コロナウイルス感染症の感染拡大により直接的な交流の実施は困難になったが、GIGA スクール構想により整備された端末やネットワーク環境を活用したオンラインによる交流及び共同学習が実施できるようになったことによるものである。このようなオンライン（ビデオ会議や YouTube などの利用）での間接交流は、舞鶴支援学校の近隣にある池内小学校との学校間交流の事前学習でも使用されている。今後は、このようなオンラインを有効に活用することにより、直接会って実施する居住地校や学校間交流が、今まで以上に充実されるようになるであろう。

京都府立八幡支援学校

校長　尾崎　伸次

1 学校概要

　本校は、高等学校と同一敷地内に設置された全国初の特別支援学校（知的障害・肢体不自由対象、小学部・中学部・高等部）として、京都府立京都八幡高等学校南キャンパス敷地内に、平成22年4月開校した。スクールパートナーである京都八幡高等学校との交流及び共同学習は、本校教育の柱として、開校から大切に育ててきた取組である。特に、隣接する南キャンパスとの交流は、両校の教育課程（本校においては全学部）に位置付いており、日常的な交流（授業交流、昼休み交流）を中心に、開校から12年経過した今もより良い授業づくりに向けて工夫し続けている。

　平成30年度には、高等部福祉総合科（職業学科）を開設した。介護職員初任者研修資格取得を目指した福祉専門教科等の学習をとおして、他者を思いやり、地域に貢献する心、自ら社会参加する力を育成することを目指した新たな授業づくりにチャレンジしている。

　令和3年度は、160名の児童生徒（福祉総合科30名含む）が在籍しており、コロナ禍の今、以前のように日常的な交流が気軽にできる状況にはないが、感染予防に留意しつつ、直接交流することを第一目標に計画をすすめている。両校担当者が事前に綿密な打合せを行い、当日発熱者が出た等の理由により実施できなくなる場合はリモート交流に切り替える、感染拡大状況が厳しい時期には事前に動画やポスター交換に変更する等、状況に応じた工夫を図り実施している。

　本校の校区は、八幡市、久御山町、桃山学園（入所施設）、京田辺市の一部（弾力的運用地域）で、開校以前は、居住する市・町別、障害種別に応じて校区外にある既設の3つの養護学校（当時）に通学していた。開校に伴い、より身近な地域で学ぶことが可能になり、自立と社会参加に向けた児童生徒の学習する姿を発信していくこと、地域とつながりを持ち学習すること、また、「地域支援センターやわた」を設置し、センター的機能の充実に向けた取組をすすめること等、地域の特別支援学校として果たす役割への期待も大きく、その期待に応えるべく開校より取組をすすめているところである。

　本校の教育目標である「つながり・チャレンジする子どもたち・学校～学ぶ、暮らす、

支え合う〜」には、児童生徒の無限の可能性や人間的な魅力を大切にしたい、積極的に人とつながり、主体的に社会に参加する児童生徒を育成したい、そして学校（教職員）も同じようにありたい、との願いが込められており、開校以来大切にしている。

京都八幡高等学校との交流、居住地校交流、市・町単位の取組や地域資源との協働による単元づくり等、学校がつながる教育活動は、交流教育部が窓口となり、学校全体の取組をリードし、必要な場合はサポートしながら個々の取組を同一の方向性へとつなげている。

2　教育委員会の方針及び支援

京都府教育委員会では、共生社会の形成に向けたインクルーシブ教育の構築を目指し、特別支援学校と他校種の児童生徒とが交流活動を実現できるよう「心のバリアフリー」の取組の展開について府内各校に周知している。また、「心のバリアフリー」については、京都府の教育振興基本計画（第2期京都府教育振興プラン）にも取り上げている。

京都府教育委員会が府内小・中・高等学校別に編集している「人権学習資料集」では、障害のある人の人権問題に係る教材において、バリアフリーについて学ぶことができる学習指導案や指導者用資料を掲載して取組を進めている。

3　居住地校交流を中心とした交流及び共同学習の実施状況

本校の居住地校交流は、対象を小学部児童とし、年2回（前期、後期各1回）の実施を基本としている。新年度開始時に、書面にて保護者の意向を確認し、「希望する」と回答した家庭を対象に実施している。

【居住地校交流について（小学部のみ実施）】

	居住地校交流		相手校数	参加児童数
	直接交流（回）	間接交流（回）	（校）	（人）
平成29年度	25	0	7	13
平成30年度	27	0	7	14
令和元年度	24	0	8	14
令和2年度	0	13	8	13
令和3年度	6	11	6	10

※間接交流：ポスター、動画、手紙等の交換　　　　　　　　　　　　　　（令和4年1月現在）

令和元年度までは、八幡市立小学校特別支援学級と本校小学部、同中学校と中学部の児童生徒が、それぞれ交流会を年1回実施していた。

令和2年度は、新型コロナウイルス感染症拡大に伴う緊急事態宣言発令、一斉休校への対応、感染予防に最大限配慮しながらの教育活動再開と続き、直接交流の実施が難しく感じられた。そこで、ポスターや動画、手紙等を交換する間接交流を年1回実施することとした。

20　交流教育を核に据えた教育課程の展開による心のバリアフリーの実現

4　特徴的な居住地校交流の事例

（1）　小学部6年生　八幡市立中央小学校　通常の学級との交流

　令和3年度前期は、新型コロナウイルス感染症対応のため間接交流の実施となった。直接会えないのは残念だったが、それぞれの学校で頑張っている姿が同級生に伝わるよう、普段の授業で学んでいる姿を動画に編集して小学校へ届けた。

　後期は、11月末に直接交流を実施することになった。本校では、まず交流教育部担当教員が相手校へ連絡し、相手校の担当者を確認し、大まかな今後のスケジュールを確認する。その後を交流する児童の本校学級担任が引継ぎ、取組内容等細かな点について打合せ、準備をすすめていく。ところが今回は、「6年生の児童が内容を考えます」とのことで、事前の教員間での相談は電話連絡のみで当日を迎えることとなった。

　交流当日の朝、小学校前にてA児と母親、担任が待ち合わせ、校長室にて待っていると、交流校の児童1名がA児を迎えに来てくれた。初めは少し緊張した表情のA児だったが、一緒にエレベーターで3階の教室へ向かい、保護者や担任が後から着いたときには、既に教室で友達に囲まれて楽しそうに座っていた。ここから終了まで、全て児童たちが進行し、両校の担任、保護者は様子を見守るだけだった。はじめの会で、A児が日々の学習でがんばる様子を動画で紹介すると、どの児童も興味を持って見聞きしており、特にA児が校内のスロープを歩いている映像が流れると、「すごいー！」と歓声が上がった。小学部1年生から、少しずつ歩行ができるようになってきたA児の成長を交流校の児童たちは一緒に喜んでくれ、A児もその反応がとても嬉しそうだった。

　児童が計画した活動の1つめは段ボールキャタピラ競争だった。スタートすると、A児が段ボールの中に入る活動に参加しにくいと分かった児童たちは、どうすればキャタピラの中に入れるのか、好きなアンパンマンのイラストを中に貼ったほうがいいのではないか、誰かがおでこにイラストを貼って一緒に入るのがいいのではないか等と、いろいろなアイデアを出し、本児が少しでも参加しやすくなるよう工夫しようと一生懸命だった。

　2つめの王様ゲームは、「割り箸製のくじをひいて赤色が出たら王様になり指示を出す」というルールで、王様がかぶる手作りの王冠が準備されていた。A児は王冠がかぶりたくて赤色の割り箸が出ることを期待し積極的に参加することができ、赤色くじを引いたときにはとても嬉しそうな表情で、友達に王冠をかぶせてもらい喜んでいた。A児は自分から王冠を脱ぐことはなく、その後もずっとかぶり続けていた。また、どの児童が王様になっても、A児にとって分か

りやすい内容の指示ばかりで、どの児童も
A児との時間を大切に計画してくれたこと
が伝わってきた。

　同じ日に、隣の学級にてB児も交流に参
加していた。はじめに、児童たちが漫才を
披露してくれ、かなり堅い表情だったB児
も教室の楽しい雰囲気に少しずつ笑顔が見
られるようになった。B児は、日常の学習で
取り組んでいる、腕を動かし紐を引っ張る
ことで自分でカードをめくる活動で自己紹
介をした。B児が腕を動かし上手にカードが
めくれると、クラスの児童全員が拍手をし

てくれ、B児も嬉しそうに笑っていた。カードには、B児の学習の様子が分かる写真が貼っ
てあり、児童たちはそれぞれ素直な感想を述べていた。

　児童たちが考えた活動は椅子取りゲーム、はないちもんめ、ハンカチ落としで、活動ご
とにバギーを押す児童が決まっていた。「あっち逃げようか？」等、顔を見ながら話しか
けてくれる児童の言葉をB児も受け止めて、口を開けたり、視線を動かしたりして自分
の気持ちを伝えようとする場面が何度も見られた。活動中は一緒にバギーを押す児童以外
は、B児が移動する際に椅子をさっと避ける等、どの児童もB児が活動に参加しやすい
よう心配りをしていることが伝わってきた。B児は、一緒に活動する児童とのやり取りや
周りの雰囲気を十分楽しんでいた。

　事前に計画した活動が終わっても、A児、B児どちらも教室で友達に囲まれて過ごして
いた。最後に見送りをしてもらう予定だったが、お互いに離れがたく、校門前へ移動した
後もしばらく一緒に過ごした。児童たちがA児、B児を囲んで、手を握ったり、「その服
かわいいね！」等の他愛のない話をしたりして、その雰囲気の中で過ごしているA児、B
児は共にとても楽しそうな表情だった。集合写真を撮影し、活動の区切りとした。保護者、
担任は楽しそうに参加する様子を見守るだけで、出迎えから見送りまで、児童だけで計画・
進行し、自然な形での交流ができたことがとても嬉しく、6年間交流を積み重ねていくこ
との大切さを感じた。

（2）　小学部5年生　久御山町立東角小学校　特別支援学級との交流

　C児は自宅からスクールバス停留所まで通う際に、毎日母親と小学校前を通過している。
小学校の教員とも顔を合わせ挨拶をするなど、C児の兄弟が通学する小学校でもあるため、
家族にとって大変なじみのある存在である。令和元年度以前は年2回以上の交流を実施で
きていただけに、コロナ禍でできていないことは大変残念であった。

　令和3年12月、久しぶりの直接交流となった。事前に保護者の意向を確認し、特別支
援学級と交流することに決め、担任間での打合せを行った。前半の体育館での活動は特別

支援学級の児童が自分たちで相談して決める、後半の教室での活動は本校担任が計画することとなった。また、いつもは給食を一緒に食べるが、感染予防のため今回は給食前に終了することとした。

　前半の体育館での身体を動かせる活動は、Ｃ児は少し落ち着かない様子もみられたが、児童達が「Ｃちゃん、いっしょにやろう」と声をかけてくれ、参加できない場面であっても温かく見守ってくれていた。体育の時間にいつも取り組み慣れた活動であるドッジビーパスゲームには、自分から積極的に参加していた。初めて取り組むゲームは、ルールが分かりにくそうにしている様子もあったが、Ｃ児をよく知る児童もいて、児童らからの声かけがあると楽しそうな表情になり参加していた。

　後半は、図書室にてクリスマスリース作りに取り組んだ。見本のリースを参考に自分で材料を選び、それぞれ黙々と集中し制作していたが、手先を使う作業が得意なＣ児は、完成後の作品発表で「かわいい！」「すごい！」と評価してもらいとてもうれしそうな表情をしていた。「Ｃちゃん」と声をかけられ一緒に活動できる雰囲気の中、終始楽しそうな表情で過ごし、その場にいることが嬉しい様子で、交流の最後には、「ありがとうございました」「楽しかったです」と児童らの前に出て感想を発表することができた。

5 ｜ 成果と課題

　居住地校の同級生の自然な関わりが励みになり、本校児童たちは普段は見せないような良い表情で積極的に活動に参加していた。不安や緊張・分からない場面もあったが、その場で共に学んでいることが楽しい・嬉しい気持ちや参加への意欲が伝わってきた。特別支援学校においては、個々の児童生徒の障害や発達の状況を踏まえた学習活動をすすめることに集中しがちであるが、参加への意欲を引き出すためには、共に学び合う場もまた重要であることを改めて実感した。

　また、今回事例を紹介した２つの小学校では、お互いにとって楽しい交流になるよう、児童たちが主体的に交流の内容や本校児童への関わり方を考え、工夫し、進行も担っていた。何年間も交流を積み重ねた結果、居住地校の児童たちは本校児童の好きな活動や伝え方・関わり方をよく知っており、児童たちの自然でさりげない支援が、本校児童の参加したい気持ちを引き出し、参加しやすい環境が作られていた。交流をとおして児童たちの姿から大人が教わることが多くあった。

　本校では、交流教育部が高等学校との交流、居住地校交流、学校間交流、地域との交流等の実施について年間活動方針を立て、居住地校との渉外・調整等の役割を担い、全校

の取組をリードしている。令和 2 年度は間接交流のみの実施であったが、令和 3 年度後期の直接交流は、コロナ禍前の経験値が共有されており、初めて交流を担当する学級担任は交流教育部担当教員のサポートが得られるため、久しぶりの取組への準備も円滑に進めることができ、改めて校内組織の重要性を確認することとなった。

　しかし双方の年間行事、本校児童の体調面への配慮も考えると、コロナ禍以前から直接交流が実施できる時期は限られており、更にコロナ禍で各校の行事計画が変更され、令和 3 年度後半に何とか 1 回直接交流を実施することができた。一方で、特別支援学校への就学を決めた場合、居住地域のなじみのある小学校から離れた学校へ通うことになり、年間 2 回の居住地校交流は少ないと感じる保護者も多い。特にコロナ禍になり、学校間の交流が制限され、仕方がないと分かっていてもその思いはより強くなっている。

　直接交流する機会は減ったが、GIGA スクール構想や新型コロナウイルス感染症対策による環境整備を活かして、この 2 年間でタブレット端末や大型テレビを使用しリモート交流や作成した動画での交流等、高等学校や地域との間接的な交流をする機会が増え、機器活用のノウハウも蓄積されつつある。居住地校交流においても気軽な交流が実施できるよう、ICT 機器の活用も含めて多様な在り方を追求していくことが今後の課題と考えている。

　コロナ禍となり、高等学校が隣接している恵まれた環境であっても交流ができにくくなる想定外の状況となった。しかし、両校にとって大切な取組だからこそ、感染状況に応じて直接、間接様々な方法でこの 2 年間取組をすすめ、コロナ禍の収束後も続けたい新たな取組も生まれた。以前と違う取組であっても、児童生徒は自然な関わりで共に学ぶ場を楽しんでいる。未だ続くコロナ禍だが、本校にとっては開校からの教育活動を見つめ直す時期にもなった。共生社会の形成に向けて新たな交流及び共同学習の取組にチャレンジし、発信し続けることが本校に与えられた責務だと改めて感じている。

6　本事例のポイント

研究推進委員　武富　博文

　全国に先駆けて高等学校と同一敷地内に特別支援学校を設置し、交流及び共同学習の新たな在り方を提案し続けてきた同校の取組の特徴は、全学部で教育課程の柱と関連させて交流及び共同学習を位置付けるとともに、いわゆる「隠れたカリキュラム（Hidden Curriculum）」としての機能も充実させており、それが両校の学校文化として、児童生徒はもとより教職員や保護者等の関係者にも根付いている点である。この中核を担う校務分掌が「交流教育部」であるが、授業交流、昼休み交流、行事交流といった各種の交流等の連絡・調整や充実・改善に取り組む中で、組織としての機能を充実・強化させてきている。

　これらの学校文化や組織体制を背景として、「居住地校交流」の取組においても各市町の教育委員会等との緊密な連携のもと、一人一人の教育的ニーズを踏まえた交流及び共同学習を展開しており、事例に挙げた児童の取組では、交流校との継続的な取組の実施により「共に地域で生きる仲間」としての意識が相互に醸成され、豊かな心の育ちが実現され

ている。とりわけ、交流校の6年生が同じ地域に住む特別支援学校の仲間のことを考え、自分たちで企画・立案・運営に至るまで取り組み、共に充実した時間を過ごした記憶は、生涯にわたって相互に褪せることのない思い出として心に刻まれ、人生の必要なとき・必要な場面で取り出されながら多様な人たちと共に生きることの意義や重要性にその都度、気づかせてくれるものといえよう。確かに令和2年からの世界を震撼させたコロナ禍の襲来は、児童生徒間の直接的な交流及び共同学習の実施を阻むものであったが、それ以前からの間接的な交流のノウハウ等をもとに、テレビ会議システムやICT機器といった近年急速に充実している教育インフラの活用も加えて、教育活動として十分な機能や役割を果たすことによって、教育的ニーズに応えようとしていた点も同校の取組の特徴である。なお、これらの取組の一端は「わいわい通信」としてたよりが発行され、同校のホームページにも掲載される等、幅広い関係者に対して情報発信が行われている。

　以上の取組により、京都府教育振興プランに位置付けられた「共生社会の形成、地域に開かれた学校、心のバリアフリーの推進」といった教育行政施策上の諸課題に取り組んでこられた。今後も全国をリードする交流及び共同学習等の情報発信に大いなる期待を寄せたい。

※写真は、本人・保護者の承諾を得て掲載しています。

21 | 副次的な籍である「交流籍」を活用した居住地校交流の展開

岡山県立岡山南支援学校

校長　林　栄昭

1　学校概要

　本校は知的障害のある児童生徒を対象にした特別支援学校で、平成19年度に岡山西支援学校の過密緩和のため、分離独立し開校した。平成30年度には西日本豪雨により、校舎等が浸水する大きな被害を受けた倉敷まきび支援学校の小学部児童が本校で約1年間過ごした。令和3年度は、小学部81名、中学部39名、高等部108名、計228名の児童生徒が在籍し、学校教育目標「児童生徒の障害の状況や発達段階おける一人一人の教育的ニーズに応じた適切な教育を行い、もてる力を高め、自立や社会参加をめざして、人との関わりを大切にしながら、心豊かな児童生徒を育成する。」のもと、地域に開かれた学校を目指して、教育活動に取り組んでいる。

2　岡山県教育委員会の方針

　岡山県教育委員会では、令和3年度から「居住地校交流充実事業」を立ち上げ、特別支援学校に在籍する児童生徒が居住地の小・中学校に「交流籍」という副次的な籍をもつ交流籍推進校及び交流籍推進地域として本校及び本校の通学地域である岡山市、玉野市、早島町を指定し、実践研究に取り組んだ。その実践の経過や成果を踏まえ、12月には、居住地校交流の充実を図ることを目指して「交流籍を活用した居住地校交流実施ガイド」を作成した。また、令和4年1月には、令和3年度インクルーシブ教育フォーラムを開催し、その中で交流籍推進校である本校の今年度における実践やその成果等について報告し、令和4年度からは交流籍を活用した居住地校交流を全県において実施する方針である。

3　居住地校交流を中心とした交流及び共同学習の実施状況

　本校小学部における居住地校交流は平成28年度から始めており、小学部6年生の児童の中には、開始当初から継続して参加している児童もいて、顔見知りの友達との自然な交流ができている。

21 副次的な籍である「交流籍」を活用した居住地校交流の展開

　今回、交流籍推進校の指定を受けた本校では、令和２年度末から準備を開始し、岡山県教育委員会が作成した居住地校交流に関する理解推進のリーフレットを保護者に配付し、居住地校交流の参加の呼びかけをした。この結果居住地校交流を実施した児童の割合は、令和２年度の23％から令和３年度は38％に増え、31名の児童が22校の小学校と交流することになった。

　しかしながら、新型コロナウイルス感染者の急増により、本県に緊急事態宣言が発令されたため、本校児童が居住地校に出向いて行って授業などを行う直接の交流が難しくなった。そこで、令和３年度はどのような状況になっても確実に交流ができる方法として間接交流（オンライン、手紙、作品のやり取り）を実施することにした。直接交流の意義や教育的効果は大きいことは言うまでもないが、初の試みであるオンラインによる交流等を取り入れることで、交流の仕方の幅を広げることができた。

居住地校交流の実施状況（小学部）

	R1	R2	R3
実施人数（人）	17	18	31
実施小学校（校）	12	12	22
実施割合（%）	20	23.7	38.3

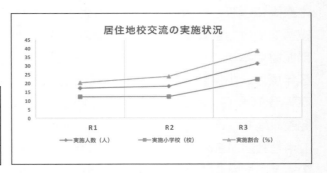

居住地校交流の実施状況

4 特徴的な居住地校交流の事例

（1）事例１【令和３年度初のオンライン交流】

　本校で令和３年度に初めてオンライン交流を行った小学部１年Ａ児には、今回交流居住地の小学校（以下「交流校」という）に通学している兄がおり、保護者の強い希望もあって交流を実施することとした。

　互いに初めてとなる１回目の交流では、Ａ児は、自己紹介の中で得意な絵を紹介したり、

楽しかった校外学習の話をしたりした。交流校の児童たちは自分が描いた絵や、得意の剣玉を披露した。その後、交流校の児童が出すクイズにＡ児は答えて楽しんだ後、交流校の児童からＡ児に「将来の夢は」という質問がされた。しばらく考えたＡ児は、「小学校に行きたい」と答えた。

　この交流後、本校小学部の教員には、オンライン機器の設定などの準備、居住地校との

打合せの方法や内容、当日の様子等について報告し、情報共有をするとともに、他学部の教員や保護者にもオンライン交流を知ってもらうよう、廊下に交流の様子を撮った写真パネルを掲示した。

（2）事例2【1学年全児童88名との交流】

本校小学部1年B児は、交流校の通常の学級1年生全児童88名とオンラインで交流を行った。

最初に交流校の児童たちからは鍵盤ハーモニカの演奏があり、音楽の大好きなB児は大喜びだった。B児からは、日頃の学校での学習や生活の様子、小学部1年生でスーパーマーケットに行った校外学習での様子を動画で紹介した。

オンライン交流を通して、通常の学級のたくさんの児童と顔を合わせての交流ができ、お互いの様子を知る機会をもてたことは、今後交流校で実施する直接交流に円滑につなげるためのステップになったと考えている。

（3）事例3【保護者の方も参加しての交流】

小学部1年C児は、保護者（父）も参加して、交流校の通常の学級の児童たちと交流を行った。本校では交流校で行う直接交流のときには、保護者も付き添いで参加してもらうようにしているが、オンライン交流では、当初保護者は参加せずに実施していたため、保護者は、実際の交流の様子を知らないといったことが課題となっていた。そのため、この事例では、保護者にオンライン交流での同席について働きかけ、快諾を得て実施できた。交流後には、保護者から「本人もとても楽しかったようで帰りの車の中でもすごくおしゃべりしていました。また来年も楽しみにしています」という感想をいただいた。今後、他の保護者にも同席への協力を呼びかけるきっかけにしたいと考えている。

また、交流籍を置くということで、交流校の担任が事前に「クラスメイト」としてC児のことを紹介したり、顔写真を教室に掲示したりする手立てや配慮を行っていた。その

ためオンライン交流当日には、交流校の児童たちから「○○くん」と名前で呼びかけられ、C児もそれに応えて、すぐに打ち解けることができた。交流後、交流校の教頭から「『○○くんは、音楽が好きだから、一緒に音楽をしよう。ボール運動や鬼ごっこは危ないかなあ』など、児童たちの間ですでに次に会う計画が出てきています」という、話を聞くことができた。今後の交流への期待が膨らんだ。

5 成果と課題

（1）成果と課題

　今年度の実践から、オンラインによる居住地校交流の課題としては、2点が挙げられる。

　1点目は、Zoom（ビデオ会議システム）による本校と交流校の間の接続がうまくいかず、情報教育担当教員に大きな負担がかかったことである。事前の接続テストの時間設定も難しく、交流校との時間の調整がうまくいかなかったケースもあった。たくさんの教員がオンライン接続ができるようスキルを身に付けることが課題である。

　2点目は、本校での事前学習では、当日使用するモニターに何も映っていない状態で行ったため、本校の児童には何をしているのかがわかりにくいという課題があった。見通しをもつことでモチベーションもより高まることから、事前学習ではモニターを通して本校の教員等を相手に自己紹介等の練習をしておく方が効果的であると考えられ、今後の事前学習の方法の改善が課題となった。

　一方、成果のあったこととしては、2点挙げられる。1点目は、ある交流校では、本校の児童の好きなことなどの実態を事前の打ち合わせでしっかり把握した上で、当日の活動の流れや内容を検討していた。交流校の児童たちは、本校の児童のことを考えて、わかりやすい絵や写真など視覚支援を工夫したり、集中しやすいように活動を短時間でできるものにしたりするなど、本校の児童について理解を深めていった。このことから、交流校としっかり打ち合わせをすることが、交流の成功やお互いの理解につながることを確認できた。また、本校の保護者にもオンライン交流に参加またはその様子を見てもらうことは、居住地校交流の意義や目的についての一層の理解を図り、地域で「共に生きていくのに必要なこと」の実現につながるものと考えている。

　2点目は、オンライン交流では、当日の交流の様子を他の保護者や担任以外の教員に見てもらうことは難しかったため、廊下の壁面に居住地校交流の掲示コーナーを作り、交流校とのオンライン交流の写真を掲示した。それを見た交流を行った本校の児童の保護者から「楽しい雰囲気がわかります。今度は、会えるといいですね」「交流校で妹も参加しました。とても楽しみにしており、家でもダンスを練習しました」などの感想を聞くことができた。また、他の教員から励ましの言葉をもらったり、他の学部の保護者から「時代が変わってよかった」、地域の方からは、「こういった取組が共生社会をつくるのですね」等の話を聞くことができたりするなど、小学部の教員の励み

にもなった。

（2）まとめ

　卒業後、地域での生活において障害のある人も障害のない人もお互いを尊重し合い、充実した生活を送ることができる社会の実現のためには、早期からの関わりが必要であり、まずは特別支援学校と交流校が協力して交流のきっかけを作ることが大切であると考えている。

　令和３年度は、新型コロナウイルス感染症予防対策ということもあって交流校で授業などに参加する直接交流は見送ったが、オンライン交流の中でも自然に関わる子供たちの姿を多く見ることができた。また、直接会いたいという気持ちが高まった児童も見られた。「交流籍」の活用による実践を通して、本校と交流校の教員間の居住地校交流に関する共通理解が従来よりも深まり、児童たちもお互いのことをより身近な存在として意識した活動ができた。今後は、手紙や作品のやり取り、オンラインなどの間接交流と、直接交流を双方の学校の児童の実態に応じて計画的に実践を積み上げていくことで相互理解を一層深め、居住地校交流の活動内容や機会が広がり、更なる充実を図ることができると考えている。

6　本事例のポイント　　　　　　　　　　研究推進委員　武富　博文

（1）取組の理念や目的・意義の共有

　岡山県教育委員会では、令和３年２月に「第３次岡山県教育振興基本計画」を策定し、育みたい資質・能力として「自立」「共生」「郷土岡山を大切にする心」の３点を挙げるとともに、基本目標として「『心豊かに、たくましく、未来を拓く』人材の育成」を掲げている。また、計画期間に取り組む施策の方向として「魅力ある学校づくりの推進」が柱の一つとして位置付いているが、「特別支援教育の推進」はこの柱の中に位置付いている。特別支援教育の推進に係る具体的な目標指標として「居住地校交流を実施した児童の割合（小学部）」が取り上げられており、令和２年度段階の現況値が 36.8% である状況に対して、計画最終年度の令和６年度には 41.0% に到達させることが目標とされている。

　このような全体的な教育計画の下、特別支援教育について詳細に計画した「第３次岡山県特別支援教育推進プラン」の策定も行われている。交流及び共同学習の推進に関しては、その実施率の充実が課題であるとされるとともに「特別支援学校への就学後において、障害の改善や、教育的ニーズや障害の状況に変化があった場合、小・中学校への転籍も含め、その時点で最も適切な学びの場を選択できるようにしていくこと」が求められているとの課題認識も示されている。これらの課題に対応するために副次的な籍である「交流籍」を活用した「居住地校交流充実事業」を展開しているが、まさに、インクルーシブ教育システムの構築のために一層、特別支援教育を充実させていくという観点からも本事業の理念や意義が明確になっている。

　岡山県立岡山南支援学校の取組は、これまでに同校が培った交流及び共同学習の実践を

ベースに、岡山県教育委員会との緊密な連携の下、県全体の教育政策上の課題解決に取り組む先駆的な事業として開始されたものである。実践事例の中では特に触れられていないが、居住地校交流の取組を開始するにあたり、同校と交流籍推進地域である市町の教育委員会や学校管理職間での理念や意義、実施の手続き等に関する事前の共通理解が図られており、この基盤づくりによって現場レベルでの実践の充実につなげられていることがポイントの1つである。また、同様に保護者に対しても啓発用リーフレット「広げよう居住地校交流‼　地域で共に学び共に育つ」等を活用しながら十分な説明が行われている点も特徴である。

（2）コロナ禍での継続的な居住地校交流の工夫

　新型コロナウイルス感染症の拡大により、居住地校交流の継続実施が危ぶまれる中、大型提示装置やタブレット端末等のICT機器、テレビ会議システムを有効に活用したオンラインによる間接交流の工夫が図られたことは本事例の大きな特徴である。特に同校の少数の児童が交流校の大勢の児童を相手に交流する取組では、カメラワークの工夫等も随時行われ、あたかも「同じ場で共に過ごす感覚」を演出していたことが推察される。また、交流に向けた事前・事後の取組が相互の期待感や満足感を高めるとともに、直接的な交流により一層、相互の理解を促進するという相乗的な効果をもたらすであろうことも今後に期待される点で特徴的な取組である。なお、これらの取組は同校の特定の教職員の取組としてではなく、全校教職員の理解を促すために、また、保護者にも本事業の趣旨や成果を理解していただくため、校内に「居住地校交流掲示コーナー」を設置したり、ホームページやSNS上で詳細な取組情報を発信したりして理解・啓発に努められている。これらの情報が学校関係者のみならず、より幅広く地域社会の方々にも普及されることにより、「社会に開かれた教育課程」や「共生社会の形成」といった理念が浸透していくことも期待される。

　今後の居住地校交流の実施においては、個別の教育支援計画や個別の指導計画の作成と活用に関する知見も蓄積されることが考えられるが、その在り方についても全県をリードする同校の取組により成果が普及され、特別支援教育の推進が図られることも期待できる。

第4章

保護者アンケートより

第3章で事例にあげた学校の保護者に任意にアンケートの提出を依頼し、101名より回答を得た。（アンケート項目に複数回答があるので、合計が100%を超えることがある。）

【「交流及び共同学習」に関するアンケート調査　集計・グラフ】

母数：有効回答数
全体（N=101）

障害の種別

	件数	%
視覚障害	5	5.2%
聴覚障害	8	8.2%
知的障害	70	72.2%
肢体不自由	39	40.2%
病弱（虚弱を含む）	2	2.1%

（無回答 =4、N 値 =97）

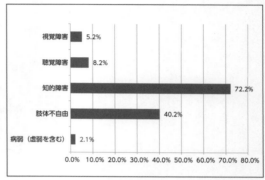

1．次の年度の交流及び共同学習の実施（計画）で居住地校に行った（行く予定の）回数は何回ですか

（1）令和元年度

	件数	%
0回	29	33.3%
1回	14	16.1%
2回	17	19.5%
3回	21	24.1%
4回	3	3.4%
5回以上	3	3.4%
合計	87	100.0%
無回答	14	

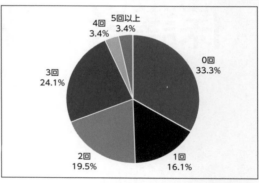

（2）令和2年度

	件数	%
0回	42	46.2%
1回	29	31.9%
2回	13	14.3%
3回	6	6.6%
4回	1	1.1%
5回以上	0	0.0%
合計	91	100.0%
無回答	10	

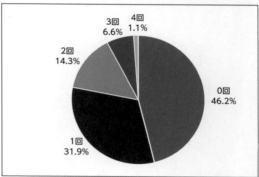

（3）令和3年度

	件数	%
0回	17	17.2%
1回	32	32.3%
2回	26	26.3%
3回	16	16.2%
4回	5	5.1%
5回以上	3	3.0%
合計	99	100.0%
無回答	2	

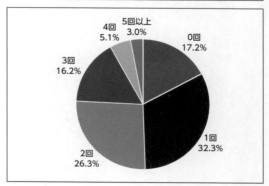

2．居住地校と交流してよかったと思うことはどのようなことですか

	件数	％
居住地校との交流で居住地の児童生徒と関係が深まった	79	80.6％
居住地校との交流で我が子の成長がみられた	58	59.2％
居住地校の教職員の理解が進んだ	32	32.7％
居住地校の保護者の理解が進んだ	8	8.2％
地域全体の理解が進み地域行事等への参加が可能になった	2	2.0％
その他	11	11.2％

（無回答＝3、N値＝98）

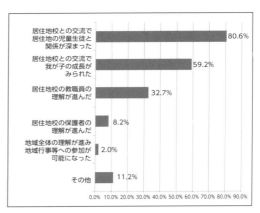

3．今後の居住地校交流の実施についてどのように考えますか

	件数	％
これまで通り実施することを希望する	74	76.3％
実施回数を増やしたい	24	24.7％
実施回数は減らしたい	3	3.1％
居住地校交流は実施したくない	6	6.2％

（無回答＝4、N値＝97）

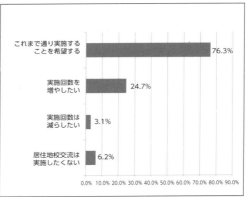

4．居住地校への移動について付き添いはどのようにしていますか

	件数	％
保護者が付き添って移動している	84	85.7％
保護者が依頼したボランティア等が付き添って移動している	0	0.0％
特別支援学校の教員、支援員等が付き添って移動している	14	14.3％
居住地校の職員、支援員等が付き添って移動している	2	2.0％
1人で居住地校まで移動している	2	2.0％
その他	13	13.3％

（無回答＝3、N値＝98）

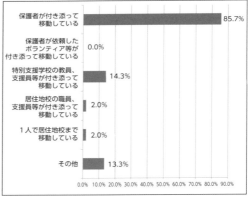

5．居住地校において交流及び共同学習の活動中の付き添いはどのようにしていますか

	件数	％
保護者がついている	52	53.1％
保護者が依頼したボランティア等がついている	0	0.0％
特別支援学校の教員、支援員等がついている	73	74.5％
居住地校の担任以外の教員、支援員等が特別についている	1	1.0％
1人で交流に参加している	0	0.0％
その他	10	10.2％

（無回答＝3、N値＝98）

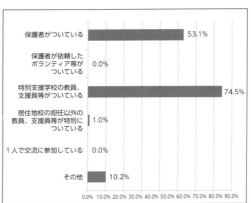

1. 「令和元年度から3年度の年度ごとに交流及び共同学習の実施（計画）で居住地校に行った（行く予定）の回数」については、年度ごとの回数を比較すると、元年度は、33%が0回、60%が1回から3回の実施。新型コロナウイルス感染症の感染拡大に伴って全国的に学校が臨時休業となった2年度は、半数近くが0回となった、3年度は1〜2回の実施が半数以上と回復あるいは元年度より多くなった。

2. 「居住地校と交流してよかったと思うことはどのようなことですか」では、居住地の児童生徒と関係が深まったが80%、交流することで我が子の成長がみられたが60%。居住地校の教職員の理解が進んだという回答が30%を超えた。

　　友達との関わりや障害についての理解や子供のことを知ってもらうことができた。居住地校の児童生徒が特別支援学校について考えてくれるようになった等の肯定的な意見が多かったが、交流回数が少なくて分からないという意見もあった。

3. 「今後の居住地校交流の実施についてどのように考えますか」については、これまで通りに実施することを希望するが76%、実施回数を増やしたいが25%だった。

　　現状通り、あるいは増やしたいという保護者が大半であるが、学年が上がるにつれて難しくなると感じる保護者もいる。特に中学校になると一緒に勉強することが難しくなり、お客様扱いになってしまうという意見もあった。また特別支援学校での活動に専念したいという希望もある。

4. 「居住地校への移動について付き添いはどのようにしていますか」については、保護者が86%、特別支援学校の教員、支援員等が14%だった。

　　オンラインでの交流が増えているので、付き添いなしが増えた。移動して交流の場合は、保護者の付き添いが多い。また特別支援学校の教員、支援員等の付き添い、また移動支援を利用した保護者もいた。

5. 「居住地校において活動中の付き添いはどのようにしていますか」については、特別支援学校の教員、支援員等がついているが75%、保護者がついているが53%となった。

　　オンラインでは、保護者も参加したケースもあった。学校が依頼したボランティアが付き添ったという学校もあった。保護者か特別支援学校の教員が必ず近くにいるが、できる限り声を掛けずに見守っている。別室で待機しているという意見もあった。

6. 交流及び共同学習の（居住地校交流）を進めていく上で今後もっと充実させてほしいこと。（自由記述…提出されたアンケートの全てを掲載した。）

・送迎は仕方なしとしても、活動中に先生が付き添っているのであれば、保護者の付き添いは必要ないと思います。

・中学部でも居住地交流を実施してほしい。（上の学年になればなるほど、充実してほしい）親がどこまで交流の支援をしたらいいのかわからないので教えて頂きたい。

・毎年交流を進めて行くうちにいろいろあると思います。ただ、先生方の負担が多くなるのでは？というところが心配なところです。居住地校との交流で地域の理解がいた

だけるところが参加して、とてもありがたいことだと実感しています。子供本人の成長も体感できとてもうれしかったです。ありがとうございました。

・少しずつ障害理解が深まっていく方法があればよろしくお願いします。

・息子が直接交流を行っていた学校では、なぜ副籍交流を行うのか、その中でどんな活動を一緒にすることができるのか、子供たちに考えさせる機会を設けていました。どちらかというと副籍交流は特別支援学校の子供たちのためにという方向になりがちですが、この学校では、息子が地域にいてくれたから、副籍交流を体験することができて、学ぶことができるというお話で先生からされていました。

・私は、お兄ちゃんが在籍していた事もあり、娘と2人で参加するのも気になりませんが保護者の中には1人で参加する事に不安を感じている人も多い様です。仲の良いクラスメイトの子と2組で参加するなら…という人も多いかと思います。居住地校以外への参加も可能であると良いです。

・普通学級(居住地校)の子どもたちも機会が少ないと、支援学校の子供が何かするんじゃないかと恐怖を抱いてしまうので、交流は必要だと思います。

・送迎のため、仕事を休まなくてはいけないので、交流をさせたくても、不参加になる家庭もあると思います。

・居住地校学習という形でしか交流させていただけないのが残念です。もっと気軽に居住地校に遊びに行けたらいいのにと思います。

・特にないです。コロナが落ち着き、以前のように交流できることをまずは願います。

・交流時の送迎や付添いは医療的ケアがあるため親が実施するため、回数は増やして欲しいと思います。本人が、「楽しかった、また行きたい」と話しており、いずれは、居住地校(兄弟の通う)に転校を希望しているので、機会があればどんどん参加させたいです。お互いの学校の先生、お相手の生徒さんの負担を考えて今後も年2回がベストかと思います。要望は特にありません。

・交流は多いほうがいいとは思うが、居住地校側がバリアフリーでないと教室へ行くことが難しい場合がある(エレベーターやスロープが無い等、古い学校等)

・障害の理解促進は、有難いと思います。

・実施学校での、先生があまり関心がなさそうな事にびっくりした事があります。仕事だから…といった感じが出ていて、とても悲しい思いをした事もあります。すべての先生ではありませんが、地域の子供達にいろんな子(人)が居る、居ていいんだと思ってもらえたらと思い参加しましたが、大人がこれでは…と、残念です。

・交流回数をもっと増やしたいです。せっかく徒歩5分、マンションからよく見える学校に行けないんだろうと思うとかなしくなります。・支援籍校にエレベーターがないため、学校の先生4名にお願いして、上階の教室まで移動している状況をなんとかしてほしいです。

・居住地校にエレベーターがあったらとても助かります。毎回、車いすをはこぶのが大

変です。

- まだ小学生なので、迎えてくれる側とも一緒に何か出来る事を考えてもらい、少しながら出来ていますが、中学生になった時に見学のような交流しか出来なくなってしまうかが心配です。「友達が来たよ」という感じで迎えてもらえると参加しやすいな、と思います。

- もっと一緒にできるように工夫して学習・交流したいです。

- 障害児が地域の小学校に行くだけではなく、地域の学校の児童が特別支援学校に来て、実際に見て体験する事で障害理解を深めてもらいたい。

- 今後のコロナなどの情勢をみつつ、次年度は交流回数が増えるといいと思う。（回数が増すとその分理解へとつながる気がするので）・同学年だけでなく、他の学年とも交流の機会があるといい。

- クラスだけでなく、学年全体、学校全体での交流もできたら他のクラスの子達とも身近になれそうだと感じる。

- 教室までの移動につきまして、エレベーターなどの設備が整うと有難いです。

- 今はコロナ禍で交流することも難しいですが、落ちついて、交流にも慣れてきたら回数など増やせたらいいなと思います。

- 送迎の負担の為、参加できない人や、途中でやめてしまうともったいないのでは？

- 支援学校の先生の負担が大きくないかと申し訳なかった。（交流校の校舎の構造上、階段しかない、教室移動など）・中学生になると、交流校のカリキュラムと合わせるのが大変そうだし、申し訳ないこともあった。皆の協力で一緒に授業ができて、ありがたかったが。

- コロナ禍の中での居住地校の交流回数を増やす事は難しいと思うのですが、オンライン等でも交流が出来るといいのかなと思いました。少しでも交流が増えていけば、障害の理解も深まるのでは、と思います。

- 地元の中学まで700mで徒歩移動可能なのに、親の送迎が必須だと言われた年がありました。学校の管理職の融通がきかなかったのだと想像しています。地元の学校も、自校の担任も、いつもとても熱心に見てくれました。よくわかっていない管理職がいるのは残念です。

- 送迎の負担軽減。支援学校に迎えに行き、居住地校まで送ったあと、1時間もせずにまた迎えに行って支援学校に送っていくので、一度帰宅しても何もする時間もなく、時間ばかりかかる。

- コロナの中でも先生方が考えて下さり、1度でも参加出来てありがたかったです。特に中3では出来ないと思っていたので、給食などとてもありがたかった。大変だと思うが、事前にダンスなどの曲や音楽での曲目などわかれば本人も少しリラックス出来たのかもしれない。親の送迎は仕事していると大変だが、交流の為に、時間をとった。校内では支援学校の担任が付きそって下さったので安心できた。

・1時間の交流だと、みんなに慣れはじめた時間で交流が終わってしまうので可能であれば2時間とか長めに交流をさせてもらえると、本人ももう少しなじめるのかなと思います。回数よりも行ったその日に長めに交流をさせてもらえたらと思いました。

・現状に満足しております。交流の機会を設定いただけることに感謝いたします。

・「居住地校の児童生徒への障害理解」現在支援学校と隣接してある小学校の児童は障害児について理解して頂いています。私みたいに社会人になってから知るのではなく、子供の頃から経験があると理解度は異なると思います。生きていく上での差別や偏見を失くしていきたいと思います。

・交流時間が1時間ととても短い時間だったのでもっと回数や時間が増えればいいと思う。

・交流回数の増加。

・交流回数3回行ったが、3日間連続となっており、数ヶ月ごととかに分けて欲しい。1年に1回の様になっている。

・我が子は、保育園では、1級下のクラスで過ごさせて頂いておりました。小学校では難しいかと思いますが、保育園時代の友達（我が子の1学年下）と交流できると、我が子も嬉しいと感じるのでは、と思っております。

・交流後、落ちついてすごしていました。同じ学年の子供たちの障害児への理解が深まると良いと思います。

・共働きの為、交流回数を増やしたいが、回数によっては送迎の負担は増えてしまうのは仕方がないのでそれを会社側も理解してもらえるようになると更に保護者の負担も軽減されると思う。

・学習内容の工夫や、学校行事への参加等を増やしていけたらと思いました。

・年一回でも、障害者への理解が深まるような内容なら、意味があると思います。親の送迎は、負担ですが、これがかなうなら、やる意味があるので、負担には感じません。地域で育ち、地域で暮らす、我が子を理解してもらえるよう、知りあいをふやすため、同じ世代との交流は意義があると思いますが、その大切さを、教師が伝えることがもっと大事だと思います。うちの子を教材として扱ってもいいので、交流したいくらいです。コロナで年3日の交流ができなくなって残念ですが、ビデオメッセージで交流したりと、こちらから、伝えることはしています。こんな勉強してきたと、おうちで、お父さんお母さんに話すだけで、色んな人に理解してもらえます。　← 地域で暮らすとは、例えば、通学バスが大通りに止まって乗り降り、じゃまですよね。知らないから、理解できないだけだと思います。

・お互いの学校の予定等なかなか都合がつかないこともあり、交流回数がどうしても限られてしまいますが月1回くらいで交流できるとお互いの学校の子供達も見通しが持てるのでは・・・と思いました。義務教育後、（高等部等・・・）でも、居住地の高校と交流できたらなあ～（部活等・・・）と思います。

・送迎の負担軽減、交流回数の増加、児童生徒への障害理解の促進、３点全て、充実させてほしいです。住みなれた場所で、安心して生活していくために、障害への理解を深めていくことは最も重要だと思います。よくわからないことは受け入れるのが誰でもこわいと思います。知ってもらうことで差別やいじめは必ず減っていくと思います。

・回数の増加 → 子供が成長出来ていると感じたので少人数での学び、遊びが必要です。

・交流を行うことで、交流校の児童達がどう迎えようか等、一生懸命考え、向き合ってくれた。感想をみると障害に対して知らない、こわい、対応がわからない等素直な気持ちの後、交流して障害を知って始めて知る事、こわくない、対応で気をつける事など知れてよかったという反応が多かった。回数を重ねるごとに、子供達が自ら関わってくれる事が多く本人も親もありがたかった。居住地校の児童達は障害に対して素直に柔軟に受け入れてくれます。その前に居住地校の担任（教員）の障害理解を深めてほしいです。

・自然にクラスのお友だちに、存在を認めてもらっているように思いますコロナがなければ…ですが、もっと交流させてもらいたいと思っています。

・交流を希望しても、コロナの感染レベル、相手校の事情、参加できる授業や行事のあり方等の課題があり、なかなか進まない。通達等で積極的な推進を呼びかけてもらえたら、取組み方が改善するのだろうか？・地域にある支援学校のこと、そこに通う児童のことを知ってもらう機会を、交流学級・居住地校に設けてもらえるとよいのではないかと思う。

・今回初めての参加でしたが、居住地校の支援級との交流がメインでしたが、普通級の児童とも交流が多ければと思いました。

・対象の児童のスキルに合わせた学習内容のすり合わせ。・対象の児童の特性の理解。

・支援学校の教諭の居住地交流の定期的な見学や体験。

・送迎の負担軽減。

・交流時の付き添いは、先生が代わってくれるようになりましたが、送迎は保護者と決まっているため、予定を合わせるのが難しい。我が家の希望では、クラスの一員として参加できる授業で学びたいと思っているので、どうしても年齢が上がると交流を続けるのが難しくなる。また、居住地校の生徒が養護学校について知る機会になるといいと思う。

・回数を重ねることで、本人のこと、障害のことを知る子が増え、将来の共生社会につながると思います。

・送迎が保護者に限られているため、保護者の都合で交流できないことがある。保護者以外の方ででも送迎できるようになると良い。

・まだまだ副学籍制度は知られていないので、教育委員会、保護者みんなで周知できると良い。特に不安に思われている先生方に知っていただきたい。

第5章

居住地校における
交流及び共同学習の
課題と推進のための提案

1 アンケートの結果から

（1）特別支援学校よりのアンケートから

　特別支援学校に対して行ったアンケートの居住地校における交流及び共同学習についての課題と問題点に関する回答の結果を表1に示す。

表1　居住地校における交流及び共同学習についての課題と問題点
（総回答数46、複数回答）

相手校の受け入れ体制について	20
相手校の意識・理解について	26
特別支援学校の校内体制について	14
学校に残る児童生徒の対応について	15
安全確保・緊急対応の問題	9
保護者の付き添い（送迎を含む）の問題	14
全員が実施できないことについて	11
交流に関する経費の問題	1
児童生徒の居住地と特別支援学校の距離の問題	9
その他	14

　結果は、特別支援学校のアンケートでは、相手校の受け入れ体制について課題があると回答した学校が20校、相手校の意識・理解について課題があると回答した学校が26校と、相手校に関することを課題・問題点と考える回答が多かった。次に、学校に残る児童生徒について、特別支援学校の校内体制についてが課題・問題点とする回答、保護者の付き添いが課題・問題点とする回答が次に続く。しかしながら、総回答数46に対して、多くても26のという約半数の回答であることから、多くの学校が同様の考えであるとは断定できないことは考慮する必要がある。

（2）保護者アンケートから

　保護者アンケートの結果からは、回答数101の内、今後の居住地校交流を「これまで通り、実施することを希望する」が74、「実施回数を増やしたい」が24であり、「実施回数を減らしたい」「居住地交流を実施したくない」という回答はわずかであった。また、これまで通りの実施を希望すると回答した保護者の中には、現在の新型コロナウイルス感染症の感染状況を踏まえてという回答があり、新型コロナウイルス感染症の感染が収まれば、回数を増やしたいと考える保護者もいるということが伺える。

2 居住地校における交流及び共同学習推進の課題

　特別支援学校のアンケート及び保護者アンケートの回答の結果や自由記述等の意見、居

住地校交流の実践事例の内容を踏まえ、居住地校における交流及び共同学習推進の課題を次のように整理した。

（1）居住地校との調整等に関する課題
○居住地校の受け入れ体制（意識や理解を含む）

　特別支援学校の児童生徒の居住地校における交流及び共同学習の実施は、どうしても特別支援学校から、居住地校に依頼する形とならざるを得ない部分がある。このため居住地校における交流及び共同学習を進めるためには、居住地校における受け入れ体制の構築が大きな課題になると考えられる。特段、特別支援学校の児童生徒を受け入れ、交流及び共同学習を進めることは、特別支援学校の児童生徒のためだけでなく、居住地校の児童生徒のためになるという居住地校の意識や理解が大きく関わると考えられる。

○交流実施日・実施回数の調整

　特別支援学校の児童生徒が居住地の学校と交流及び共同学習を進めるうえで、いつ、どのような内容で交流を行うかなど、具体的な内容については、特別支援学校の事情、居住地校の事情等の差があるため、調整が必要になる。こうした調整にかかるコストが課題となることもある。また、こうした学校間の調整に加え、具体的な交流の実施に関して、特別支援学校の児童生徒の保護者の願いや、希望の反映に関する調整も必要になる。特段、交流の実施回数については、保護者の希望と調整した実施回数の隔たりがある場合も多く、調整が必要になる。

○教育課程上の調整

　特別支援学校の教育課程と居住地校の教育課程は違う。このため交流及び共同学習を行う実際の授業や活動の時間について、特別支援学校の児童生徒にとっては教育課程上の位置付けをどのようにするか、居住地校における教育課程上の位置付けはどのようにするかの調整が必要である。特段、小学校の高学年以降、中学校については、授業時数の確保が重要になり、居住地校における教育課程上の位置付けの調整は課題となる。教育課程の編成に関する指針等は、設置教育委員会の役割であるため、交流及び共同学習を進めるに当たっての教育課程の位置付けの指針については、教育委員会から示すなどの対応が必要である。

○居住地校内の特別支援学級との交流及び共同学習

　特別支援学校の保護者の中には、居住地校における交流及び共同学習を実施するに当たり、通常の学級における交流では無く、特別支援学級における交流を望む保護者もいる。こうした要望に対しての調整も課題となる場合はある。特別支援学級は、市区町村の小中学校の全てに設置されているとは限らない。このため、特別支援学校の児童生徒が居住する地域に最も近い小中学校に特別支援学級が設置されているとは限らない。居住地校との交流及び共同学習の目的を踏まえると、こうした要望にどのように対応するかを調整することも課題となる。

（２）特別支援学校の保護者との調整に関する課題
〇保護者の要望に関する調整

　（１）居住地校との調整等に関する課題においても、保護者の要望に関する課題を記述したが、特別支援学校においても、交流及び共同学習を進めるに当たり保護者の要望の調整をすることは課題となる。居住地校における交流及び共同学習を希望する保護者は多くの願いや希望を持って交流及び共同学習に臨む場合が多いが、その願いや希望をすべて居住地校の受け入れが叶えてくれるとは限らない。交流及び共同学習の実施回数、実施学級、実施学級の受け入れ体制、実施学級の児童生徒の受け入れ姿勢など、様々な観点で、保護者の希望と実際の実施方法に乖離がある場合もある。そうした乖離を調整する役割を特別支援学校が担うことになるが、中には調整が困難な事例もあり、特別支援学校の特別支援教育コーディネーターの負担にもなる。

〇保護者による付き添い等の協力

　特別支援学校の児童生徒が居住地校において交流及び共同学習を実施するに当たり、何らかの保護者による協力が必要になる。協力が必要になる要素として、居住地校への保護者の付き添いが多いのではないかと考えられる。特別支援学校の児童生徒の自宅から居住地の小中学校に自力で通学できる児童生徒は、少ないと予想され、少なくとも保護者による送迎は必要となる。また、車いすの支援や排泄介助等で、実際に交流及び共同学習を実施する教室においても保護者の付き添いが必要な場合も考えられる。特別支援学校の教員が保護者の代わりに付き添いをすることが考えられるが、特別支援学校に残る児童生徒の教育を実施する必要があることから、多くの教員を付き添いに充てることは困難であり、何らかの人的支援がないと教員による付き添いが限られたものになると考えられる。

（３）児童生徒に関する課題
〇中学部段階における交流及び共同学習の推進

　一般に、中学部段階から、特別支援学校の生徒が居住地校の中学校において、学級や授業に入り、直接交流する事例が少なくなる。これは、一つには、中学部になると特別支援学校の生徒の意識として中学校での交流を希望しなくなるということ、中学校段階になると居住地校の授業の内容も難しくなり、特別支援学校の生徒が一緒に活動できる場面が少なくなることなどが理由として挙げられる。

〇地域生活の希薄さ

　特別支援学校の児童生徒の場合は、居住地と特別支援学校の距離が離れていること、特別支援学校にスクールバスで通学することが多く、日常の生活の中で、地域の同学年児童生徒との関係がもともと希薄になりがちな課題がある。また、小学生の場合は、小学校の学童保育を活用するが、特別支援学校の児童生徒の場合は、放課後デイサービスを活用する。加えて、地域の児童館等での催しへの参加や、地域の祭り等で活動への参加など、特別支援学校の児童生徒の地域活動の希薄さが課題の根本になるとも考えられる。

（４）コロナ禍における課題

　この約２年間は、新型コロナウイルス感染症の感染拡大に伴って、特別支援学校の児童生徒が、居住地の小中学校の学級や授業に参加する直接交流の機会が少なくなっている。実際、特別支援学校の児童生徒が直接交流を行う計画を立てていても、新型コロナウイルス感染症の感染拡大に伴う、緊急事態宣言やまん延防止等重点措置が発令され、急遽中止や延期となった事例は多い。

　一方、こうした直接交流の実施の困難さを補うため、ICT の活用による遠隔交流を実施した学校も多い。国のすすめる GIGA スクール構想に基づき、多くの学校での Wi-fi の設置などの ICT 環境が充実し始めている。こうした体制整備の充実の後押しで、ICT を活用した新たな交流及び共同学習の在り方が充実するという一面のあると考えられる。

3 居住地校における交流及び共同学習を推進するための提言

（１）副次的な籍を活用した行政機関も巻き込む組織的な運営の推進

　特別支援学校の児童生徒の居住地校における交流及び共同学習の充実を図るため、副次的な籍の活用を図る都道府県が増えている。この制度は、特別支援学校に在籍する児童生徒が、居住地の小・中学校等の学級に副次的な籍を置き、組織的に居住地域とのつながりの維持・継続を図る仕組みである。特別支援学校の児童生徒は、特別支援学校に学籍が置かれている。学籍は、一つの学校にしか置くことができないため、居住地の学校に学籍を置くことができず、居城地の学校に置かれた籍を副次的な籍と呼ぶこととしている。こうした学籍の関する制度は、教育委員会の責任において制度化されるため、副次的な籍を活用した交流及び共同学習の推進は、行政機関を巻き込む組織的な運営となるため、今後、一層の活用の促進が期待される。また、下記のような観点からも副次的な籍の活用の利点が整理できると考える。

○特別支援学校設置教育委員会（都道府県）と居住地校設置教育委員会の連携

　特別支援学校の児童生徒の居住地校における交流及び共同学習を推進する上での課題として、特別支援学校と居住地校の連携があるが、副次的な籍は、制度として、特別支援学校の設置することが多い都道府県教育委員会と、小中学校を設置する市区町村教育委員会との組織的な連携を促進する効果がある。こうした教育委員会同士の連携は、各学校同士の連携をより促進することが期待できる。

○特別支援学校校長・居住地校校長の学校経営計画への反映

　副籍制度は、学校設置教育委員会が定めた制度であるが、その制度の活用を学校としてどのように推進するかは学校長の学校経営方針に関わる。特別支援学校、居住地校とも、学校長の作成する学校経営計画に、副次的な籍を活用した交流及び行動学習の充実等について明記し、学校組織としての推進を図ることが期待される。

○副次的な籍の運営ガイドラインの作成による基本的な交流及び共同学習在り方の明示

居住地校における交流及び共同学習を実際にどのように行うかが課題になることも多い、前述のように保護者の希望と実際の実施方法に隔たりがある場合、特別支援学校、居住地校共に、調整が必要となる場合も多い、交流及び共同学習を通常の学級、特別支援学級のどちらで実施するか、どの位の回数を実施するか、どのような授業、活動で実施するかなど、実施のガイドラインがあると調整や検討の指針になる。教育委員会が副次的な籍に基づく交流及び共同学習についてのガイドラインを策定し、一定の方針を出しているところもある。こうしたガイドラインの策定により都道府県教育委員会、市区町村教育委員会、特別支援学校、居住地校が、一定の基準のもと交流及び共同学習をすすめることで、混乱を避けることができる。

　特別支援学校の児童生徒が、居住地校において円滑に、有意義に交流及び共同学習を進めるために副次的な籍は、有効な制度であると考えられるため、国が全ての都道府県が副次的な籍を導入するよう働きかけるなどの積極的な取り組みが期待される。

（２）特別支援教育コーディネーターの活用

　特別支援学校の児童生徒の居住地校における交流及び共同学習に充実に向け、特別支援教育コーディネーターの積極的な関与が望まれる。特別支援学校の特別支援教育コーディネーターが、児童生徒が交流する居住地校に出向き、障害や特別支援学校などについて、居住地校の児童生徒の直接説明する出前授業を実施することで、居住地校の児童生徒の理解啓発を進めることができる。

　居住地校の小学校、中学校の特別支援教育コーディネーターにも同様の役割が期待できる。特段、小中学校の特別支援教育コーディネーターは、日頃より小中学校の児童生徒に接ししているため、小中学校の児童生徒が感じる障害や特別支援学校に関する素朴な疑問等に対して、小中学校の児童生徒の視点で応えることでできるという利点がある。こうした小中学校の特別支援教育コーディネーターの姿勢は、小中学校の児童生徒の理解啓発を進める上で確かな成果を上げると考えられる。

　いずれにしも、有意義な交流及び共同学習を進める上では、居住地校の児童生徒が、共生社会の意義やそれを実現するための自分たちの役割を理解する理解啓発が重要であり、そのためには、特別支援教育コーディネーターの活躍が大きく期待される。

（３）特別支援学校設置者による支援

　特別支援学校の児童生徒が、居住地校において交流及び共同学習を実施する実際の場面では、特別支援学校の教員や特別支援学校の児童生徒の保護者の支援が必要な部分が多い。特別支援学校の教員数には、限りがあるため、どうしても居住地校の交流の支援に派遣できる教員を確保することは難しいという現実的な課題がある。こうした特別支援学校の教員の支援が難しいと、どうしても保護者自らが関わらざるを得なくなるため、特別支援学校も保護者の協力を求めざるを得ない。

　こうした居住地校における交流及び共同学習を支援する職員を、例えば交流及び共同学習支援員（仮称）として配置している教育委員会もある。また、特別委支援学校の教員が、居住地校の交流の支援を実施するときに、その後補充の教員、例えば時間講師等を配置している教育委員会もある。いずれにしても、こうした人的支援を、特別支援学校を設置している教育委員会が担うことで、円滑な交流及び共同学習の実施が図れるため、教育委員会には、人的な支援の検討が期待される。

　また、人的支援は、例えば、聴覚障害のある児童生徒が、通常の学級で交流及び共同学習を実施する場合の手話通訳の派遣や、肢体不自由のある児童生徒のための車いすを押すなどの介助員の派遣など、障害に基づく様々な困難を支援する人材の派遣などについても検討する必要がある。

（4）ICT の活用

　ICT を活用することで、特別支援学校と居住地校との交流及び共同学習を充実させることができる可能性がある。現在、国は、GIGA スクール構想の実現に向け、各学校の ICT 環境の構築を図っている。特別支援学校おいても、小中学校においても、WIfi 等のネットワーク環境の設置の体制整備や、一人一台端末を活用した授業改善に取り組んでいる。こうした各学校に整備された ICT 環境を活用し、WEB 会議等を使用して、特別支援学校と居住地校との交流及び共同学習を実施する取組が始まっている。WEB 会議等による PC 画面上での交流は、直接児童生徒同士が関わることがないという欠点はあるが、一方、特別支援学校と居住地校は距離が離れているため、直接交流では、居住地校と特別支援学校を往復する時間的制約、特別支援学校の児童生徒は、特別支援学校の多くの授業を抜けなけばならないという制約があるが、WEB 会議の場合は、その時間だけの交流という制約の少ない実施ができる利点がある。このため、例えば、居住地校の特定の授業に毎回参加するという交流や、特別支援学校、居住地校とも登校後の短い時間を活用した頻繁な交流など、簡便で、安定した定期的な交流を実施する可能性が広がる。

　こうした定期的な交流の実施は、居住地校の児童生徒の意識変革に極めて有効であると考えられる。年に数回の直接交流においては、どうしても交流を受け入れる小中学校の児童生徒の意識では、特別支援学校の児童生徒を「学級のお客様」として受け入れるということになりがちであるが、定期的に特別支援学校の児童生徒が授業や活動に参加することで、「当たり前の学級の一員」としての意識に変わるのではないかと期待できる。

　直接交流の利点もあるが、ICT の利点を生かした新たな交流及び共同学習の実践の充実が望まれる。

（5）地域住民の理解

　特別支援学校の児童生徒が、居住地の小中学校において交流及び共同学習を進める意義は、これまで必ずしも十分に社会参加できるような環境になかった障害者等が、積極的に

参加・貢献していくことができる社会である「共生社会」の実現を目指すことにある。共生社会とは、誰もが相互に人格と個性を尊重し支え合い、人々の多様な在り方を相互に認め合える全員参加型の社会である。このような社会を目指すことは、我が国において最も積極的に取り組むべき重要な課題である。

　こうした理念を踏まえると特別支援学校の児童生徒が居住地校で交流及び共同学習をすすめることで、地域住民の共生社会の実現に向けた理解を進めることができると言える。また、逆に言えば、特別支援学校の児童生徒が居住地校において交流及び共同学習を進めるためには、その地域の住民の理解の促進を図ることが重要であるとも言える。

○ PTAの連携

　PTA活動は、学校における地域住民の理解促進を促進する役割を担うことができる。一部の特別支援学校では、特別支援学校のPTAが、地域の小中学校のPTAと連携し、共に活動を行っているところもある。こうしたPTA活動を通した子供の保護者同士の関係の構築が、特別支援学校の児童生徒と地域の小中学校の児童生徒の交流を促進する助けとなると期待できる、

（6）共生社会の実現を目指して

　特別支援学校の児童生徒が、居住地の小中学校で、交流及び共同学習を実施することは、特別支援学校の児童生徒や小中学校の児童生徒のみならず、両校の教員や保護者にとって、障害のある子供や人の理解など、相互理解の促進につながる。こうした相互理解は、我が国が目指す、障害のある人も、障害のない人も、誰もが相互に人格と個性を尊重し支え合い、人々の多様な在り方を相互に認め合える全員参加型の社会である共生社会の実現に資するものである。

　特に、学齢期の児童生徒にとって、子供時代より、障害のある子供と障害のない子供が触れ合うことで、お互いに理解し、多様な在り方を認め合うことを通して、大人になった時に、共生社会の構成員とし成長することが期待される。

　特別支援学校の児童生徒が、居住地校で交流及び共同学習を実施することを、単に、障害のある子供の学習と経験を保証するという観点だけでなく、こうした取組は、我が国の将来の共生社会の実現に関わる取組であるという、大きな視点に立ち、特別支援学校の児童生徒の居住地校における交流及び共同学習の推進を図っていくことを期待する。

お わ り に

　令和 3 年 1 月に出された「新しい時代の特別支援教育の在り方に関する有識者会議 報告」では、特別支援教育の基本的な考え方として、障害のある子供と障害のない子供が可能な限り共に教育を受けられる条件整備、障害のある子供の自立と社会参加を見据え、一人一人の教育的ニーズに最も的確に応える指導を提供できるよう、連続性のある多様な学びの場の一層の充実・整備が示されている。さらに特別支援学校における教育環境の整備として、副次的な籍や ICT を使用した児童生徒の居住する地域の学校との交流促進が述べられている。

　このような報告を受け、本調査研究は、令和 3 年度文部科学省委託事業「特別支援教育に関する実践研究事業」において、交流及び共同学習を取り上げ、中でも居住地校交流の実態調査及び ICT を活用した実践事例の紹介により、各学校における交流及び共同学習の取組の推進を図り、共生社会の実現に寄与することを目的としている。

　報告には、交流及び共同学習について次のように述べられている。特別支援学校に在籍する児童生徒は、居住する地域から離れた特別支援学校に通学していることにより、居住する地域とのつながりをもちにくい場合がある。一部の地域で取り組まれている特別支援学校に在籍する児童生徒が居住する地域の学校に副次的な籍を置く取組については、本調査においてはこのような制度を設けている都道府県教育委員会は 20％を超えていた。居住する地域との結び付きを強めたり、居住する地域の学校との交流及び共同学習を継続的に推進したりするうえでも有意義であり、一層その普及を図っていくことが重要である。

　また、最近の新型コロナウイルスの感染により、なかなか交流及び共同学習を実施することが難しい状況や居住する地域の学校までの距離がある場合などは、各学校に整備された ICT 機器を活用した交流及び共同学習の取組を実施するなど、各学校や児童生徒の状況に応じて段階的、継続的に取組を進めていく事例も見られた。特別支援教育コーディネーターや学級担任による連絡・調整等の負担を軽減したり、社会教育関係者や地域の民生委員・児童委員など学校外の人材と連携・協働したりするためにも ICT の積極的な活用が期待される。

　本調査研究はこれらの報告の内容を受け、特別支援学校を設置している都道府県教育委員会、市教育委員会における交流及び共同学習についてのアンケート調査、アンケート調査の結果から推薦をいただいた特別支援学校へのアンケート調査、推進委員による訪問調査、協力いただいた特別支援学校の事例の紹介、保護者へのアンケート調査を実施のうえ、報告書をまとめた。

　本報告書が特別支援学校と小・中学校等の交流及び共同学習を推進するための資料として役立つことを願うとともに、ご協力いただいた教育委員会、学校、並びに研究推進委員の皆様に感謝申し上げ、結びとする。

全国特別支援教育推進連盟

副理事長　　岩井　雄一

令和 3 年度

文部科学省委託事業

特別支援教育に関する実践研究充実事業

～その他政策上の課題の改善のための調査研究～

『特別支援学校に在籍する児童生徒の
居住地とのつながりに関する調査研究』

報 告 書

令和 4 年 3 月

令和 4 年 3 月 25 日

全 国 特 別 支 援 教 育 推 進 連 盟
〒170-0005 東京都豊島区南大塚 3 丁目 43-11
全国心身障害児福祉財団ビル 7 階
電話・Fax：03-3987-1818

本書は、全国特別支援教育推進連盟の報告書「令和3年度文部科学省委託事業特別支援教育に関する実践研究充実事業〜その他政策上の課題の改善のための調査研究〜」『特別支援学校に在籍する児童生徒の居住地とのつながりに関する調査研究』（令和4年3月）にあらたに第1部を加えて構成したものである。
　本書の著作権は、文部科学省に帰属する。

特別支援教育における交流及び共同学習の推進
〜学校経営の視点から〜

MEXT　1-2206

2023年3月25日　　第1版第1刷発行

著　作　文部科学省初等中等教育局特別支援教育課
　　　　〒100-8959　東京都千代田区霞が関3-2-2
編　集　全国特別支援教育推進連盟
発行人　加藤　勝博
発行所　株式会社ジアース教育新社
　　　　〒101-0054　東京都千代田区神田錦町1-23　宗保第2ビル
　　　　TEL：03-5282-7183　FAX：03-5282-7892
　　　　URL：https://www.kyoikushinsha.co.jp/

表紙デザイン・DTP　株式会社彩流工房
印刷・製本　三美印刷株式会社

Printed in Japan

ISBN 978-4-86371-651-3